爱弥儿

〔法〕让-雅克·卢梭/著
王媛/译

中国妇女出版社

图书在版编目（CIP）数据

爱弥儿 / (法) 卢梭著 ; 王媛译. -- 北京 : 中国妇女出版社, 2018.1（2024.3重印）
ISBN 978-7-5127-1540-0

Ⅰ. ①爱… Ⅱ. ①卢… ②王… Ⅲ. ①教育思想—法国—近代 Ⅳ. ①G40-095.65

中国版本图书馆CIP数据核字（2017）第269749号

爱弥儿

作　　者：〔法〕让-雅克·卢梭　著　王媛　译
责任编辑：王　琳
封面设计：吴晓莉
责任印制：李志国
出版发行：中国妇女出版社
地　　址：北京市东城区史家胡同甲24号　　邮政编码：100010
电　　话：（010）65133160（发行部）　　65133161（邮购）
网　　址：www.womenbooks.cn
经　　销：各地新华书店
印　　刷：天津旭丰源印刷有限公司
开　　本：170×230　1/16
印　　张：19
字　　数：300千字
版　　次：2018年1月第1版
印　　次：2024年3月第5次
书　　号：ISBN 978-7-5127-1540-0
定　　价：59.80元

前言
Preface

让-雅克·卢梭（1712~1778），18世纪法国启蒙思想家、哲学家、教育家、文学家。卢梭出身于瑞士日内瓦的一个钟表匠家庭，祖上是从法国流亡到瑞士的新教徒。他出生后第十天，母亲因产后失调而去世。10岁那年，父亲因和当时日内瓦共和国的一个政客发生了争执，而被法院下达了缉拿令。父亲感到十分愤慨，却又无可奈何，只好只身一人离开了日内瓦，留下卢梭给别人当学徒。

卢梭虽没有受过正规教育，却自学成才。他先后当过学徒、杂役、家庭书记、教师、流浪音乐家等。这期间，卢梭通过接触身边各色人等，一面学习如何与人打交道，一面利用各种机会读书。后来，卢梭搬到巴黎，并与法国哲学家、启蒙思想家德尼·狄德罗结识。狄德罗邀请卢梭参与《百科全书》的撰写工作。起先，卢梭专攻音乐，后来在狄德罗的影响下，卢梭开始接触关于政治经济学方面的工作，并对他日后的思想观点和著作产生了一定的影响。但那以后不久，卢梭与狄德罗的关系开始紧张，并最终分道扬镳。

1750年，卢梭以《论科学与艺术》一文参与第戎学院征文比赛并获得了名次，这使他一举成名，受到了世人的瞩目。随后，他又发表了许多著作，包括《论不平等的起源》《新爱洛伊斯》《爱弥儿》《社会契约论》和《忏悔录》等。其中《爱弥儿》主要阐述了卢梭对教育的看法。

卢梭认为，人的教育分为自然的教育、社会的教育和公民的教育，只有先将孩子培养成一个自由而独立的人，才能进行社会和公民的教育。所谓自然的教育就是智育、德育、体育和情感教育等一切教育都要遵循人类的本性，使人的身心能够得到自然的发展。同样，只有这样的教育，才能使孩子的天性得以保存，在面对特殊情况和困难时，才不会惊慌失措，并总能做出正确的选择。在这种教育下成长起来的孩子，在进入社会成为公民的时候，才会做一个正直、有责任感的人。

在《爱弥儿》一书中，卢梭具体将教育按照儿童的成长规律分为四个时期：0～2岁的婴儿期，2～12岁的儿童期，12～15岁的少年期和15～20岁的青年期。在最后一卷中，卢梭认为，儿童成为成人后，顺应自然地发展，男女青年之间必然会生出爱情，而此时也是检验前面教育成果的时刻，因此特别论述了男女青年的爱情教育。

为了能够更加生动地说明儿童每个时期的成长规律和该时期的教育重点，卢梭虚拟出一个男孩的形象——爱弥儿，并强调男孩最好的教育者就是他的父母，尤其是父亲，而女孩最好的教育者是母亲。他认为，男孩和女孩的教育应该是不同的，要分别培养，但都应该遵循孩子自然的成长规律。因此，他将爱弥儿带到乡下，让孩子闻乡下清新的空气，穿着好活动的衣服自由地玩耍。饿了就给孩子吃最简朴的食物，渴了就给孩子喝白水，以培养孩子强壮的体格。因为只有身体好，孩子才有精神进行其他方面的学习和成长。在培智的时候，他将文字、地理和常识等一些知识，利用乡下的特点启发爱弥儿，让他自主学习并进步。他还用历史故事对孩子进行品德教育。他从来都不命令爱弥儿，更不会威胁孩子，但也不无条件地顺从爱弥儿，使孩子养成奴役他人的性格。在他的教育下，爱弥儿的一切成长都是自发的。最后，为了阐述自己的爱情教育观，卢梭又创造出一个女孩的形象——苏菲，用来讲述女孩的教育与男孩的几点不同，以及男女相爱后的正确相处方式。

卢梭的自然教育观顺应了儿童的成长规律，易于家长展开家庭教育，也使培养孩子成为一件简单而又愉悦身心的事情。但是，他的教育观也有缺陷。卢梭认为，儿童的精力有限，身心的发育还不完整，所以在一个年龄段只能进行一个方面的教育。例如，婴儿期主要是身体养护，儿童期则是感官发展，少年期才开始知识教育和理性的培养，最后青年期才开始品德教育与公民教育。虽然卢梭明确提出应按照不同年龄的发展来因势利导地教育儿童是十分可取的，但无论是他对儿童各年龄段的划分，还是将每种教育完全割裂来进行，都与现在的教育方式所提倡的不同，所以在编译本书的过程中，我们刻意弱化了这两点，而主要突出了卢梭在进行各种教育时所使用的自然教育方法。这些方法既是其教育理论永不过时的精华，也便于时下父母的学习和掌握。相信读者在读过此书后，必能对家庭教育有一个全新的理解和认识。

碍于时代的局限，卢梭认为，女孩的教育不用教给她们多少文化知识，应主要培养好的性情，为将来能嫁给一个好的男人做准备。但他提出的关于使女孩更具有自己性别的特点、不要过分注重外表、拥有良好的品格和情操都是利于当下女孩教育的观点。为此，我们特意从中摘选了符合女孩天性成长的一些教育方法，而其他方面的教育原则，父母可以参照前面培养爱弥儿的方法。

卢梭的爱情教育可以说是其自然教育的一个附属物，此时的爱弥儿已经长大，他之所以能爱上卢梭为他挑选的苏菲，是因为前面卢梭对爱弥儿进行的一系列教育的结果。众所周知，孩子成年以后，无论是工作还是婚姻上，父母能起决定性作用的时候越来越少了，如果希望孩子的工作和婚姻都能顺遂、幸福，家长就需要从孩子小时候起，为了这个目的而努力。卢梭写作这部分的主要目的，也是向读者验证自己的教育理论。

本书针对卢梭的《爱弥儿》进行了一定的编辑，去除了作者对于当时法国社会的某些繁杂的评述，取其教育精华的部分，针对当代父母的需要，重新分章、分篇，以期大家能够更理解原著的精髓所在。在这本书的编译过程中，我们受到了很多人的帮助，但碍于时间和水平有限，仍有错误和遗憾存于本书之中，希望广大读者不吝指教。

目 录

Contents

>>>原序
（节选）

Émile

我们都得了一种可以被治愈的病；人之初，性本善，如果我们都愿意改过，就可以得到大自然的支持。

塞涅卡：《论愤怒》第十一章第十三节

书中的想法和观念，不分先后顺序，前后也不衔接，初衷只是为了让一位勤于思考的贤妻良母看了高兴。一开始，我只是想写一篇短小的文章，可是论述的问题一写下去就停不了笔，所以不知不觉就变成了一本书。要不要发表本书，我犹豫了很久。在写作的过程中，我常想，虽然自己出版过几本小册子，可我似乎还不太懂得如何写作。我原本想再完善一下这本书，可是改了几次也没什么效果。但经过这样的努力后，我改变了想法，觉得为了引起大家的关注，我应该就这样出版。倘若我的观念有误，但能起到抛砖引玉的作用，让读者产生正确的想法，那我的时间就没有白白浪费。

在此，我不论述优质的教育多么重要，也不证明平常的教育方法如何不好，这样的工作已经有许多人在做了，我不喜欢拿众所周知的观点填充我的文章。我只是想说：许久以来，多数人都在高声反对陈旧的教育方法，可从来没有人提出一套崭新的教育理念。这个时代的文学和科学，都趋向于毁坏，而不是建设。人们常常居高临下地提出问题，却用另一种态度提出建议。

据说许多人发表作品是为了让人受益，然而，在所有有益的事业中，最重要的应该是教育，现在却被我们忽视了。我论述的这个问题，自从洛克[1]的

1　约翰·洛克（1632～1704），英国哲学家、思想家、教育家。这里提到的作品是指洛克于1693年出版的《教育漫话》。

作品问世以来，就鲜少有人提及，我十分担忧在这本书出版之后依然如旧。

对于儿童，我们完全不了解；要是他们形成错误的想法，就会误入歧途。睿智之人总是费尽心思去研究成年人之所知，而不考虑儿童之所学，他们对待儿童就像成人一样，毫不考虑他们还没有成年。我所研究的就是这个问题，即便读者认为我提出的观念荒唐，仍然可以从我的研究中受益。所以，从你们的孩子着手研究吧；我非常有信心地告诉你们，你们完全不了解他们；倘若你们怀着这种想法来读本书，我怎么也不相信它会对你们没有益处。

将来，人们也许会觉得他们阅读的是一个空想家对教育的幻想，而不是教育理论。这该如何是好呢？我写下来的不是别人的思想，而是我自己的思想。我和别人的想法截然不同，难道让我遵循别人的想法写作，受别人的影响吗？不，当然不行，可以要求我不去故步自封，但不要以为我比别人都睿智；可以要求我的事情，不是修改我的意见，而是敢于怀疑我的看法；我只能做这么多，而且我已经在做了。假如某个时候我用了果决的语气，绝不是为了勉强读者接受我的意见，而是在向读者申明我的想法。为什么我要用怀疑的语气说出我十分相信的事情呢？我得准确地说出我的想法。

当我坦率地说出自己的想法时，我知道绝不能把这些意见视为权杖，因此我总是处处解释，让别人去做判断，去评论我的为人。虽然我的教育原则同别人的截然不同，但这些原则绝不是一些无足轻重的原则；相反，这是我们必须辨其真伪的原则，是关乎造福人类还是祸害人类的重要原则。

人们常常对我说“要提出可行的方法”，人们还说“要按大家的想法来做”，再不然“至少把好的想法放进现在的不良体系中”。这种想法真是太荒谬了，这样做的话，好的方法也会变坏，坏的自然也好不起来了。我宁愿完全照搬旧的方法，也不愿意令好的方法打折扣。这样一来，在人身上引发的冲突就会少一些：人不可能同时达成两个相悖的目标。为人父母最可行的方式就是你们喜欢的方式。我要不要指明你们的这种意愿呢？

谈到任何计划，我觉得首先都应该考虑两方面：一是计划本身一定要特别好，二是易于操作。在第一方面，只要计划带来的益处符合事物的性质，人们就容易接受和实施。打个比方说，我们提出的教育方法，只要它适用于人类，而且符合人类的心意，那就行了。

说到第二方面，还得看某些情况下的某些关系如何判定。这些关系，是事物的偶然关系，并不是不可或缺的，但是变化万千的。在瑞士可以实行的某种教育方法，也许在法国就不能实行。至于实行起来是否容易，就得看当时的情况了，要看这种方法适合特定的地方，还是适合整个国家；适合这种情况，还是适合那种情况，看完之后才能下结论。不过，我论述的内容并不包括这些个别的应用问题，因为它们并不重要，所以不在我计划的范畴内。对我来说，只要做到一点就心满意足了，即不管什么地方的人都能采取我提出的方法，把孩子培养成我想象的人，这对孩子自己和他人都会有益无害。假如我不能兑现这个承诺，那就是我的不对了；要是我兑现了这个承诺，人们再有诸多要求的话，那就是人们的不对了，因为我只承诺了这一点。

>>>第一章

顺应儿童天性的教育

Émile

孩子是需要保护的幼苗

出自造物主之手的东西，都是好的，而一到了人的手里，就全变坏了。倘若非要让西瓜地里长芝麻，桃树上结李子，戕害自己的狗、马和奴隶，破坏所有事物的本来面貌，讨厌一切自然生长的东西，那么对人也会如此：训练人就如训练马场里的马；非得像对待花园里的树木一样，把人弄成自己喜欢的扭曲模样。

要是不这么做，结果可能更糟。人类总是不愿意接受不完整的教育。今后，一个没有人教的孩子，可能不会有什么出息。偏见、威严、索求、经验和压在我们身上的一切社会制度，都将抹杀他的本性，不会再增添任何东西。孩子的本性就如一棵偶然生长在大路上的小树，被路人来回冲撞，扭扭折折，很快就会奄奄一息。

我请求你，仁慈而富有远见的母亲，不要把小树放到大路上，而要用心呵护这棵正在生长的小树，让它免受人类各种言论的影响！要好好地培养这棵小树，常常浇水，让它免于死亡。有一天，当它结出果实，你会欣喜若狂。尽早给孩子的灵魂修筑围墙，别人可以只画出围墙的范围，而你应该亲手安上围栏。

教育应该顺应孩子的天性

教育的本质

我们栽种草木，让它长成自己的样子；我们教育孩子，让他拥有自己的才华。如果一个人天生高大威猛，在没有学会如何使用自己的体力时，这些对他来说都是无用的，说不定还会有什么危险，因为别人一看到他的体格和力量，就不会再想帮助他。最后，他孤独一人，还没搞清楚自己需要什么，就凄惨地死去。我们总是怜惜小小的婴儿，然而我们不太懂得，如果人类不是从婴儿开始的话，可能很早之前就灭绝了。

教育会给我们刚出生时没有但长大后会需要的东西。这种教育，我们或者从自然中获得，或者从他人身上学到，抑或是从事物中得到。我们的才华和各个器官的发育，都是自然的教育；如何使用这种才华和发育，就是他人的教育；从影响我们的事物上得到的经验，便是事物的教育。

因此，我们人类都是由上述这三个老师培育起来的。一个孩子，倘若这三个老师的教育在他身上互相矛盾，他所受的教育肯定不会好，并且生活总不能契合他本人的心意。一个孩子，倘若这三个老师的教育目的一样，相辅相成，他就会实现目标，生活会契合他的心意。只有这样，才称得上接受了良好的教育。

自然的教育

在这三种不同的教育中，我们不能控制自然的教育，只能部分决定事物的教育，真正能完全控制的教育就是他人的教育。虽然如此，我们的控制还只是假定的，试想怎么能把一个孩子周围所有人的一言一语、一举一动都控制起来呢？

要使这三种教育互相配合，我们就得使其他两种教育与无法控制的自然的教育相协调。可能“自然”这个词过于笼统，所以我要先明确它的含义。

有的人说，自然就是习惯。为什么这么说呢？不是总有一些即便养成习惯也难以磨灭的天性吗？打个比方说，有一些被我们阻止笔直生长的植物，它们就有这样的天性。自由自在生长的植物，尽管被人类阻挠它向自然的方向发育，但是它们的本质还是朝向原有的方向，所以一旦障碍消失，这种植物就会继续笔直地向上生长了。人的天性也是这样。当人类处于不变的环境时，他能保持自己养成的习惯，即便这些习惯不大自然；可是，只要环境一有变化，习惯就会消失，天性就会显露出来。说到底，教育也不过是一种习惯罢了。不是有一些人总是忘记了他们接受的教育，而另一些人则保留了他们所受的教育吗？为什么会有这样的差别呢？要是“自然”这个词只适用于习惯，那我就可以不多费口舌了。

人类生来是有感觉的，所以我们自从出生后，就以各种方式受到周围事物的影响。这么说吧，我们一旦意识到自己的感觉时，便会产生或追求或逃避这些感觉的想法。我们会先判断这些感觉是愉快的还是痛苦的，然后会看它们对我们是否方便适合，最后再看它们是否符合理智带给我们的幸福圆满的定义。当我们的感觉愈发清晰，视野愈发开阔，我们事先就愈会进行判断。不过，由于受到不同习惯的干扰，这些判断会随着我们想法的改变而有所变化。在变化发生之前，这些判断就是我所谓的人类内在的自然。

所以，一切教育的基础都始于人类原始的判断。倘若我们接受的上述三种教育只是来源不一样，这是可以的；可是，如果三种教育相互矛盾，这时候我们再培养一个人，不是为他自己，而是为别人，那又该如何处理呢？此时再说三种教育要互相配合，就不可能了。

两种教育制度

我们终将会同自然或社会制度做斗争，所以一定要做出选择，是把孩子先培养成一个人还是一个公民，因为我们不可能同时培养这两种人。

一个人可以为自己而活，这时他是数的单位，是完全的个体，只跟自己和家人发生联系。而公民是一个分数的单位，依赖分母而存在，他的价值是和整体即社会的联系。

因此，总想在社会关系中把自然的感情排在第一位的人，是不清楚自己的需要的。假如常常处于自我冲突的环境下，难以选择自己的需求和应尽的责任，那么他是不会成为一个人的，也不会成为一个公民。对自己、对别人，他都一无是处。

要取得成就，要变成独立自主、持之以恒的人，就一定要言而有信，坚持自己的想法，在任何时候都要坚持下去，并身体力行地进行下去。

公民与人是有区别的，因此产生了两种不同的教育制度：一种是公众的和共同的，一种是个人的和家庭的。

公众教育

要想了解公众教育，请去读一下柏拉图的《理想国》。这并不是一本只凭对书名的判断就可以认定是讲政治的书，在我看来，这是一本最好的教育论著，从来没有人写过像这样的论著。

谈到那些好笑的、学院式的教育机构，我并没有把它们当成一种公众的教育而加以研究。我也没把现在普通人所受的教育当成公众的教育，因为这种教育既没有将孩子教育成人，也没有教育成公民。这种教育只能培养出阴险狡诈的小人，这些人总假装为别人着想，结果受益的却是他自己。不过，大家都这么假装，到头来谁也骗不了谁，只是白费心思罢了。

我们自身感受到的矛盾，就产生于这些矛盾之中。因为被自然和社会放到了相反的道路上，在这些不同的助力间总会形成各种分歧，于是我们找到了一个折中的办法，不过这个办法会使我们达不到任何一个目的。在整个人生中，我们总是这样迟疑，还没有完成我们的意愿，还没来得及帮助自己和别人，生命就已然结束了。

家庭教育

现在我们谈一谈家庭教育或者说自然教育。如果一个人只是为了自己而接受教育，那他的存在对别人来说还有什么意义？如果一个人想要达到的两种目的变成一种简单的目的，因为消除了矛盾，他就跨过了通往幸福生活的一个阻碍。要对这个人下结论，就得看他长大后的样子——得在观察他的倾向、他的发展以及他要走的道路之后，才能做出判断。我确信，当人们看完本书后，在家庭教育这个问题上会有所收获。

要如何培养出一位出类拔萃的人呢？毫无疑问，需要做的工作肯定有很多，但千万别无所作为，因为那只会一无所成。

在自然的体系中，人人生来平等，他们共同的天性便是获得人品。无论是谁，只要在此方面受到了良好的教育，就不会少了跟他相配的品性。别人让我的学生当士兵、牧师或者律师，我没有任何意见。在继承父母的职业之前，他自然已经明白了什么是人生。我要教他的技能，就是生活本身。我门下的学生，我知道既不会是文官，也不会是武将，更不会是僧侣；首先他得是一个人。他清楚如何做人，在危急时刻，对所有人他都能尽到做人的责任。

我们需要好好研究的是人的自然本质。我们之中，最能从容面对人生的幸福和挫折的人，我认为是接受了最好教育的人。可以由此得出结论：真正的教育并不是口头的训导，而是实际的行为。从一开始生活，我们就开始教育自己了；我们的教育是同生命一起开始的，我们的第一位老师便是照顾我们的人。“教育”一词，在古时候还有另一层意思，即“养育”，但是现在我们已经不再用这个意思了。瓦罗[1]曾说过：“助产士接生，乳母哺育，塾师启蒙，教师教育。”因而，哺育、启蒙和教育是三件事，其目的也像保姆、塾师和教师一样，不尽相同。所以，为了接受良好的教育，孩子是不应该只跟随一个导师的。

因此，我们需要笼统地观察问题，把我们的孩子看成抽象的人，看成总是被人生偶然事件干扰的人。倘若一个人生来就被圈养在一个地方，倘若那里四季没有变化，倘若每一个人都听从命运的安排，并且永远都不改变，那么从某些方面来讲，现在的教育方式还不错。一个孩子为了取得他的地位而接受教育，如果他不脱离自己的地位，可能永远也不会遇上其他地位的烦恼。然而，人生在世变化莫测，还有什么比把孩子圈养在家里、每每出门就有人贴身跟随这种方式更荒唐的吗？这个可怜的孩子走出保护圈一步，一旦遇上挫折，他便会被毁灭。倒不是说要让他去经历一些痛苦，只是说要让他知道有这些痛苦。

人们只是想如何保护孩子，这远远不够。还应该教会他长大后如何保护自己，教会他怎样承受挫折，教会他不要把繁华和贫穷看在眼里，教会他在冰岛天寒地冻的雪地里，或者在马耳他烈日炎炎的岩石上，都能生活下去。你费尽心思想让他避开死亡，这是不可能的，人终归要一死。那个时候，尽管他的死亡并不是因为你的照料而造成的，可是你费心让他锻炼身体，却可能会引发他人的误解。因此，问题不在于如何教他避免死亡，而是教他如何去生活。

1　瓦罗（前116～前27），罗马政治家、学者。著有《论农业》《梅尼普斯讽刺集》等书。

遵循自然法则，磨炼孩子

遵循自然法则，跟随它指示的路前进。它会不断地磨炼孩子，用形形色色的考验来打磨他们的品性，教会孩子从小跟烦恼和痛苦相处的方式。当孩子出牙时，他就会发热；肠腹绞痛时，身体就会痉挛；剧烈咳嗽时，就会喘不过来气；肠虫经常作怪；败血症毁坏他们的血液；不同的酵素在他们血液中发酵，引发危险的斑疹。他们从小就在跟疾病和各种危险做斗争。通过这些关卡，孩子获得了力量。当他们可以掌握命运时，生命的本质就更加厚重。

为什么要违背自然的法则呢？你想改变它，结果却把孩子毁了，阻碍了自然给孩子的关心和照顾带来的功效。这么说，你还不明白吗？在室外，孩子接受了自然的磨炼，你认为这是危险的，可恰恰相反，这是在降低危险、分散危险。以往的经验告诉我们，娇弱的孩子死亡率比其他的孩子都高。只要让他们力所能及地使用自身的能力，就比因爱惜他们的能力而不让他们去使用的危害小得多。为了让他们将来禁得起打击，就要训练他们，磨炼他们的体格，让他们能够忍受残酷的季节、天气和风暴，能够耐住疲惫和饥渴。在孩子没养成习惯之前，你可以随意让他们养成你喜欢的习惯；然而，当他们养成了固定的习惯时，你再做任何改变，就会有危险。因为孩子的性情柔软可塑，他们可以忍受我们大人不能承受的变化，无须花费气力就能变成我们给他们塑造的样子；反观大人，性格都比较固执，只有用粗暴的方式才能做出改变。所以，在能够保证孩子的生命和健康的条件下，我们能够把他们培养得非常健硕，即便遇上什么危险，也不必担心。人生总会遇到一些危险，为什么不在一生中危险伤害最轻时扼杀它们呢？

随着年龄的增加，孩子愈发宝贵。因为除了他自己的价值，还有别人为了抚养他而花去的精力；除了失去他的生命，还有我们因他死亡产生的悲伤。所以，在用心呵护他的同时，我们还得考虑他的未来。要想对抗长大后的灾祸，就必须在遇上灾祸前为孩子做好准备，因为在他能够支配自己的人生之前，生命的价值是一直在增加的。假如年少时为他避免了一些灾祸，却使他长大后遇到了更多的痛苦，这样做是不是太愚蠢了？这难道就是所谓的教育吗？

刚出生时，婴儿都会啼哭。孩子的整个婴儿时期就是在苦恼中度过的：有的时候，大人为了安抚他，会轻轻摇一摇，夸奖几句；有的时候，大人为了让他安静，会吓唬他、打他；再或者，孩子喜欢怎么样我们就随他；抑或我们非要按照自己的想法来摆布他。总之，要么我们乖乖地屈服于孩子的奇怪想法，要么我们就强迫他屈服于我们的奇怪想法——没有中庸之道，不是他战胜我们，就是我们战胜他。因此，他最开始接触的行为，就是权威和压迫。在不会说话前，他就开始支配别人了；在不会走路前，他就听别人的摆布了；有的时候，大人惩罚他，可他认识不到自己犯下的错，准确地说，他还没有犯错的能力。就这样，在他很小的时候，大人就把这些错误的行为灌注在他幼小的心灵中，到了后来却推说那是天性。花了很大力气却把孩子教坏了，还抱怨他怎么变成那样。

一个孩子要这样跟大人生活六七年，然后就变成和大人一样任性乖张的牺牲品。我们用各种方式“教育”他，在他脑子里植入一些他听不懂的话或者无益他成长的事，用我们的诸多情绪扼杀他的天性，之后就把这样一个虚伪的人交给老师，继续发展他已经养成的人为的病态。老师把所有的知识都教给了他，就是没教给他认识自我，没教给他如何发挥自己的优势，没教给他如何生活以及追求自己的幸福。当这个集暴君和奴隶于一身的孩子，这个学识渊博但缺乏理性、身心脆弱的孩子走上社会，暴露出自己愚蠢、傲慢等种种陋习后，大家会对人类的痛苦和邪恶感到悲恸。这个孩子是我们根据自己奇怪的想法养大的，我们肯定做错了，因为自然生长的人不会是这样的。

无拘无束地成长

初生的婴儿需要舒展四肢，活动活动，好让它们不再麻木，因为它们已经蜷缩了许久许久。是的，人们让婴儿的四肢舒展开，可是却不让它们自由活动，还用头巾包起他的脑袋，仿佛人们害怕看到他活力四射的样子。

如此这般，孩子身体发育时产生的动力，每每在孩子运动时被束缚起来。孩子持续不断地挣扎着，慢慢耗尽了体力，延缓了发育。他被包在襁褓里感觉束缚、痛苦和不安——他活在人世还有什么意思。

没有将婴儿包裹住的地方，人人都长得高大魁梧、身材健硕。倒是用襁褓裹着孩子的地方，满目皆是驼背、瘸腿、膝盖弯曲之人，还有得佝偻病、脊骨炎和形形色色畸形症的人。人们害怕自由活动会让身体畸形，最后却逼着孩子长成畸形。为了避免孩子成为残疾人，人们却情愿让孩子的关节僵硬。

如此残酷的束缚，怎么能不影响孩子的品格和脾气呢？他们最初的感觉就是一种痛苦的感觉，他们觉察到每次想自由活动时都会受到阻挠，他们比那些戴着手铐脚镣的人还悲惨。他们白白地挣扎着，他们气愤，号啕大哭。大家想想，他们最开始发出的声音不就是哭声吗？我觉得之所以是哭声，是因为一生下来他们的行动就被阻止了。你们给他们最初的礼物便是枷锁，他们得到的最初的礼遇就是苦刑。除了声音外，什么都不自由，他们怎么会不用声音来表达他们所受的苦难呢？他们痛诉你们带来的痛苦；如果你们也被这样束缚着，没准哭得比他们更厉害。

这种荒唐的主张从何而来呢？它来自一种异于常规的习惯。母亲忽视自己的首要责任，不愿意抚养自己的孩子，把孩子交给雇来的保姆。而这些保姆觉得自己是在当别人孩子的母亲，从天性上就不亲近，于是就想办法减少麻烦。无拘无束的婴儿需要人守在身边，但是把他们包裹在襁褓里，就可以随便放到角落，任由他们大声哭喊了。只要保姆不露出冷漠的真面目，只要吃奶的孩子没有摔坏胳膊或大腿，就算他们夭折，或者此后变成一个体弱多病的人，那又有什么关系呢？人们顾全了孩子的四肢，却残害了他们的身体。况且，这种情况下无论出了什么事，都跟保姆没关系。

也许有的人认为，如果放任孩子无拘无束，他们会形成一些不好的姿态，阻碍四肢美好形态的生长。这种观点是我们错误的知识推理出来的结论之一，而这个结论从未得到过任何实证。在那些比我们文明通达的民族中，孩子都生长在自由自在的环境里，也没见哪一个受伤和残疾的。他们不会做剧烈活动让自己发生危险，即便采用高难度的姿势，痛苦的感觉也会告知他们需要改变姿势。

人类怎么没想过把小狗小猫包裹在襁褓里，也不曾看见，一旦没有了这种关心，它们就遇到了困难？我赞同，婴儿有点儿力量，不过他们也比较软弱。他们刚有活动的能力，怎么会弄伤自己呢？如果你让他们平躺着，他们可能就这样死去，就像乌龟一样，无论如何都翻不过身来。

母亲的责任

母亲的责任无可置疑，但是她们忽视了这种责任，反而狡辩说，孩子吮吸谁的乳汁都一样。这个问题应该由医生来判断，不过现在，我认为它已经依照女人们的愿望解决了。我是觉得，与其担心孩子从他生母的血液中感染什么毛病，倒不如吃身体健康的保姆的乳汁，别吃自己娇滴滴的母亲的乳汁。

然而，能否只从体质角度来看待哺乳这个问题呢？一个孩子更需要母亲的关心，而不是母亲的乳汁。其他的女人，甚至是动物，也能给孩子吃他母亲不愿意付出的乳汁，但她们肯定不会像母亲一样关心孩子。把乳汁给非自己的孩子吃的人，想来也不是什么好母亲，这样的人怎么能成为好的保姆呢？也许她们能成为好的保姆，这需要时间慢慢转变。因此，在保姆对孩子产生爱之前，这个没得到好好照顾的孩子也许已经经历了上百次的磨难。

另外，吃保姆的乳汁会产生一种害处，这么一说，所有重感情的母亲便不再敢把自己的孩子交给别人来哺育。这种害处就是母亲将自己的权利分给别人，或者说得更准确些，转嫁给别人。她将会眼睁睁地看着自己的孩子像爱她一样爱另外一个女人，或者比爱她还多一些。她将感觉到，孩子对自己的那种恭敬只是出于礼仪，对乳母的恭敬则出于一种感情。因为在乳母那里我们看到了一个母亲对孩子的操心劳神，难道她不应该接受一个孩子的依恋之情吗？

有些母亲命令孩子蔑视他们的保姆，让他们视她为真正的仆人，以此来消除这种害处。而当保姆停止喂奶后，她们就让孩子回到自己身边，或者把保姆辞退。当保姆过来探望孩子时，她们就表现得极其冷漠，甚至拒绝保姆的探视。等过了几年，孩子见不到保姆，自然就不记得了。她们以为这样做就可以代替保姆，以为如此冷酷地对待保姆，就可以补偿自己的过错，实际上这种想法是错误的。孩子天性已被改变，她们怎么也不能把他们变成孝顺的孩子，反而让他们学会了忘恩负义。她们教孩子瞧不起用乳汁哺育他们的保姆，日后孩子也会瞧不起自己的亲生母亲。

假如母亲都能用心呵护自己的孩子，亲自哺乳，社会风气就会好转，发自内心的情感让每个人都精神焕发，国家的人口将会大大增加。仅是母亲亲自哺育这一点就可以让万物和谐相处。家庭生活的乐趣是抵抗不良社会风气的最佳方法。原来很讨厌孩子吵吵闹闹的人，现在也会觉得有些意思了；父亲和母亲感到更需要彼此了，比之前更相亲相爱了，夫妻关系也更为密切了。丈夫最喜闻乐见的是，家庭充满生机和温馨，家务活成为妇女最可贵的工作。一旦纠正了这个不良的风气，其他恶习自然而然就会全部消失，不久之后就会恢复正常。只有妇女负担起做母亲的责任，男人才能担负起做父亲和丈夫的责任。

母亲不像话，自然孩子也不像话。他们之间的责任是相互的，假如有一方没有尽到自己的责任，另一方也不会好好地尽责的。孩子在知道应该爱他的母亲后，才会爱她。血肉之情一旦没有被培养成习惯，孩子没有得到母亲的用心照顾，母子间的感情在最开始的几年就会消散。可以这么说，在还没有出生的时候，孩子的心就已经死了。

如果一个母亲给予孩子过多的关心，也会使孩子脱离自然本性。这种情况下，她把孩子视为自己的偶像，不想让孩子察觉到自己的柔弱，却把孩子培养得愈发柔弱。不希望孩子遭遇任何危害，想方设法让他远离各种痛苦，却没想到孩子少了一时之苦，避免不了将来的诸多灾害和积累的危险。这种小心翼翼的做法异常残酷，它让孩子从小适应了温床，长大后禁受不住诸多的磨难。

父亲的责任

假如你希望孩子保持本真，就从他来到这个世界上开始做起。他一出生，你就把他放在自己的手心里，什么时候他长大了，你什么时候才可以放手。只有这样做，你才能成功。其实，母亲是孩子真正的保姆，而父亲是孩子真正的老师。夫妻间应该在教育孩子的做法上达成一致。由通情达理却心胸狭窄的父亲教育，也好过不负责任的老师，因为爱心弥补才能远比才能弥补爱心要好。

人们总是最后才考虑为人之父的责任！我们也不必惊讶，如果一个人的妻子不愿意抚养他们爱情的结晶，他也不会想承担养育的责任。没有任何画面能够比得上家庭这个画面更打动人，但要是这个画面少了一笔，整个画面就没法看了。要是母亲的身体不好，无法哺育孩子，父亲也会忙于工作，不去教育孩子。孩子早早地离开家，住到寄宿学校，或者教会女校，或者公立学校，把家庭之爱带去了另外的地方，或者说，他们把谁都不爱的习惯带回了家里。兄弟姐妹互不相识。当他们聚在一起时，表现得非常客气，把彼此当成外人来看。如果父母之间没有亲密的关系，一家人的聚会没有让人感觉生活的美好，败坏的道德必然会填补这些空缺。难道真的有人看不出这种连锁反应吗？

对一个父亲来说，生养孩子只不过是他责任的三分之一。对人类，他有传宗接代的责任；对社会，他有培养人才的责任；对国家，他有培育公民的责任。三者都完成不了，他就是有罪的，但只完成一半，也许罪恶更大。一个男人不能以贫穷、工作或自尊为由，逃避抚养教育孩子的责任。亲爱的读者们，请你们相信吧，一个从始至终都宅心仁厚的人，一旦忽视了这些神圣的责任，我可以直言不讳地说，他早晚会为这个错误而痛哭流涕的，而且永远不能释怀。

有钱人家，父亲忙于工作，不得已放任孩子不管。他会怎么做呢？无非就是用钱雇别人来替他承担责任。爱财如命的人，你以为用钱就可以再给孩子找个父亲吗？不要这么无知了，你雇来的那个人，连老师都称不上，也就是个奴隶。他过几年就会把你的孩子也培养成奴隶。

爱弥儿

我假定有一个想象中的孩子，他的年龄和健康状况都十分理想，我能够教育他获得知识和所有才能。并且，从他一出生我就一直教他，直到他长大不再需要别人的指导。这个孩子就是爱弥儿。

即便遇到各种困难，我也要努力做这件事。为了不让本书因过多的旁枝末节而增加篇幅，我直接把大家能感知正确与否的原理写出来。关于那些需要验证才能确认的原则，我就用在我的爱弥儿身上，通过细节来告诉大家我提出的方法是能够实行的。至于最后我的方法能否获得成功，也得由大家去判断了。

开始时我不太提到爱弥儿，是因为我在教育上的首要原则虽然跟大家公认的原则相悖，却是非常清晰的，明理之人都会赞成。但当我继续写下去的时候，我的孩子与一般的孩子所受的教育不同，是特殊的，所以得对采取的特别方法进行表述。因此，之后，他就会频频露面了。到最后，我时时刻刻都能见到他，他说任何话，也不需要我代替了。

爱弥儿是个孤儿，没有父母，这没什么关系。我担负起对他的教育责任，当然也拥有对他管教的权力。他应该尊敬父母，但是他只听我的话。这是我的第一个条件，说准确点儿，是我唯一的条件。

对上面的条件，我还得再说一点，这点也是上面条件的扩充，即除非我们两人都同意，绝不能把我们分开。这是最关键的一条，我甚至希望所有父母和孩子都是这样，也认为彼此不能分离，把他们一生的命运当成一家人共同的目标。如果他们察觉到以后是要分离的，如果他们想到以后会成为陌生人，那他们已经是陌生人了；各自为政，一家人都想着分开的时刻，所以只能凑凑合合地相处下去。孩子把父母当成孩提时的灾祸，父母把孩子当成累赘，暗暗希望早日卸下负担。他们心里都盼望着分开的时刻，因为他们对彼此从来都没有恋恋不舍的真心实意，因此，一边是漫不经心，一边是桀骜不驯。

如果亲子间能够一直生活在一起，彼此尊重，他们就能彼此爱护，关系变得十分亲近。若是孩提时就一起生活，长大时还能从长辈身上学到许多东西，孩子也会觉得幸运；如果父母也用心教育，等待果实成熟之时，他们教给孩子的种种品德，便是他成年后可以享用的资本。

咱们再做一个这样的假设，母亲分娩很顺利，孩子健康可爱又活泼。做父亲的，没有办法选择上帝赐予他的家庭，更不应该偏心，所有的孩子都是他的孩子，他要一视同仁，给予同等的照顾。无论孩子的身体是不是健康，体格是不是强壮，都可以看成一个“寄存品”，做父亲的应该考虑自己手中的这个“寄存品”。婚姻不仅是夫妻之间订立的契约，同时也是他们同自然订立的契约。

另外，凡是承担了并非自然赋予的任务时，一个人应该先搞清楚如何来完成这个任务，否则以后他要是完成不了，也是要承担责任的。照顾孱弱儿童的人，是把自己的教育职责转变成护士的职责。这个人的时间本应该用来增加生命的厚度，而他却浪费在照顾一个没有作为的生命上。总有一天，孩子的母亲会悲痛欲绝地责怪他没有教育好孩子，事实上他已经为她的孩子拖延了很长时间的性命。

因此，身体必须充满旺盛的精力，才能听从思想的指挥。我明白，放纵可以刺激欲望，但慢慢地它就戕害了身体；而绝食和少食，也可能因为相反的原因产生同样的后果。身体越娇弱，欲望越强烈；身体越结实，越能服从思想的指挥。一切感官的欲望都存在于孱弱的身体之中；它不但满足不了那些欲望，反而激发了那些欲望。

无须花费力气去证明体力劳动和锻炼身体对打磨品性和促进健康的作用，这是毫无争议的。在那些喜欢锻炼、耐得住磨炼和热爱劳动的人中间，常常能找到长寿的例子。我也不会花费力气去说明我采取何种照顾的方式，来达到使孩子身体健康的目的。今后大家可以看到，在我的实践中，我的方法是如何众望所归，只要讲一下它们的精髓，就不用再赘言了。

认识我们的孩子

照顾婴儿

生命一诞生，就有了需求。初生的婴儿需要保姆。假如母亲愿意尽职尽责，那就再好不过了。我可以写点儿东西指点她们，但这样也有不好的方面，它让其他人和孩子疏远了。不过，出于对孩子的利益考虑，也出于母亲对其他家庭成员的尊重，母亲会重视其他人的想法。要是一个母亲愿意照顾婴儿，她会比谁做得都好。但假如必须得找个保姆的话，就一定要好好地加以选择。

挑选保姆，可没有什么诀窍，大家都知道基本原则，不过我不太清楚对乳母的年龄和乳汁的质量有没有更多的要求。初乳是十分稀薄的，用来清洗婴儿肚子里的残留胎便，就像是一种轻泻剂。慢慢地，乳汁就会变得浓郁，把丰富的营养过渡给婴儿，此时的婴儿已经健壮得能够消化乳汁了。由此可见，在各种雌性动物中，大自然会按照吃奶小动物的年龄来调整乳汁的浓稠度，这不是毫无原因的。

所以，初生的婴儿需要一个才生过孩子不久的保姆。我知道，这样的保姆肯定有自己的困难，但是一旦跳出自然的秩序，为了生存下去，每个人都有自己的困难，只不过通常人们解决问题的唯一方法就是把事情弄得更糟。

保姆应该是一个身心健康之人：情感的放浪，就像品性的暴躁一样，会影响乳汁的质量；或者，单单只有一副健硕的身体，那也只能事倍功半，可能乳汁好而品格不好。良好的体格和良好的品性，是缺一不可的。倘若找一个道德败坏的乳母，我不敢说她的乳汁也沾染了不好的品性，但我可以说将来孩子会因此而吃苦头的。她用乳汁哺育着他，难道不该温柔、体贴、耐心地看护他吗？难道不该把他弄得整整齐齐的吗？假如她既好吃懒做又形骸放浪，很快她的乳汁就会被破坏；假如她粗枝大叶，或者脾气火暴，那个还没有能力自保、又不会哭诉的可怜孩子，在她的照顾下，长大后会变成什么样呢？无论何种事，邪恶的人都不能胜任。

保姆的生活必须舒适，饮食上也必须丰富，不过她没必要完全改变自己的生活方式。因为突然全盘改变，即便是从坏变好，对健康来说也是有危险的。况且，她惯用的生活方式已经给了她健硕的身体，所以为什么要她改变自己的生活方式呢？

我觉得没有必要改变乳母平日里的饮食习惯，只要食物丰富点儿，挑好一点儿的就行了。另外，你们也得改善一下烹饪的方法，别把食物烤焦了，也别用油炸；别煎炒牛油、盐和乳制品；水煮的蔬菜一定要冒着热气端上桌之后再放调料。素食不会使乳母便秘，反而会催生丰富而优质的乳汁。

环境的选择

对于孩子来说，空气的作用举足轻重，在生命的初期更为明显。空气侵入细嫩皮肤上的所有毛孔，带给那些成长中的身体巨大的影响，给它们留下不朽的印迹。因此，与其把一个农村的妇女从乡下叫到城里，关到房间里给孩子喂奶，还不如让孩子去乡下呼吸新鲜的空气，不要在城里呼吸肮脏的空气。他会过上一种全新的生活，住在乡下的房子里，父母也跟着他到乡下去。

人类繁衍的理由，可不是为了挤在一起虚度人生，而是要踏遍他所耕种的土地。人类聚集得越密，就会越腐化。过多的聚集只会让身体残疾，让心灵残缺。在所有动物中，人类是最不适宜群居的生物。要是人类像羊群一样挤在一起，用不了多久就会全部死亡。对同类来说，人的呼吸是最致命的危险，无论从现实或从笼统的角度来说，这一点都是对的。

生完孩子后，人们就会用温水给小孩洗澡，还在温水里加入一点儿酒。我认为，没有必要在水里加酒。因为自然没有生产任何酵素，我不相信人工酿造的酒对被自然创造出来的人类有什么益处。

一旦养成洗澡的习惯，就不应该中间停止，应该一直持续下去。我非常重视这个习惯，不单是为了干净和身体的健康，而是把它视为增强体质的方法，它能让肌肉纤维更加柔软，这样在经历酷暑严寒时，肌肉就不会感觉吃力，也不会有什么危险。因而，我希望孩子能养成洗澡的习惯：偶尔洗个热水澡，并且经常在冷水中沐浴。因为水是一种密度很大的液体，我们受影响的部位比较多，作用也很大，所以只要能习惯各种温度的水，就能习惯空气的各种温度。

学习的能力

当婴儿脱离母体自己开始呼吸时，就不要把他裹在比子宫还紧的襁褓里了。别给他戴什么帽子，系什么带子，更不要包在襁褓里；就给他穿上宽松的衣服，让他四肢得到自由，不至于影响他的活动，也不会妨碍他感觉空气的流动。把他放进一个铺好的摇篮里，让他在其中自由自在地活动。当他茁壮成长时，就让他在屋子里随便爬行，让他自己玩，活动活动自己的四肢。慢慢地，你会看到他一天比一天强壮。你的孩子跟那些用襁褓裹得紧紧的同年龄的孩子相比，你会惊讶于他们之间的差别如此之大。

人类生来就有学习的能力，只是出生时懵懵懂懂，稀里糊涂。我们的心灵被禁锢在还没完善和成熟的器官里，就连它本身的存在也感觉不出来。刚出生的婴儿的行为和哭闹，完全出于机械，多半是出于身体的本能反应。

要是一个婴儿刚生下来就拥有大人的身体，他刚一出生就发育完毕不再成长，那么这个小大人会是一个彻底的傻瓜，一个机器人，一尊从不动弹也没有知觉的塑像。这样的孩子什么都看不到，也听不到，不认识任何人，更不知道转动眼球去看他想看的东西。他不仅看不到身体以外的任何东西，也感觉不到感官让他看的东西；眼睛不能分辨颜色，耳朵不能分辨声音，接触到任何东西也没有知觉，他都不知道自己还有一个身体；手接触到什么，脑子里才会反应有什么；一切知觉都集中在一点上，他只有一个想法，就是“我”的想法，他的所有知觉都符合这个想法。这个想法，说得更准确些，这种感觉可能就是他比一般的孩子多拥有的唯一的东西。

他因为一下就长大了，也不会用两只脚站立，所以他需要努力学习如何站得平稳。可能他连怎么试着站起来都不会，你们会看到，这个高大健硕的身体只会待着不动，就像一块石头，或者只会像小狗一样到处爬行。

身体的需要让他感到痛苦，可他又不知道自己到底需要什么，也想不到如何来满足自己的需要。他不知道胃和手臂之间的联系，所以即便四周堆满食物，他也完全不知道向前迈步或伸手去够。因为他的身体已经长成，四肢已经发达，不再像个婴儿一样好动，没准在他踏出脚步寻找食物之前，他就已经饿死。只要稍微回忆一下我们获得知识的步骤和顺序，我们就无法否认，在没有获取自己的经验和学会别人的经验之前，一个人天生的无知和愚蠢的原始状态就是这样。

学习的起点

大家都知道，或者说认识到，每一个人都应该从最开始做起，慢慢才能学会一切。可是，有谁知道终点在哪里呢？每一个人能进步多少，取决于他的天赋、兴趣、需求、才能、激情和他能抓住的机会。没有一个哲学家会大胆地预言：“一个人只能到此为止了，再也不会进步了。”我们可能不知道天性会让我们成为什么样的人，也没有人测量过人和人之间的差距。人的灵魂低贱到无法激起这样的思想，有的时候竟然不敢充满自信地对自己说：“我已经远远超过界限了！我还能攀上更高的山峰！为什么让跟我一样的人比我走得更远呢？”

再重申一次：人的教育在他出生时就已经开始了，在他能够说话和听懂别人说话之前，他已经在接受教育了。经验出现在教育之前，在他认识自己的乳母时，他就已经获得了许多的经验。假如我们回想一下，粗俗的人从出生到长大的过程，我们就会惊奇于他也有着渊博的常识。要是我们把人类的知识分为两类，一类是人类共有的常识，另一类是学者拥有的知识。跟前一类相比，后一类就显得过于渺小了。不过，我们不太重视自己获得的常识，因为这是我们在没到成熟的年龄前悄无声息就获得了的；而学问之所以被重视，是因为它们都很特殊，就好像代数方程式里的分子一样。

孩子最开始的感觉完全是感性的，他们只能感觉出高兴和痛苦。因为他们既不会走路，也不会拿东西，他们需要很久才可能触景生情；当各种形状和大小的物体时不时出现在他们的视线里，感性会屈从于他们养成的习惯。我们看到，他们的眼睛一直追着阳光，假如阳光是从旁边射进来的，他们会不自觉地把眼睛转到旁边，所以我们应该想方设法让他们的脸背对阳光，免得他们养成斜视或侧视的习惯。他们应该尽早地适应黑暗，要不然一看到黑暗他们就会哭泣。过于严厉地规定饮食和睡眠时间，会让他们觉得每隔一段时间后，就必须得进食或者睡觉，久而久之，他们想吃饭和睡觉，并不是出于需要，而是因为形成惯性。或者这么说，惯性让他们除了身体的需要外又增加了新的需求，这必须提前预防。

孩子不要形成任何惯性：不要用固定的一只胳膊抱他们；不要让他们惯于伸某只手，或者只用某只手；不要固定某个时间让他们吃饭、睡觉和活动；不要不留给他们独自发呆的时间。让他们尽可能早地掌握自己的身体和自由，让他们养成顺其自然的习惯，让他们能自己约束自己，只要他们想做什么，就应该随他们去。

用手感知世界

在生命的初期，由于记忆力和想象力处于静止的状态，孩子只能留意影响他们感官感受的东西。他们的知觉是知识的来源，所以得按照一定的顺序让他们产生知觉，这就需要培养记忆力。记忆力可以在今后的某天复制同样的东西给他们；但是，小孩子只在意他们自己的感觉，这个时候只要指出这些感觉和产生这些感觉的东西之间的联系就可以了。孩子想摸一摸所有的东西，碰一碰奇怪的东西。他们动来动去的时候，你不要出声阻止，他们是在进行必要的学习。这样一来，孩子才能学会使用观察、触摸和倾听的方法，特别是把观察和触摸做一个比较，以及用眼睛来测量、用手指来触摸——学会用这些方法来了解物体的轻重、冷热和软硬，以此来判断物体的大小、形状和能够感知的各种性状。

只有通过动手，我们才知道物体是否跟我们的性质相同；只有通过动手，我们才能感知远近。孩子没有远近的观念，所以不管物体是在身边还是在远处，他们都会伸手去够。他们会费力地伸手出来，看上去就像在指挥你，命令你把东西拿到他们身边，或者拿到他们那里。其实不然，这只是因为一开始只在他们脑子里的东西突然出现在眼前，所以他们认为这东西就在手边；他们只能想象出自己伸手触到的距离。所以，应该带他们多多走动，从一个地方到另一个地方，让他们感觉到地方的变化，从而让他们学会如何判断距离。当他们能够分得清远近时，需要改变方法，不要再随便带他们去哪里了，也不要由着他们的喜好去哪里，因为此时他们的行动都带有目的性。这种目的性是值得注意的，需要家长进行一番探究。

表达的欲望

孩子习惯于在别人的帮助下来满足自己的需要，这种需要会产生不舒服的感觉，这个时候，孩子就用一种信号表达出来。他们啼哭正是出于此；他们啼哭的时候很多，这是必然的。他们的感觉是感性的，因此他们舒服的时候，会悄无声息地享受；痛苦的时候，他们就会用语言表达出来，提醒别人帮助他们结束痛苦。只要他们还清醒，就分分秒秒都有感觉；除非他们睡过去，否则一直都有感觉。

我们的一切语言都是艺术。许多年以来，人类就在探索是否有一种人类共通的自然语言。这是肯定的，这样的语言就是婴儿没说话之前的语言。这种语言不是清晰地发出音节，而是嘹亮的抑扬顿挫，是可以理解的。我们使用大人的语言，忽视婴儿的语言，甚至把这种语言都忘掉了。通过对孩子的观察，我们也能重新学会这种语言。乳母就是教这种语言的老师。她理解自己哺育的婴儿所说的话，她还能做出回答，孩子与她互相都能知道对方的意思。虽然她说一些话，但这些话是完全没用的。婴儿能明白的，并不是话的意思，而是她说话时的声调。

除了语言，还有身势语，后者达到的效果并不比前者差。然而，身势语并不体现在孩子的手上，而是他们的脸上。这些还稚嫩的小脸有各种表情，这是让人诧异的：他们的脸以惊人的速度变化着，你可以从中看到微笑、欲望和恐惧，如闪电般出现，又如闪电般消失。这让你恍惚地觉得，你看到的好像是另外一个人。他们面部的肌肉比大人还灵活。不过，他们的眼睛非常迟钝，没什么表情。在年纪尚小且有需要时，他们就这样表达：感觉表达在脸上，感情则表达在眼神里。

哭泣的意义

人类最开始的时候是处于艰难无助的困境中，所以婴儿都是伴随啼哭和悲伤降生的。当有所需求，可自己又满足不了时，他就会大声啼哭，求得别人的帮助；当饥渴时，他也啼哭；当太热或者太冷时，他也会啼哭；当他想活动活动，而大人非要他休息时，他也会啼哭；当他想睡觉，可大人不让他睡时，他还是啼哭。他不能控制自己的生活，就常常要求大人帮助他控制。

他只有一种语言，究其原因，还是有一种不舒服的感觉。因为他的身体尚未发育成熟，他还不能分辨各个器官的不同感受，当事情不尽如他意时，他就会产生不舒服的感觉。

大人不关心孩子的哭声，从中就产生了人和他身边的环境的第一个关系。这也是构成社会秩序的长锁链的第一环。

孩子哭泣时，他觉得很不舒服，不能满足自己的某种需求。此时，我们应该仔细观察一下，看看他到底需要什么，找出他的需求点并满足他。如果我们看不出他需要什么，或者没有满足他，他就会一直哭泣，让我们感到厌烦。然后，我们就去哄他，企图让他安静一些，或者摇一摇他，或者唱首儿歌让他入睡。他继续哭的话，我们就失去了耐心，开始吓唬他，粗鲁的保姆甚至还会打他。在他开始生活的时候，他所受的教育就是这么奇怪。

在那些讨厌的不断哭泣的孩子中，我永远也不会忘记自己就见过一个因为哭泣而被保姆打的。被打后，那个孩子立马就停止了哭泣，我觉得他是被吓住了。我心里想，他将来可能是一个软弱的人，只要一严厉对他，他就屈服了。可是我想错了，这个挨了打的孩子，满腔怒火，连呼吸也停止了。我看见他的脸都变青了。不一会儿，他就又哭了，而且比刚才声音还大。这个年龄的孩子，只要一感到愤怒、委屈和失望，就会用高亢的哭声来表达。我真怕他哭得晕死过去。如果说，我曾经怀疑人类是不是天生就有正义感或非正义感，这一个例子就足够消除我的怀疑了。我暗自想，如果有一块烧得正红的炭掉到这孩子手上，可能都比不上别人侮辱性的轻打一下痛呢。必须小心地对待孩子这种容易激动和愤怒的性格。波尔哈维[1]认为，小孩子的病多半都是痉挛性的，因为从比例上来说，他们的头比大人的重，神经系统比大人更敏感纤细，而神经质的人最容易受刺激了。如果孩子只是在物质上受到阻碍，而不是意志上，他们不会表示愤怒和反抗，且能保持身体健康。这就是

---

1 波尔哈维（1668~1738），荷兰医学家。

自由的孩子与时时刻刻被操控的孩子相比，不仅不虚弱反而更加结实的原因所在。但是，必须一直留心，因为顺从他们的意志和反对他们的意志，会有天壤之别。

最开始，孩子的哭是一种请求，如果你不加以提防，哭就会变成一种命令。可以说，他们的哭泣，是以请求别人帮助开始的，以命令别人结束的。因为他们本身的娇弱，他们最开始想依赖别人，然后才是控制和命令别人。不过，之所以产生这种想法，不是因为他们的需求，而是因为我们的服侍。从中我慢慢发现，孩子的这种转变并非是受天性产生的道德的影响，所以我们在孩子出生后的头一年就要分辨他们每个表情、每声啼哭产生的原因。

当孩子不说话使劲伸手时，多半由于他不能估测他和想要的东西之间的距离，他以为自己能够着。他当然想错了。可是，如果他边哭边闹还同时伸手时，这就不是他估计错了距离，而是命令东西过来，或者命令你去拿那个东西。在第一种情况下，你可以慢慢地抱着他接近那个东西；若是第二种情况，你就得假装没听到，他越哭，你越不理他。必须尽早养成他不对人发号施令的习惯，因为别人不是他的奴仆。也要让他知道不能命令东西，因为东西不听他的命令。因此，当一个孩子想要某个东西时，应该把他抱到东西那里，而不是把东西拿过来给他。这样做，他才能明白其中的意义。这种方法适用于他的年龄，除此之外，没有任何方法能让他明白这一点。

父母的引导

自然地控制孩子的欲望

只有理智才能教我们分辨善恶。虽说我们的良心爱憎分明，不依存于理智，但没有理智，也就没有良心的成长。在没有生出理智之前，我们并不清楚善恶的区别。那时在我们的行为里，没有善恶之分，虽然有时候在感情上能区分别人对待我们的行为是善还是恶。小孩子总是调皮捣蛋，拿到什么东西，就会摔个粉碎；捏只小鸟就像捏块石头，捏死之后，他们还不知道自己做了什么呢。

大自然把生命的活力赋予孩子，同时又小心让他们使用活力，免得造成伤害。可是，如果他们把周围的人看成工具，他们就会凡事依赖身边的人，利用这些人去满足他们的要求，弥补自己的缺点。就因为这样，他们才变得讨人厌、飞扬跋扈、傲慢自大、捣蛋和不服管教。发展成这样，并不是他们天生就有命令人的心理，而是在成长过程中他们形成了这样的心理：只是张嘴命令别人，就可以移动万物，是多么的舒服。

长大后，获得了力量，他们不需要大声叫嚷、来回动弹，就可以自控了。精神和肉体取得了平衡，而且大自然要求我们的也只是保持自身所需的能量。但是，命令他人的欲望并没有因为力量的增强而消失。控制他人的心理会激发和助长一个人扭曲的自尊心，再加上过去的不良习惯加剧了这种自尊心，此时，我们会因为需求而产生不恰当的行为。从此，我们的偏见和个人的观念就扎下了根。

明白了这样的道理，我们就能看清楚自己是在什么地方偏离了自然的道路。我们得观察一下，坚持走自然的路应该怎么去做。

孩子没有过剩的力量，他的力量还不足以满足自然对他们的要求，所以必须得让他们利用自然给予的所有力量，而且不能滥用这些力量。这是第一个原则。

孩子身体的需要，不管是在精神方面还是物质方面，都必须满足，弥补他们的劣势。这是第二个原则。

在帮助孩子的时候，必须明确只有在他们真正需要时才施以援手，绝对不能理会他们乱七八糟的想法和无缘无故的欲望。因为乱七八糟的想法不是出于自然的，即便不实现它，孩子也不会感到难过。这是第三个原则。

好好研究孩子的语言和动作，在他们还不知道假装时，我们能区分他们的欲望是出于自然还是心里所想。这是第四个原则。

多给孩子真正的自由，不让他们养成命令别人的习惯，多让他们动手，少越俎代庖，才是这些原则的灵魂所在。要趁早让孩子养成习惯，把他们的欲望控制在力所能及的范围内，这样他们就不会因过多的欲望而吃苦头了。

在这儿，又有一个重要的新生理由，来解释为什么要想让孩子没有摔倒的危险，不让他们摸到危险的东西，我们就应该给他们的身体和四肢绝对的自由。

身体和四肢都自由的孩子，会比裹在襁褓里的孩子少哭一些。婴儿仅仅知道身体的需求，他只有在感觉不舒服的时候才啼哭。这样非常好，因为我们由此可以知道他什么时候需要帮助，如果可以，应马上帮助他。假如你不能解除他的痛苦，就应该使他冷静下来，千万别想方设法让他停止哭泣。你的溺爱不能医好他的肚子疼，反而让他明白怎么得到你的宠爱。如果他知道你可以任他摆布，他就变成你的主人，这下就糟糕了。

孩子在活动中受到的阻力越小，哭的时候越少。要是你不反感孩子的哭声，你就不会为了让他不哭而自寻烦恼。你不去吓唬他或者溺爱他，他就不会那么的胆小和固执，也就可以更好地保持自然的状态。就是因为在孩子哭的时候，我们不想让他哭，所以一听到哭声我们就去抚慰他，可却使得他哭声更大、更持久了。我的观点是：没人管的孩子，不会像其他孩子一样爱哭。但我也不赞成放任不管，应该提前预知他想要什么，不要等他哭起来才理会他想要做什么。可是，我也不愿意被他误解这种关心。如果他知道啼哭是那么管用时，以后为什么不采取哭的方法呢？他了解，你要他不哭，必须得付出代价，这个时候，他不会随便要一点点东西就完了。发展到最后，他要得越来越多，你根本无力支付。这个时候，他哭一阵子达不到目的，就会使劲哭闹，直到筋疲力尽，哭死过去。

孩子哭个没完没了的原因，不是受到了限制，也不是生病或者缺了什么东西，而是出于习惯或固执的脾气。那么，这不是大自然造成的，而是保姆弄的，她不知道要对孩子的哭哭啼啼有些耐心，结果就延长了他啼哭的时间。她没想到，今天虽然让他停止啼哭了，到了明天他可能哭得更凶了。

唯一的解决方法，就是任凭他哭闹，你不理睬。不会有人喜欢做白费力气的事，孩子也一样。他一开始尝试的时候，非常顽强，如果你坚持住了，比他更倔强，他就会打消念头，不再来这一套了。这样，你才能让他少哭几次，让他养成习惯，只有在疼得不得了的时候，才会大声哭泣。

当然，还有一个办法，能够让他因胡闹或固执而哭泣时停止，即用一个漂亮、吸引人的东西让他分心，让他忘了哭。多数保姆都知道这个方法，假如做得好，还是非常有用的。不过，最重要的是，别让孩子发现你在分散他的注意力，别让他感觉到你在注意他。

在这里我要补充一点，我们习惯了奢华，就连给孩子的玩具都很奢侈。金、银和珊瑚的铃铛，各种水晶片和五花八门的玩具，都是毫无用处、害处多多的东西！完全用不着这样的东西。不要什么铃铛或什么玩具，只要几段有叶子和果实的树枝、一只能够听到沙沙声音的果壳、一点儿能让他咀嚼的干草，这些就像那些漂亮的玩具一样，足够让他玩得开心了，而且也不会让他养成奢侈的习惯。

教会孩子表达自己

孩子出生时就能听到我们说话，在他们还听不懂的时候，在他们还没学会发声之前，我们都在跟他们讲话。他们那发育迟缓的发声器官，会一点一点地学习我们教的发音，而且到目前为止，我们还不敢肯定这些音节是不是清楚地传到他们耳朵里，就像传到自己耳朵里一样。我同意保姆给孩子唱歌，或者用多变的音调逗孩子玩，我反对保姆没完没了地对他们讲废话，这会让他们头晕耳鸣，因为孩子只听得懂音调，听不懂那么多废话。我们应该少说几个简单的词，发音清晰，反复地说给他们听，而且这些词代表的物体最好是我们常给孩子看、他们又看得清的东西。糟糕的是，我们容易听信我们不懂的话，这种情况很早就开始了，比我们想象得都早。上课的小学生认真地听着老师的废话，就好像他们在襁褓里听保姆胡说八道一样。我认为，让他们不听废话，便是对他们进行有益身心的教育了。

当我们研究孩子的语言形式和初始的字句时，心中会产生很多想法。无论我们如何做，他们学会说话的方法都一样。

孩子的语法都适用于他们的年龄，这种语法比我们的语法简单多了。假如你仔细观察，便会惊奇于他们模仿某些类同语的准确程度。这些类同语，也许在你看来是有问题的，但它们非常有规律，听上去不舒服的原因只在于它们说起来非常生硬，或者没有这样的惯用法。刚才我还听到一个可怜的孩子被父亲骂了一顿，就因为他说了一句：“爸爸，我到那里去？”从中我们可以看出，这个孩子模仿类同语，胜于文法学家。我们老跟孩子说“到那里去”，所以孩子就想当然地说：“我到那里去？”句子里的指示副词“那里”，我们知道指的是“哪里”，但由于我们从未跟孩子这么说过，所以我们能把这样的错误推到孩子身上吗？非要纠正孩子这些不合习惯的小错误，这是多么不能忍受的旧式做法和过多的担心，他们慢慢长大，就会自行纠正过来。用正确的语法和用词跟孩子讲话，他们就会觉得跟你说话非常开心。要相信，他们会慢慢地改变自己的语言，使用成人的语言，所以完全不用费心纠正。

在教孩子说话这件事上，我们总是操之过急，就好像担心他们学不会说话一样，这是另外一个不容易预防的重大弊病。操之过急会达到截然相反的效果，孩子可能说话更晚，说得更糟。过于留心他们说的每一句话，就会忽视他们的发音。他们懒得把嘴张大，造成的后果就是终身发音都有问题，说话也没有次序，没法让别人明白他们的意思。

慢慢长大后，孩子上了学，这个缺点就会被改正了。而后，他们会比一直在家里学习的孩子发音更清楚。不过，由于他们在学说话时也养成了口吃、发音不准和随便发音的毛病，所以上学后在背诵课文时，他们的表现会非常糟糕。他们要花费许多力气才能想起要背诵的词句，因此只能拖长音节。当记不清楚时，人说话多少都有些口吃。如此这般，他们就养成了发音上的毛病。以后大家可以看到，爱弥儿绝不会有这样的毛病，或者不会因为上面的原因就出现这些毛病。

我们唯恐孩子出现这样的发音问题，其实这无所谓，非常容易就可以预防和纠正。但假如由于你的存在使他们在说话时感到慌张、羞怯和嘶哑，你还一直批评他们的声调，指责他们的用词，因这样而出现的毛病是根本无法改正的。

在自由自在的乡间长大的孩子，都会有一副嘹亮的嗓音，绝不会有城里孩子口吃的毛病，还不会学到错误的用词和语调。即便已经学会了，也非常好纠正，只要父母一直同他一起生活，每天都让他用自己正确的语言来表达就可以消除那些不良的影响。以后，爱弥儿讲的法语就像我讲的法语一样纯粹，甚至比我讲得更清晰，发音更准确。

对正在学说话的孩子，我们应该只说他能听得懂的话，讲他能清晰发音的字眼。他可以不厌其烦地重复同一个音节，直到把它说清楚。假如孩子咿咿呀呀讲不清楚时，也不必费心去猜他说了什么。试图让别人听他说的话，也是控制别人的表现，孩子不应该产生这种凌驾于他人之上的想法，只需要留心满足他的需求就可以了。应该让他自己努力讲清楚你没听懂的话。我们不要勉强他说这说那，等他体会到说话的好处时，自己就会好好学说话了。

也许有人会说，说话特别晚的孩子，绝对不会比别人说话清楚。然而，这不是因为他们说话晚，他们的发声器官受到了阻碍。正相反，这是因为他们的发声器官有障碍，所以他们讲话才会晚。假如不是这样，他们为什么说话比别人晚呢？是因为他们说话的机会少，缺乏大人的鼓励吗？不，当然不是，大人一发现他们说话晚，就惶恐不安，于是花费心力教他们说话。比那些很早就能说清楚话的孩子，家长要花费百倍的心血在这些说话晚的孩子身上。这种焦躁不已的做法，会使孩子说话没有次序。我们不要那么着急，多给他们一些时间，他们会说得非常完美的。

对于一些孩子来说，如果你勉强他们说这说那，会使他们没有时间来好好地学习发音，也没有时间好好琢磨你教给他们的话。如果能由着他们自己去学习，他们会先开始练习简单的发音，然后慢慢加入手势向你表达自己的意思，他们会跟你说他们的话，而不是你说的话。这样就能教你弄懂他们的话，而后他们才可能学会你说的话。他们不慌不忙地使用你教给他们的话，并想想你说的是什么意思。只有在他们理解了你的意思后，他们才会说你说的话。

在孩子还没到说话的年龄，大人就着急地教他们说话，这样做最大的害处，不是因为他们完全不明白最初你教的话和他们自己说的话的意思，而是因为他们的理解有偏差，但我们察觉不出这种偏差。所以，乍一看上去，他们回答正确了，实际上他们不明白我们的意思，我们也不明白他们的意思。有时候，我们之所以会误会孩子所说的话，多半都是由这些模糊不清的话引起的，我们觉得他们说的是这个意思，实际上他们是那个意思。我认为，正是因为我们没有仔细考虑说的话传到孩子耳朵里是什么意思，才出现了这样的误差。

胆量的培养

当孩子对事物有自己的辨别力以后，他就应该对我们给他的东西做出选择。开始，他对所有的东西都有兴趣。他觉得自己是那么娇弱，一看到不认识的东西，会觉得害怕。养成看见新鲜的事物却不受其影响的习惯，就可以瓦解这种害怕。在干净得没有蜘蛛的房间里长大的孩子，会害怕蜘蛛，等他成年了还有这种害怕的心理。相反，我们没见过在农村生活的人，不管是男人、女人还是小孩，有害怕蜘蛛的。

如果只凭我们选择给孩子看的东西，就有可能让孩子胆怯或者勇敢，那么我们为什么不在他学会说话和听懂话之前就教育他呢？我希望人们让他养成看新事物的习惯，多看看丑陋和讨厌的动物，多看看千奇百怪的事物，先让他在远处观察，慢慢地让他习惯这些东西，然后看到别人碰触这些东西，自己也敢伸手去碰触。一个在小时候不怕蟾蜍、蛇和大海虾的孩子，长大后无论看到什么动物都不会害怕；一个人每天都接触恐怖的东西，他不会觉得它们有多可怕。

孩子们看到面具都会害怕。一开始，我拿一个可爱的面具给爱弥儿看，然后找一个人站在他跟前戴上面具，我就开始大笑，所有的人都大笑，爱弥儿也跟着笑了起来。紧接着我慢慢让他看一些丑陋的面具，最后看恐怖的面具，要是能好好安排这几个阶段，到最后时，爱弥儿不会害怕，反而会像看见第一个面具一样大笑起来。之后，我就不再担心别人用面具吓唬他了。

据我之前的观察，孩子是不害怕打雷的，只有雷声特别大的时候，或者当他们知道打雷会伤害和打死人时，他们才会害怕。一旦他们理智上能感知恐惧时，我们就得用过往的经验来让他们振作起来。我们只要按部就班，就能让孩子什么都不怕了。

>>>第二章

开发儿童的基本能力

Émile

儿童能力的发展

小孩子学会说话后，他们啼哭的次数就减少了很多。一种语言代替了另一种语言，这是一种非常自然的进步。要是他们能够说出自己的疼痛，不到忍受不了的程度，他们是不会用哭声来表达的。要是他们真的哭起来没完没了，那就得怪身边的人了。爱弥儿如果会说“好疼”，那么只有疼得忍受不了，他才会哭。

孩子喜欢没有理由地哭泣。我就会让爱弥儿先哭一阵子，不去理会他，很快他就停止哭泣了。爱弥儿哭的时候，我不过去看他；等他一停下来，我马上过去。过不了多久，他再找我时，就不会使用啼哭的办法了，即便哭也是哭一下。孩子可以按照自己的经验来决定用什么样的方法。对他们来说，什么都是变化的，所以无论他们遇到什么痛苦，当独自面对的时候，他们也很少哭泣，除非他们希望引起别人的注意。

每当孩子摔跤、头上撞个大包、鼻子出血、手指划伤时，你不要着急忙慌地去他身边，先安静地站在边上，过一小会儿再过去。伤痛已经发生，他就必须学会忍受。我们急切的样子，反而会让他更加惶恐，从而加剧了他对疼痛的感觉。实际上，我们受伤时，让我们感到痛苦的，并不是受伤的感觉，而是心理上恐惧的感觉。我们这么做，起码帮他排除了后面一种痛苦，因为他看到我们这么紧张他的伤势，由此会判定自己受伤严重。要是他看到我们第一时间赶过去安慰他，替他难过，他就会觉得这下糟了；要是他看到我们非常平静，他也会平静下来，以为没事，痛苦已经过去了。对他来说，这个年龄正是开始学习勇敢的年龄，在慢慢能忍受微小的疼痛之后，他就学会了如何忍受更大的痛苦。

我从来不小心翼翼地对待爱弥儿的受伤；相反，倘若他从没受过伤，从不知道痛苦的滋味，我才会担心不已。如何忍受痛苦，不仅是他需要学习的头等大事，而且也是他最该要知道的事情。正是因为没有受过这些危险的训练，孩子才会如此脆弱。当他跌倒，他并不会摔断腿；当他用棍子不小心打到自己，他也不会折断自己的胳膊；当他抓着一把锋利的刀子，他也不会抓太紧，弄伤自己。我从来没听过一个无拘无束的孩子会把自己弄死，或者弄残，再或者让自己受重伤，除非大人无意中把孩子放在高处，或者让他一个人待在火炉边，再或者在他触手可及的地方放危险的东西。大人把孩子围起来，唯恐他受到什么伤害，这样做的后果就是当他长大后，一遇到痛苦，他便不能处理，缺乏经验和勇气，稍稍一痛就要死要活，一见到自己流血便昏过去。孩子最后变成这样，我们的小心翼翼究竟有什么用？

我们总是好为人师，夸赞自己的渊博学识，以至于本末倒置，花力气在孩子自己可以学好的事情上，却忘记了教他只有我们才能教的事情。我们花很多心血教孩子走路，就好像谁家的孩子因为保姆的不称职而没有学会走路似的，还有比这个更愚蠢的事吗？

以后，当爱弥儿学走路时，我不会让他使用学步车、小推车或者引步带，一旦他学会了怎么把一只脚挪到另一只脚前面，为了让他走快点儿，我只会在石子路上扶一下他。我会每天让他在草坪上玩，不让他待在空气污浊的房间里。在草坪上，他可以自由自在地跑来跑去和玩耍，即使每天跌倒一百次也没关系，因为只有这样他才能很快学会自己站起来。在自由的环境下得到的益处，足以弥补许多的伤害。我的爱弥儿可能天天挂彩，但他心里是快乐的；你的孩子可能受伤不多，不过他心里压抑，十分不自在，满是忧愁，这对他有什么好处呢？

另外，孩子的体力得到了锻炼，这也会让他们觉得哭泣不是必需的。

他们可以更多地依靠自己，减少求人的频率。体力一得到增加，他们运用体力的智慧也跟着提高。孩子开始了他们自己的生活，他们也意识到了自我。记忆力帮助他们在人生的每个阶段都想起自我感觉。从真正意义上看，他们成为一个人，成为他们自己，至此，他们就有了或有益或有害于其他人的能力。从这个时候，我们就该把他们当成一个有自己想法的人了。

顺应天性

为了现在的教育根本无法达成的目标，我们牺牲了当下，给孩子种种限制，为的只是他们在许久的将来可能享受不到的幸福。为什么要把他们弄得可怜兮兮呢？即便是教育目标合理，可每当我看到一些可怜的孩子被置于牢笼之中，夜以继日地工作，仿佛服苦役的囚犯一样，我如何能保持平静，如何能不断定这种做法于他们毫无益处？本来快乐的年纪，他们都在哭泣、惩罚、威胁和苦役中度过。你们美其名曰为了这个可怜的孩子好，所以来折磨他；殊不知你们带来了死亡，在阴郁的环境里夺走了他。有多少个孩子因为父母或者老师过于谨慎的照顾而成了牺牲品？倘若能躲开这悲惨的命运，可以说是运气极好的。在历经各种灾难之后，孩子能获得的唯一益处就是，因为在自己的一生中遇到的净是磨难，所以他们在死亡时也不会为自己悲惨的命运惋惜。

人类啊！仁慈些吧，这本是天性！不管是什么身份、什么年龄，只要你正常合群，都要仁慈些。除了仁慈以外，还能有什么美德？要关心爱护儿童，陪他们做游戏，让他们快乐，维持他们可爱的本性。有谁不留恋天真烂漫的童年呢？为什么不让孩子享受这短暂的童年时光，为什么要夺去他们无比宝贵的财富呢？他们的童年，跟你们的童年一样，都是稍纵即逝的，为什么你们要让短暂的时光充满愁闷和痛苦呢？作为家长的你们，是否知道死神哪一天会夺去你们的孩子？不要剥夺老天给他们的快乐时光，否则总有后悔的一天。在他们还活着的时候，让他们尽情享受生命的乐趣，不要让他们还没享受到乐趣就逝去。

不要忘记适应环境，不要追逐幻想。万物皆有序，人类也有其位置；在生命的秩序中，童年也有自己的位置。把大人和小孩区别看待，安排每个人的位置，并让他归属于那个位置，依照人性来处理欲求，为了人类的幸福，我们只能做这些了。其他事都以各种外因而转移，而我们无法影响外因。

所有的痛苦知觉都与摆脱痛苦的愿望息息相关，所有的快乐知觉也都与渴求快乐的愿望有关。所以，任何愿望都意味着快乐的缺失，一缺失快乐，就会产生痛苦，我们的痛苦就在于我们的愿望和能力的不匹配。当一个人能力越小，愿望越多时，他就深陷于痛苦之中，无法自拔。

这么说的话，人们真正的幸福和智慧到底在哪里？它并不在于减少我们的欲求，倘若欲求减少了，能力也就相应闲置下来，我们就不能完全享受自身的存在。它也不在于增加我们的能力，能力增加了，欲求也会增加，我们会更为痛苦。正确来说，应该减少我们负担不起的欲求，让能力和欲求之间得到平衡。当所有的能力都能派上用场时，心灵才能得到平静，我们的生活才能井井有条。

大自然总是向美好的方向发展，它也这么安排人类。一开始，它只给予人类维持生存所必需的欲求，以及相应的能力。它把其他能力都放到人类心灵的最深处，只有当需要时才能显现。在这种原始的状态中，欲求和能力是平衡的，人们也不会感到痛苦。当潜在的能力开始发挥作用时，在所有能力中最为活跃的想象力最先苏醒，进而发展。由于想象力展示给我们或好或坏的前景，让我们产生了要满足欲求的渴望，这样就滋长了我们的欲求。但是，看来唾手可得的前景，却跑得飞快，怎么追赶也无法达到。当我们以为自己追上了，它又变换模样，仍然在我们前面。这个时候，我们已经不去看走过的地方，我们也不再去想它，因为前面的美景还在召唤着我们。到最后，我们筋疲力尽，也无法抓住它。越是触手可及的时候，幸福离我们越远。

反而言之，人类越是接近自然状态，他的能力和欲求就越平衡，所以他就越能得到幸福。只有在一无所有的时候，人类的痛苦才最少，因为痛苦不在于缺了什么东西，而在于自身对它的需求。现实是有界限的，而想象则无边无界。

既然我们不能改变一个世界，那就得限制另一个世界。正是由于这两个世界的差别，才让我们产生了种种的烦恼。人生的幸福除了健康和良知外，其他部分是因人而异的。只有身体的痛苦和良心的谴责是真实的痛苦，其他的痛苦都是想象的。也许有人会说，大家都知道这个道理，并且也赞同，但是谈到这个道理的实际运用，就又不一样了。我在这里谈论的，完全是实际运用的问题。

人生来弱小，为什么这么说呢？“弱小”指的是一种关系，一种用来表达生存的关系。但凡能力多于欲求的，即便是一只昆虫，也非常强大；但凡能力小于欲求的，即便是大象或者狮子，英雄或者神，也是很弱小的。一个不顾自己的天性而随意蛮干的天使，远比一个认识自己天性而生活平静的凡人弱小。强者就是满足于自身能力的人。超出自己的能力做事，就会变得弱小。所以，不要认为你的官能增加了，体力也就增加了。假如你的傲气多过你的体力，你的体力反而会变少。我们要明确自己的势力范围，就像蜘蛛一样，只待在自己织的网的中央，如此我们才能满足自己的需求，才不会抱怨自己的弱小，因为我们压根儿就不觉得自己弱小。

难道是自然让人迷失了本性吗？难道是它让每一个人只能从别人的命运里猜测自己的命运，熬到最后才能知晓自己的命运，并不知道自己的死是喜还是悲吗？我曾遇见一个这样的人，满面红光、身心快乐，无论他去哪里，都能让人愉悦。他的目光里充满了幸福和快乐的光芒，从他的脸上就能看出他无比幸福。可有一次，他接到一封邮局送来的信，打开一看，瞬间脸色变得苍白，并晕倒在地。当他苏醒时，他激动得大哭起来，扯自己的头发，发出震天的号叫，就好像突然痉挛一样。愚蠢的人啊！一封信能给你带来什么灾祸呢？是让你断手断脚，还是让你犯了什么罪？它竟然让你内心发生如此巨大的变化，完全变了一个样子？

假如那封信投错了地方，让一个好心人烧掉了，如此一来，这个幸福却又可怜的人的命运就会变得奇怪了。大家都说他的痛苦是真实的，只是他自己之前没有察觉出来。我倒同意说他的幸福是想象的，他内心的快乐、健康、满足只不过是幻想。我们不再凭着自己的能力生活了，我们的生活也远超过了自己能力的许可，但我们还有资源可以继续生活下去，何必那么怕死呢？

当人们完全按照能力来生活时，就不会感觉痛苦了。牢牢地依照大自然安排给你的位置生活吧，任何力量都不能让你摆脱那个位置。别去反抗严苛的自然法则，别去为反抗这个法则而耗尽自己的体力。上天给予你体力，并不是让你扩容或者增加你的存在，只是让你按照它喜欢的方式和许可的区域来生活的。你生来有多少能力，就能享受多少自由和权利，不能过度，否则一切都是幻想和空虚。

真正的权利不得超过自己的能力。你要用他人的视线去观察事物，就得以他人的意志为自己的意志。你可以骄傲地说："人民属于我。"但反过来，你也属于他们。他们又属于谁呢？他们属于他们的下属和情人。你占有一切，又四处抛撒金钱；你修筑炮台，制作刑车，竖立绞刑架；你颁布法令；你增加军队、密探、刽子手、牢笼和锁链。可怜而渺小的人啊！做这些对你有什么用处呢？你不能从中得到更大的利益或者权力，也不能因此而少受别人的洗劫或欺骗。你挂在嘴边的"我想这么做"，其实只是别人想这么做而已。

如果自己能实现自己的意志，那就不需要借别人之力去完成它。所以，在所有的财富中，最可贵的并不是权贵，而是自由。真正自由的人，只想着自己可以得到的东西，只去做自己喜欢的事。这就是我的第一个基本理念。把这个基本理念用到儿童身上，就可以不断地得出各种教育的方法了。

社会让人变得弱小，不仅是因为它剥夺了一个人运用自己能力的权利，还因为它使人的能力不能满足其需求。为什么人越弱小，需求就增加得越多？跟大人相比，孩子为什么显得弱小，原因就在于此。大人之所以强大，孩子之所以弱小，并不是因为大人比孩子更有体力，而是因为大人可以自给自足，而孩子不行。大人的意志多，孩子的欲求多。我说的欲求，是并不真正需要，只有在别人的帮助下才能满足的需求。

在前面，我已经解释过形成这种弱小状态的原因了。大自然以父母之爱来弥补这种不足。当然，父母之爱也有过度、不足或滥用的时候。现在的父母，生活在文明社会里，在孩子还没成年时，就也让他们过这种生活。他们给予孩子的东西，甚至超过了孩子自己的需要。这么做，不仅没有让孩子变得强大，反而让他更软弱了。父母要孩子做些自然不会要求他做的事——让孩子顺从父母，这势必费一番力气。孩子的软弱和父母的宠爱，让他们从互相依赖变成一方对另一方的奴役，这个时候，孩子就会愈发软弱。

睿智的人知道如何安于自己的位置，但是孩子可认识不到，更不知道他应该这么做。在成长的过程中，有许多歧路，完全依靠管教把孩子带上正路，非常不易。他不是野兽，也不是成人，只是一个孩子。他必须意识到自己的弱小，但别让他因弱小而痛苦；他应该依赖大人，但别受大人摆布；他可以提出自己的要求，但不能指挥别人。只有在他确实需要，或者别人比他明白利害关系时，他才能服从别人。否则，任何一个人，即便是他的父母，也没有权利命令孩子去做任何毫无用处的事。

自由地生活

在大自然还没有被偏见和人类的习俗改变之前，孩子和成年人的幸福取决于他们能否自由地生活。可是，孩子的自由会受到身体状况的限制。生活在自然状态下的成年人，若能满足自己的需求，想做什么就做什么，才会快乐。生活在自然状态下的孩子，能力若不能满足自己的需求，即便是想做什么就做什么，这个人也不会觉得快乐。就算生活在自然状态中，孩子也只能享受有限的自由，就如成年人在文明社会中也只能享受有限的自由一般。每个人都得依靠别人，这么一说，人类真是柔弱而可怜。我们想做成年人，可又被法律和社会束缚住，只能像个孩子。国王和权贵全都是小孩，看见别人对自己献殷勤，就产生骄傲自大的心理，并以得到别人的照顾而自豪。他们想不到如果自己是大人，别人决不会如此献殷勤。

这些想法可以解决社会的一切矛盾，非常重要。现在有两种从属关系，物从属于自然以及人从属于社会。物的从属没有善恶之说，不损害自由，也不产生罪恶；而人的从属非常混乱，容易滋生罪恶。有一个方法可以医治社会的弊病，那就是用法律来代替人的意志，用高于个体意志的真正力量来武装民意。假如一个国家的法律，也像大自然的法则那样保持不变，不为任何人的意志所改变，则人的从属又可以变成物的从属。在国家中，我们就能把自然状态和社会状态的优点集中起来，这样就可以让不违反法律的自由和培养情操的道德结合。

让孩子依赖于物，便能按照自然的法则教育他。他要是有不妥的行为，你让他碰到一些能看见的障碍，或者让他感受到因自己的行为产生的不良后果，这样就能制止他。他总能记得这些惩罚，所以你根本不用禁止，他自己就不会再犯。经验和体力的不支，对他来说就是法则。绝对不能他想要什么，就给什么，要看他是不是真正的需要。当他在玩的时候，不要教他服从别人，同样的道理，你在帮他做事的时候，也不要教他命令别人。让他在自己的行为和你的行为中，感到他自己的自由。如果他的体力没法满足他的需求，就要补充体力，只需补充到刚好够他活动就行。不能让他随意命令人，要让他觉得你的帮助是一种羞愧，以便培养他独立自主、尽早自己完成事情的习惯。

自然自有其法，可以增强孩子的体质，促进其成长，我们绝不能违反。当孩子想走时，我们就不要禁锢他，当他想待着的时候，我们也不要逼他走动。别用我们的错误去伤害孩子的意志，相信孩子不会做没有用处的事。就由着他跑来跑去，吵吵闹闹吧。任何的活动，都是他增强身体力量所必需的。但是，我们也得注意，别让他做力所不能及、靠别人才能完成的事。所以，我们要弄清楚，哪些是他真正需要的，是自然的，哪些是他不需要，是幻想出来的，或者哪些是因过于优越的生活引发的。

能力发展的条件——头脑与身体的配合

孩子头脑中的美好

有些孩子年龄虽小，但潜力巨大；有些孩子永远天真无邪；也有些孩子生来就成了大人，根本没有童年。当然最后这种情况非常罕见，也不容易辨识出来。每个母亲都认为自己的孩子是神童，她也深信这一点。她们会把说话机灵、行为粗鲁和天真活泼等常见特点当成特殊表现，但这些特点正是孩子的正常表现。如果一个孩子不停地说话，你又允许他什么话都说，不讲究礼仪、不讲究规矩，他要是正好说了几句中听的话，又有什么奇怪的呢？如果连一句中听的话都不讲，那才奇怪呢。如果想说中听的话，只要多说敢说就行了。那些除了会说漂亮话外一无是处的时髦人士，愿上帝保佑你们!

如同孩子手中可能会有最宝贵的钻石，孩子的脑海里也会有最美好的想法，说得更准确一点儿，他们可能会说最美妙的话语，但是不能说这些想法和话语都是他们的。在他们那个年龄，没有什么是真正属于他们的。一个孩子所说的话，在他的想法里和我们认为的完全不一样。这些想法——如果他有想法的话——在他脑子里是断断续续的。在他的观念里，没有固定的和清晰的东西。举例来说，一个天才，有时他的思想活跃，像泉水一样，清澈得可以看到天上的云朵，有时他的思想呆滞，像一片浓郁的烟雾。有时候，他走在前面；有时候，他又落后了。一会儿你说他是个天才，一会儿你又说他是个笨蛋。这两种时刻都不对。他只是个孩子，只是一只还没长大的鹰，即便会冲上云霄，但过不了多久就会回巢。

不管一个孩子的外表如何，都应该把他看成孩子。不要让他运动过度而消耗气力。要是他的头脑发热，难掩兴奋之情，就让他随意去想，别再刺激他，免得他那些想法消失了。当他最初的智慧快要消散时，立刻保存剩余的精华，让它随着时间的推移变成炙热的生命力。只有这样做，你才能不浪费时间和心血，才能不毁掉自己的成绩。要是任由孩子稀里糊涂地挥洒自己的智慧，那他的脑中最后只能留下糟粕。

要想在童年时就看出一个孩子是表面愚蠢还是真正的愚蠢，非常困难，因为表面上的愚蠢，很可能是实际上坚强性格的表象。这就有些奇怪了：这两种完全相反的情形，却是完全类似的。它们类似是因为当人们还没有理智的时候，天才和一般人的区别就在于，天才因看出假的东西而没有接受，一般的人则接受了假的东西。这样说，天才和一般人都是傻子，前者是因为所有的事都不顺他的心，后者是因为所有的事他都不懂。偶尔才能发现区别他们的唯一方法，即在向天才儿童灌输某种观点时，他很快就能了解，而一般的孩子却始终不能领会。

对孩子妄下评论的人，往往会判断有误！这比孩子还幼稚。我以和一个人的友谊为骄傲，这个人到年老时依然被好友当作头脑简单的人。这个充满智慧的人慢慢地成熟，有一天，大家才看出他是一个哲学家。我相信，在当代闻名于世的思想家和满腹经纶的形而上学家之中，后人会给他一个无上光荣和崇高的地位。

我们要尊重儿童，先不要对他们妄下评论。让他们的特别之处一再显现，且经过实践证明之后，再对他们采用特别的方法。先让自然教导他们一段时间，你再去接替自然的工作，不要在教育方法上同自然相悖。你自认为了解时间的宝贵，不愿意浪费一分一秒。可你没有发觉，因错误地使用时间带来的损失，远比浪费时间更多。一个受错误教育的孩子，远比没有受任何教育的孩子愚蠢。爱弥儿快快乐乐地过完了童年，这让你惊奇！唉！他整天快乐地奔跑、跳跃、玩耍，就是浪费时间吗？等他长大时就会丢失身价吗？你呀，不要对这种所谓的倦怠状态担惊受怕。如果一个人利用生命的分分秒秒，就是不肯去睡觉，你怎么看呢？你肯定会说："这是个疯子，不但没享受他的时间，还白白地浪费掉了，不睡觉的后果就是走向死亡。"这里的情况正好相反，要知道儿童时期就相当于人生中理智的睡眠阶段。

表面上看，这样教育孩子非常简单，所以会耽误孩子。人们不懂得，觉得简单的背后就证明了自己什么都没学到。他们的脑子会像光滑的镜子一样，把学到的东西都原样反射出来，不留下任何印象。孩子记住了你说的话，转眼就反射出去了。听众都明白了他要表达的意思，唯独他自己不明白。

学习的欲望

人们一直都在寻找教育孩子读书认字的最佳方法，有人发明了单词拼读卡片，有人把孩子的房间变成了印刷厂。这难道就是最佳方法吗？太可怜了！有一种方法比上述方法更管用，不过被人们遗忘了：这就是让孩子产生学习的欲望。孩子只要想学习，拿走你的认字卡片，无论用什么方法教他，他都能学得很好。

最大的动力来源于现实的利益，这也是让人稳步前进的唯一动力。爱弥儿有时会接到他的亲朋发的请柬，邀请他去吃饭、玩耍、划船或者看戏。这些请柬简单明了，意思清楚，字也很好看。他需要找一个人念给他听，可是有时候找不到人，有时候找到的人磨磨蹭蹭。等他明白的时候，时间都过了，事情也过了，已经太迟了。唉，要是自己认字就好了！他又接到一些请柬，上面就几个字！说得多么有意思！他很想明白那些字的意思，可找人帮忙，又碰了钉子。他自己努力认字，终于明白了一些意思：请他明天去吃奶油……可还弄不懂在哪里，和哪些人一起去……费了九牛二虎之力才认出剩下的几个字！我觉得，爱弥儿不需要什么写字桌。现在，我要不要教他认字呢？不，我不好意思在这样一部讨论教育的著作中拿这些琐事来消遣。

再补充一句话：一般说来，如果你不急于求成，可能会更快、更好地做到。我可以肯定地说，没过多久，爱弥儿就完全学会了读书写字，这正是因为他能不能很早地学会读书写字对我来说无所谓。

体力的配合

要是你依照我拟定的计划，采用不同寻常的方法，不让你的孩子凭空期待未来，不让他困惑于他生活的地方、风土人情、历史时期和天涯海角以及天堂，就让他全神贯注地依照自己的能力生活，只让他关注跟他直接相关的事，这样你就会发现，他能够观察、记忆和推理了，这就是自然的顺序。有感觉的生物活跃起来，可以获得跟自身体力相匹配的分辨能力。唯有在保持自身生存需要的体力外储存更多的体力，才能把用作他途的体力用来发展自身的思考能力。因此，要想培养学生的智慧，应该先培养他的体力。先让他强身健体，这样他就会聪明而有理性，能跑、能叫、能干活、能做事、能不断地活动，凭借旺盛的精力和理性的思考来做人。

要是你总告诉他，让他“过来”“过去”“休息”“做这个”“别做那个”，最后会让他变成一个傻瓜。要是你总是指挥他的手，他的脑子就会没有用处。

有些人认为，锻炼身体会妨碍思想的发展，这两个活动不应该同时进行，一方不能指导另一方。这种错误的观念真让人哭笑不得！

有两类人，身体一直在锻炼中，但心灵却很少得到关注，这两类人就是老实人和野蛮人。老实人是壮硕、笨重和莽撞的，而野蛮人的心思敏捷是大家都知道的。一般说来，老实人比较迟钝，而野蛮人最狡猾了。为什么会产生这样的差别？这是因为老实人总是人云亦云，别人告诉他怎么做，他再怎么做；或者说，他看到父亲做什么，自己就做什么；再或者说，他小时候做过什么，长大也都继续做了，每天如此，没有变化。他一生就像个机器一样，总是做一样的事情，对他来说，理智已经被服从和习惯所取代了。

而野蛮人就不一样了，他们居无定所，不按规矩办事，不服从别人，只凭自己的意志。他们的一言一行都经过仔细思考，要是没想好，他就原地不动，绝不行动。于是，他的身体越活动，脑子也就越灵活。他的体力和智力共同成长，相得益彰。

让我们看看，孩子里面哪一个像老实人，哪一个像野蛮人。你的孩子服从于一个整天教训他的权威，大人叫他做什么，他才敢做什么，肚子饿了都不敢吃东西，开心了不敢笑，伤心了也不敢哭，伸出一只手后就不敢换另外一只了。大人说去什么地方，他才敢去什么地方。很快，他连呼吸都要听大人的话了。要是大人凡事都为他考虑了，他为什么还要自己去想呢？既然有人可以依靠，他为什么要事先考虑呢？他知道大人在照顾他的人生和幸福，他会觉得自己不用操心了。他根据大人的判断来做出判断，大人不禁止的事，他就放手去做，他知道做之后也不会出问题。他明白大人会替他观测天气，告诉他晴天还是下雨。他懂得，大人不会让他错过吃饭的时间，他为什么自己还要计划散步的时间呢？只要你不反对，他就一直吃；你一反对，他就不吃；他不听自己胃的话，反而听你的话。因此，你让他的身体变得懒惰，脑子也灵活不起来。他仅剩的一点儿理解力，用到了对他无益的东西上，这会损害他的理智的发展。他看不到理智的好处，就会认为它毫无用处。更糟的是，他一旦错了，你就点出来，次数一多，他就无所谓了，更不会惊讶。

你认为你的孩子机敏，也能风度翩翩地跟妇女们聊天。但是，一旦要牺牲自己，必须在困难中做出决定的时候，你会发现，他比最笨的人的儿子还笨拙。

而我的孩子，说得更准确些，是自然的孩子，从小就锻炼自己依靠自己，没有求人的习惯，更不善于炫耀自己的学识。而且，爱弥儿对一切相关事情都自己判断，思考事情的道理和后果。他不高谈阔论，会直接行动；他对人情世故一无所知，但他知道自己应该做的事。他常常干活，所以不得不仔细观察周边事物，考虑其影响。他从小时候就获得了很多的经验，这些经验来源于自然，而不是人类。他不知道受教育的目的，这样反而能收到最好的效果。他的身体和头脑都得到了锻炼。他听令于自己，而不是别人，因而他能把身体和头脑结合起来。他的身体越强壮，脑子就会越灵活。这样就可以让他得到一般人得不到的东西，拥有伟人的健康和头脑，拥有哲学家的理解力和战士的精力。

锻炼的重要性

在自然的教导下，持续锻炼身体，可以增强体质，让思想活跃起来，容易形成我们在儿童时期唯一的一种理解力，这种理解力对任何年龄的人来说都应该具备。通过锻炼，我们学会了如何使用我们的体力，学会了我们身体同周围事物之间的关系，掌握了如何使用适合我们器官的自然工具。被家人养在深闺的孩子，不知道什么是重量和阻力，居然想去拔一棵大树，搬走岩石，还有比这更傻的吗？我第一次离开日内瓦时，想跟着奔跑的马一起奔驰。我还向离我两里远的萨勒夫山投掷石头。村里的孩子都拿我取乐，在他们看来，我简直就是一个笨蛋。18岁学习物理时，我才知道什么是杠杆；可农村里的孩子，12岁就会熟练地用杠杆了，比法兰西学院一流的机械师还厉害。小孩子在校园里相互学到的知识，比你在课堂里讲给他们的东西更为实用。

人类最开始的自然运动，便是观察他周遭的一切，探知他看到的每件东西，看这些东西中有哪些跟他有关系，所以他最初的研究，可以说是用来维持其生存的实验物理学。但是，他还没弄清楚自己在这个世界上的地位，你别让他撇开这种物理学而去研究一些空论了。当他灵敏的器官可以自行使用自己接触的物体时，当他的感官还没受到幻觉的影响而比较单纯时，趁这个机会锻炼一下它们承担的任务，学习一下事物跟我们之间可以感觉到的各种关系。一切概念都是通过人的感官进入人的头脑的，所以我们最初的理解实际上是一种感性的理解。有了感性理解做奠基，才能形成理性的理解。可以这么说，我们最开始的哲学老师就是我们的四肢和眼睛。用书本代替这些东西，并不是在教我们推理，而是教我们利用别人的推理去相信别人的话，而不是通过自己的学习来理解周围的事物与环境。

工欲善其事，必先利其器，为了更久地使用这些工具，必须将它们做得无比坚固。同样，为了获得思想，必须锻炼我们的四肢和感官，它们是思想的工具；为了更好地利用这些工具，必须拥有一个健康的体魄。因此，人类的理解力并不是脱离身体而存在的，而是在健康身体的基础上形成的正确和睿智的思想。

我把经过很长时间刻苦学习才能学会的艺术教给了我的孩子，这种艺术就是时刻保持求知的状态，因为每一个人真正懂得的学问只有那么一点儿。你们教给孩子的各种知识非常不错，但我只能帮他准备获得知识的工具。

曾经研究过古人生活方式的人都认为，体育锻炼才造就了古人的体力和智力，使得他们和现在的人区别明显。尽管睿智的洛克、令人尊敬的罗兰、知识渊博的弗勒里和古板的德·克鲁扎斯这四个人想法不同，但在锻炼孩子身体这一点上意见相同。在他们所有的思想中，只有这一条最正确，但也最容易让人们忽视。在之前的文章里，我已经充分地阐述过这一点的重要性了。

锻炼的法则

正在发育的身体，应该穿宽松的衣服。不应该让衣服妨碍身体的活动，所以衣服不能过小，也不能过于贴身和捆绑起身体。体液不流动的话，内循环就会不畅，体液在停滞中就会变得陈旧。而且，每天坐着不动增加了很多休息时间，这就使身体更加衰弱，容易滋长坏血病，所以患这种病的人一天比一天多。在古代，人们几乎不知道这种病，因为他们的生活和穿衣方式保护了他们不受这种疾病的侵害。最佳办法就是让孩子多穿袍子，尽量多穿几年，然后再穿宽松的衣服，千万别让他们穿贴身的衣服，这会让他们变成畸形的人。孩子生理和心理上的缺点，多半都是因一个原因造成的，这个原因就是你提早让他们变成了大人。

这个世界上有浓烈的颜色，也有素净的颜色，前者最能引发孩子的兴趣，也最容易穿到他们身上。我不能理解，为什么人类没有想到这样自然的搭配。当孩子喜爱一件华丽的衣料，决定用它时，他们的心就已经有所偏向了，偏向奢侈和荒诞的时尚。这种喜爱肯定不是他们自己造成的。该怎样说明选择哪种衣服的动机对教育有多大的影响呢？不只是溺爱孩子的母亲答应装饰孩子的衣服，以此作为奖励，连有些糊涂的老师在惩罚学生时，也威胁学生拿粗布做淳朴的衣服给他们穿："你再不好好学习，不好好保护你的衣服，我就让你穿得像个贫民的孩子。"这简直是在告诉他们："人活着全靠衣装，你的价值就在于你穿的衣服。"这样教育孩子，只会让他们越发重视装饰，从人的外表来看人的价值，这有什么奇怪的呢？

要让一个被宠坏的孩子醒悟过来，就得让他觉得华丽的衣服并不舒服，穿在身上不好受，过于紧绷，束缚太多。我会让穿着华丽衣服的爱弥儿失去自由和快乐：他要是想和衣着朴素的孩子一起玩，那些孩子会立即停止玩耍，做鸟兽状四散。然后，我要让他对奢侈的生活心生厌烦，饱受其苦，让他觉得那些衣服都是生活的枷锁，宁肯生活在最黑暗的地牢，也不愿意人们给他准备华丽的衣服。如果一个孩子还没有被我们的偏见束缚，他首先肯定想过得开心和自由。朴素和宽松的衣服是最让他舒服自在的衣服，对他来说最宝贵。

平常我们给孩子穿的衣服太多了，特别是婴儿时期。事实上，我们应该让他耐得住寒冷而不是炙热，让他们从小就习惯寒冷，偶尔天寒地冻，他们也不会难熬。他们的皮肤纤维过于娇弱，容易出汗，所以当他们热极了，就很容易精疲力竭。需要注意的是，8月死亡的孩子比任何一个月都多。另外，对比北方人和南方人，能够看出来，耐寒的人比耐热的人壮实，这种情况非常普遍。不过，孩子慢慢长大，越来越结实时，应该让他们慢慢地习惯晒太阳，晒得越多，将来就越能耐热。

爱弥儿口渴的时候，我给他水喝。我会给他喝不含任何东西的清水，也不用加热，不管春夏秋冬都如此。唯一需要注意的就是水质。假如是小河中的水，从河里取上来就马上要喝；假如是泉水，则需要在空气中放置一会儿再喝。夏天时，河水是热的，但是泉水就不一样，没有接触过空气，必须放到和空气的温度一致才能喝。冬天时，泉水的温度则会比河水高。可是在冬天，人们在户外很少出汗，因为寒冷的空气侵袭皮肤，把汗水都堵在了体内，毛孔也会闭塞，发不出汗来。

在冬天的时候，我不同意爱弥儿在温暖的火炉旁边运动，我希望他到户外去，到田野里、到冰雪中锻炼。他要是玩雪球和扔雪球时，觉得口渴了，我就给他水喝，他喝完后继续去玩，我就不用担心他的身体状况。要是他做其他运动出汗了，要喝水，就给他喝凉水，冬天喝凉水也没什么关系。我只需要带他去稍微远的地方打水就行了。我让他这样受凉，当他走到那里的时候，他身上相当凉爽，喝了凉水也没什么关系。最重要的是，别让他看出这些预防办法。我宁愿他偶尔生病，也不愿让他每天都担心自己的健康。

睡眠的补充

孩子白天的运动时间很多，所以睡觉时间就长。睡眠弥补了精力的消耗，这两方面都是孩子需要的。夜晚是自然规定的休息时间。夕阳西下，亘古不变，我们在安宁的夜里感受不到阳光照耀的空气，睡得更甜美。因此，日出而作，日落而息，对健康最为有益。在乡下，人和动物在冬天比夏天需要更多的睡眠。但是，在城市里，就没那么自然和淳朴。若能避开事物的杂乱无序，让孩子习惯早睡早起的作息，好让他觉得必须照这个习惯去做。人应该服从法则，但在需要时可以毫无危险地打破法则，则更为重要一些。所以，最好别没有缘由地让你的孩子一直在睡觉，这样会让他的身体变弱。当他开始睡觉时，别打扰他，遵从自然的法则，不过别忘了也应该让他摆脱这个法则。让他晚睡早起或突然醒来，又或一晚上站着也不会感到有任何不舒服。只要我们尽早做到，而且把做的时间逐渐增加，就能让他适应种种情况。但是，同样的情况，要是他长大之后再遇到的话，会摧毁他的身体。

一开始就要养成在不舒服的地方也能睡觉的习惯，这样以后就不会害怕遇到什么状况了。一般情况下，艰苦的生活要是养成了习惯，愉快感就会增加，而习惯舒适的生活未来可能会遭遇很多的麻烦。娇气的人只有在软床上才能睡着，而一直睡木板床的人，走到哪里都能入睡。一躺下就睡着的人，绝对不惧怕睡硬床。

最好的床是能让人睡得香甜的床。瞧，爱弥儿和我白天睡的床就是这样的。不要叫波斯仆人过来帮我们铺床，我们在种地的时候就铺好了。

经验告诉我，当一个孩子身体健康时，我们就能随时让他睡觉，也能随时让他起床。当一个孩子躺在床上不停地说话，让保姆感到厌烦的时候，保姆会说："快睡吧！"这就像对生病中的孩子说："快好起来吧！"让孩子自己觉得厌烦，才是真正能让他睡觉的方法。你得多说话，说得他能够闭上嘴巴，那他一会儿就睡着了。唠叨的方法偶尔非常有效，摇他的小床还不如对他说话，这个方法夜晚用可以当安眠药，但白天最好别用。

假如他睡眠不足，我就会让爱弥儿觉得为了等待讨厌的第二天早晨，把他自己用来睡觉的时间也用上了；假如他睡眠的时间过长，我会在他醒来时给他一件喜欢的东西，让他觉得自己将时间都浪费在睡觉上。要想他在某个时刻清醒，我会告诉他："明天早上6点，我要去钓鱼，去某个地方远足，你要不要去？"他想去，并且要我第二天叫醒他。答不答应叫醒他，得看我自己的决定。要是他清醒得太晚，就会发现我已经出发了；要是他自己不主动醒来的话，一定会吃亏的。

开发儿童能力的几点法则

严格与放任

要避免过于严格或过于放任。放任孩子不管，会让他们的生命和健康遇上危险，遭受苦难；过分关心孩子，一点儿苦都不让他们受，则会让他们过于软弱和多愁善感，将来可能会遭受更大的苦难。为了不让他们遭受自然给予的一些痛苦，最后却给他们制造了更大的灾难。你也许会说，我之前责怪那些可恶的父亲为了遥远的未来而牺牲孩子现在的幸福，现在我也成了那样的父亲。

可我并没有成为那样的父亲。我让我的爱弥儿享受了许多的自由，这多少弥补了我让他遭受的痛苦。我看到过有几个小孩在冰天雪地里玩耍，皮肤都冻紫了，手指头也不灵活了。他们完全可以进屋暖和一下，可他们就是不去。你非要他们进屋的话，他们可能觉得与寒冷相比，被迫进屋更难受。你能说什么呢？难道罔顾他们想要玩耍的心情，强迫他们进屋吗？我给爱弥儿自由，让他现在过得开心；我让他锻炼身体，使他能够禁得起灾难，将来过得开心。要是让他选，做我的孩子还是你的孩子，你觉得他会有片刻的犹豫吗？除了身体之外，谁能找到什么是真正的幸福？假如让他免受人类的种种痛苦，这岂不是在叫他舍弃自己的身体？是的，我认为为了体会极大的幸福，就得忍受小小的痛苦，这是人的天性。身体过于舒服，精神就会被摧毁。只有体会过痛苦的人，才能理解人类大爱的良善和怜悯的温暖；没有体会过痛苦的人，心如磐石，不同他人交往，逐渐成为人群中的异类。如何才能让你的孩子遭受折磨？方法很简单，每当他想要什么时，就给他什么，满足他的种种欲求，让他的欲求无止境地增加。有一天，当你不再有能力满足他而拒绝他时，他因平时没有被你拒绝过，突然间碰了钉子，这会比得不到东西更让他痛苦。一开始，他想要你的手杖，没过多长时间他想要你的手表，然后他想要天空中的飞鸟，夜空中的繁星——看见什么，他就想要什么。除非你是上帝，否则怎么能满足他的欲求呢？

人的天性会让他们把看得到的东西都当作自己的。所以，要是一个孩子想要什么就得到什么，他就会以为自己拥有一切，把所有人都当成他的奴隶，到最后当你拒绝给他某个想要的东西时，他会把你的拒绝当作反叛，因为之前他想要什么你都给。孩子还没到明事理的年纪，因而他把你的解释当成借口，并认为你对他不怀好意。这样一来，他认为自己遭受了不公平对待，性情会更加乖戾，对所有人都充满敌意，对别人的照料不仅不感谢，还稍不随自己的意就火冒三丈。

像这样暴躁、乖戾的孩子，我怎么能认为他充满快乐呢？他是一个暴君，也是一个最卑贱的奴隶，更是我们当中最可怜的人。我之前见过几个这样的孩子，他们居然叫人把房子推倒，把钟楼上的风向标取下来给他们，还要人拦住正在行进的队伍，好让他们多听一会儿行军的鼓声。一旦你不听从他们的指挥，他们就哇哇大哭，不听任何人的劝。大家忙来忙去，也没有办法让他们高兴起来。他们的欲求因为获得了一切东西而愈发强烈，所以他们开口要那些不可能得到的东西，然后就遇到各种拒绝、抵触、困难、障碍和伤害。整天大哭，整天不服管教，整天发脾气，他们在啼哭和不开心中度过了一天又一天，这样的人会幸福吗？将体力的弱小和命令别人的心放在一起，必然会产生妄想和痛苦。要是有两个娇生惯养的孩子，一个大发雷霆，一个没完没了地吵闹，也许只有打烂或者打破许多东西，才能让他们高兴一点儿。

这些飞扬跋扈的想法从童年开始，就让他们生活得不幸福了，等他们长大，和更多人产生关系时，又会是怎样的情形呢？平时看惯了别人的低眉顺眼，一进入社会，他们就会感觉所有人都在跟自己作对。原来以为可以支配的世界现在居然要支配自己了，这个时候，他们会多么吃惊！他们自大的态度和幼稚的虚荣心，肯定会招来许多欺辱、蔑视和讥讽。他们受到欺负时，只能忍气吞声，很快他们就会认识到自己的能力和地位，看到这残酷的事实。当一无所成的时候，他们就会认为自己没有一丝能力。从来没有遇到这么多的障碍，以及这么多轻视的目光，他们慢慢变得怯懦和畏缩起来，之前把自己看得过于高贵，现在又把自己看得过于卑贱。

自我与服从

现在我们谈一下原始的法则。自然制造出孩子，是为了让他们得到人们的呵护和照料；绝不是为了要人们服从和害怕孩子，更不是为了培养他们不可一世的面孔、凶残的目光和狰狞的声音，好让别人害怕他们！假如说人们见过那种既可恶又好笑的场景，那肯定是一群身穿礼服的官员，和他们的上司一起，匍匐在一个尚在襁褓中的婴儿面前，郑重其事地长篇大论一通，而婴儿呢，只是啼哭几声，就把话说完了。

从孩子的角度看孩子，可以看出，世界上没有哪种生物比孩子更软弱、更可怜，不得不接受大人的安排，而且如此需要人怜悯、呵护和照料的了。孩子之所以有着楚楚可怜的外貌，难道不是为了让身边的人来呵护和保护的吗？因而，还有什么能比一个乖戾自大的孩子命令别人，并以主人的口气对那些一下子就可以掐死他的成人说话，更让人气愤和违反常理的呢？

从另一个角度看，我们都知道童年时的柔弱会束缚孩子，他们所受的自由也非常有限，不可能会被滥用，假如再剥夺他们有限的自由，那对他们和我们没有任何好处。不过，鉴于我们已经剥夺了他们的自由，让他们承受因我们的乖僻任性而产生的束缚，这难道不是一种野蛮的做法吗？傲慢自大的孩子让人好笑，羞涩内向的孩子让人可怜。既然他们一长到某个年龄，就会受社会的束缚，那为什么在这之前还要被家庭束缚呢？我们不想让孩子受到这种人为的痛苦，想让他们享受天生的自由，想让他们在一个时期内不沾染我们在生活中沾染的恶习。

现在可以回头来谈谈实践了。之前，我曾提过，不能孩子要什么你就给什么，得看他要的东西是不是真正需要的，而且他做什么事情，不应只是服从你的命令，而是因为他觉得有必要如此。只有这样，他才能没有“命令”和“服从”的概念。但他得明白“能力”“能力不足”和“遏制”这几个词的重要性。在没懂事之前，他不知道精神的存在和社会的关系，所以要避免使用这些词，不要错误地把这些词灌输给他。如果他的头脑里产生不正确的观念，这会成为他今后错误和陋习的源头，这点值得我们注意。最好用他能感知到的东西来影响他，让他所有的观念停留在感觉上，让他自己可以看到他周围的物质世界。要是不这么做，他一句话都不听你的，或者对你说的精神世界产生错误的想法，这种想法是你一生都无法消除的。

我发现，受过理性教育的孩子最傻了。在人的所有官能中，理智这个官能是由其他官能综合而来的，最难以发展，而且发展得最晚，可是就有些人总用它来发展其他官能！良好教育的最优秀成绩就是造出了一个理性的人，因为这样，人们企图用理性来教育孩子！这是绝对的本末倒置，以目的为手段。要是孩子知道什么是理智，他们就没有必要受教育了。然而，在他们小时候，你就讲着一种他们听不懂的语言，势必使他们养成这样的习惯：讲究用词、喜欢打断别人说话、自以为是、好争辩、总是不服气。所有你想叫他们去做的事，即便目的合理，以后也只能用贪心、畏惧或者虚伪的方式让他们做了。

过早对孩子进行道德教育，对话差不多就像下面的一样。

家长：你不应该那么做。

孩子：为什么不应该呢？

家长：因为那么做很不好。

孩子：为什么不好呢？

家长：因为别人不许你那么做。

孩子：不许我做的事，我做了，能怎么样呢？

家长：你不听话，就得接受别人的惩罚。

孩子：那我做得不让人家知道。

家长：别人会注意你的。

孩子：我偷偷做。

家长：别人会问你的。

孩子：那我就撒谎。

家长：撒谎就更不对了。

孩子：为什么撒谎不对呢？

家长：撒谎是不好的。

……

这样就会无限循环下去。不要这样了，孩子也不会听你这一套。这种教法能产生什么用处呢？我非常好奇，别人会用什么方法来替代这一套。孩子不可能天生是非分明，懂得一个人之所以会受种种约束的道理。

自然希望孩子在长大之前都有孩子的样子。如果我们打乱了这个秩序，就会造成一些早熟的果实，它们既不丰满也不好吃，很快就会烂掉：我们造就了一些年纪尚小的博士和像个小老头的孩子。孩子都有自己的看法、想法和感情，倘若用我们的来代替他们的，那就太愚蠢了。我宁愿让一个孩子长得高高壮壮，也不愿他过早形成判断力。在他的这个年龄，理性对他有什么用呢？只会阻止身体的发育，孩子不需要这种阻力。

不当的说服

当你想说服孩子服从你时，你的说服中已经夹带了威胁和暴力，或许还夹杂了奉承和许诺。他或被利益所诱，或畏于暴力，假装被说服。他很快就能看出，服从对他有利，反抗反而有害。然而，你强迫他做不喜欢的事，他执行起来肯定非常痛苦，所以就会偷偷按自己的心意去做，而且认为，只要你不发现，他这么做就没问题，假如被你发现，他就赶紧认错，避免吃更大的苦头。在他那个年龄，他还是不能理解，为什么要服从你，也没有人能使他明白。他迫于你的惩罚，希望得到你的宽恕，所以你再三勉强他，他也就顺从你了。你以为他是被道理说服的，其实他是厌烦了你的说辞，害怕你。

这样做会出现什么后果呢？首先，你把他不能理解的事强加到他头上，这会让他揭竿而起，反抗你的专制，让他不爱你，让他为得到奖励或逃避惩罚而欺上瞒下、撒谎，最后习惯于用表面的动机来遮掩私密的动机。孩子不断学会敷衍你的本事，让你无法真正地了解他，一有机会就逃避责任。也许你会说，法律会强制他服从，尽管他良心上也觉得应该服从。我赞同这种说法，但是要不是没教育好孩子，怎么会出现罪犯这种人呢？在这个方面我们应该提前预防。对孩子讲体力，对成年人讲道理，这才是自然的秩序。对聪明之人，用不着讲法律。

对待你的孩子，要认清他的年龄，要把他放到他所在的位置，让他好好保持那个位置，别企图超越。如此一来，就能使他在不懂事之前，实践其中最重要的教训了。不要命令他，无论什么事，都不能命令他，也别让他觉得你是在向他施加权威。只让他了解一点，你强他弱，他必须听从你的安排；要让他知道、意识到，并且学会这一点；要让他明白他高傲的脖颈上还有一副自然强加于人的枷锁，在这个枷锁下，任何人都得低头接受；要让他从事情的角度来认识这种需要，而不是出于人的任性；要让他知道，他的体力而不是权威束缚着他自己。他不应该做的事情，你也不要禁止他去做，只需要提醒一下，在提醒的时候也不用向他解释。你打算给他的东西，他一要你就给，不要等他向你乞求，更不要等他提出条件再给他。给的时候快快乐乐，拒绝的时候要表示不喜欢。但是，你一旦拒绝就不能再改变了，遇到他再三乞求，也不要给他。“不”字一旦说出口，就要像铁打的墙壁，他碰个五六次就会筋疲力尽，再也不会碰。

这样做的话，即便他得不到想要的东西，他也可以平静下来，觉得没关系，得不到也无所谓，因为在天性上人都可以忍受资源的匮乏，但不能忍受他人的恶意。回答孩子时，用“再也没有了”这句话，除非他认为你在撒谎，否则他会心平气和地接受的。而且，不要有任何折中的余地，对他也不要有丝毫的勉强。最不好的教育就是，让他在他的意志和你的意志之间犹豫不定，让他跟你一直争辩谁做主。我认为，事事让他做主，没准比让你做主好多了。

有限度的自由

你试过各种方式，除了实验的方式，这是一个最有可能产生效果的方法：有限度的自由。倘若你都不知道如何用可能的和不可能的法则把孩子引导到你希望的境地，那你就不能担当教育孩子的重任。孩子完全不清楚可能的和不可能的法则，所以就按照你的意思来限制自己活动的范围。你只用他对事物的需要就能束缚、推动或者阻止他；你只用规矩的强制性就可以管教他，并使他没有机会养成陋习；这是因为，人的欲求在不可能实现时，是不会贸然出现的。

不要口头教训你的孩子，让他们从经验中吸取教训；也不要惩罚他们，他们还不知道自己错在哪里；也不要让他们请求你的饶恕，他们还不知道哪里冒犯了你。他们的行为没有任何的善恶观念，他们也不可能做出看上去道德败坏、需要你惩罚和责难的事情。

在人的心灵中，并没有天生的邪恶，一切的邪恶我们都能找到它如何以及从何处进入人心。本性中最初的冲动也是正确的，这个道理毋庸置疑。人类天生的欲求就是自爱，即广义上说的自私，这对孩子本身和我们自己来说都非常有用处。并且，孩子不会轻易跟其他人产生关系，从这个角度说，自然是公平的，变好或者变坏全看我们怎么利用，让孩子的自爱具有怎样的关系。自爱受理智支配，在产生理智之前，需要注意，不要让孩子因为别人的命令而做事情。换句话说，他做事的理由不能是因为同别人的关系，只能是自然对他的要求。如此一来，他做的事就完全正确了。

这并不是说，孩子不会捣乱，也不会受伤，就算拿到贵重的物品也不会打坏。也许他会做出许多无伤大雅的错事，由于破坏行为都是由破坏的意图产生的，而他并没有这样的意图。他只要有过一次这样的意图，就不好办了，可能会淘气得没有限度。

理智地看，这并不太坏，可从经济的角度来看就不太好了。因此，在放任孩子任性胡闹时，需要拿走一切贵重的东西，易碎、让人珍惜的东西别让他们够到。孩子房间里的家具应该简单结实，不用放置镜子、陶瓷和贵重的东西。爱弥儿的房间就跟乡下人的房间没什么区别，因为我是把他放到乡间来培养的。他待在房间里的时间很少，费心去布置房间又有什么意义呢？这么说也不对，他的房间他自己会装饰，不久就能看到他的作品了。

无论你多么小心翼翼，要是孩子还是调皮打碎了某些有用的东西，不要因你的疏于照看去打骂他；不要说责备他的话，最好也别让他察觉到你的难过。要假装是那个东西自己坏了，一句话都不说，这样做会收到很大的效果。

在这里，我大胆地提出最重要和最实用的教育方法：不要分秒必争，最好悠闲自在。孩子成长的过程中，如果不制止他的各种错误和恶习，它们就会生长发芽，等以后想改的时候，它们已经根深蒂固，很难再拔掉了。要是孩子一下子长大了，你现在的教育方式可能很合适。不过，依照自然的进化，他们所需要的教育正和你的教育方式相反。当他的心灵还不具备各种能力之前，不应该让他使用心灵的力量，因为他的心灵还处于混沌状态。你即使给他的心灵一把火炬，他也视而不见，在广阔的思想的原野上，他还找不到理性指引的道路。那条路是那么隐蔽，最好的眼睛没准都看不出来。

因此，孩子出生后头几年的教育应该是消极的。目的不在教给孩子道德和真理，而是防止他的心灵被污染，防止他的思想误入歧途。倘若你可以不教他，也别让别人教他，就这样把你的孩子健康地带大。稍大一些后，若是他还分不清左右手，你稍微一教他，他的智慧之眼就会对着理智睁开。而且，因为他没有沾染什么恶习，他身上不会存在能抵消你教育的东西。很快，你就能把他变成一个最聪慧的人。一开始什么都不做，到最后却可能会创造一个教育的奇迹。

你要是采取和传统不一样的教育方法，也许能把事情做得很好。所有的人都不愿意把孩子教育成孩子，非要把他教成一个博士，所以无论父母和老师责骂、夸奖、吓唬和教育他，改正他的缺点，许诺给他的东西，或者跟他讲大道理时，都不要急于求成。这样做才能对他有益。凡事要掌握分寸，不要同你的孩子辩解，尤其不要为了让他同意他本来反对的事而跟他讲道理，这是因为在不愉快的氛围里讲道理，会让他在还不大懂道理时，就深深厌恶上了道理，从小就怀疑道理的正确性。你需要磨炼他的身体、器官、感觉和体力，而尽可能让他的心灵自由自在。在他还没有判断能力的时候，很有可能会产生各种情感，这一点值得让人担心。别给他造成一些奇怪的印象；为了不让邪恶产生，绝对不能着急，只有当他懂事后，才能对他讲道理。所有这些拖延的做法都是有益的，可以让孩子很快地达到目的却又没什么损失。最后，还需要教育他什么呢？要是拖到明天教他，也没什么关系，那就明天教吧。

此外，从孩子的天赋来看，这个方法也有用，只有了解了孩子的天赋，才能知道哪种培养他的方法适宜。每一个人的心灵都有自己的特点，要根据它的特点来指导他；通过它的特点来教育他，而不是通过其他形式。只有这样，你花费的心血才不会白费。慎重的人啊，多多探知自然吧，要好好地了解你的孩子，再跟他说第一句话，让他的性格无拘无束地表现出来，不要束缚他，这样可以全面地观察他的性格。让他自由自在会浪费他的时间吗？非但不会，相反，这样做非常合适，只有这样，他才能知道如何在珍贵的时间中不浪费些许时光。但是，如果你在没有意识到之前就开始行动了，你可能会贸然行事，很容易走入歧途，不得不花时间重新再来。这是因你急于求成造成的落后。不要学那些抠门的人，不舍得花一分钱，最后造成了更大的损失。童年时浪费的时间，长大后会成倍地弥补回来。

父母的权威

我没有说过，自然教育做起来容易，可如果你们把所有的好事都当成困难的事，这可怪不了我。我也知道这不容易，也同意有些困难或许是没有办法克服的，但是我相信，只要尽早地提防，我们可以在一定程度上避免这些困难。把既定的目标提出来，并不是说我们一定能达到这个目标，而是说，越是朝着这个目标前进，越接近成功。

要记住，在教育孩子之前，自己首先要成为一个有担当的人，一个受人尊敬的典型。当孩子还是一张白纸的时候，你尽可能沉着地准备好，让他最开始看到的东西就是适合他的东西。你必须得到别人的尊敬，从让别人爱你做起，使每个人都想满足你的愿望。假如你不能掌控孩子身边的人，你就不能当孩子的教育者。这种权威，应该以别人尊重你的人品为基础，否则就不能充分地运用。这不是让你把自己钱包里所有的钱都拿给别人，只是不要那么吝啬和冷酷，能够帮助别人时，伸出自己的手，而不是在一边担忧。要是你只打开钱柜的门，而不打开心门，也是徒然的，别人的心不会向你敞开的。你需要牺牲自己的时间、心血、爱意和自己，因为无论你怎么做，别人都会认为你的金钱不能代表你。关心别人，比任何礼物都有效果，比任何礼物都能得到更多利益。劝争吵的人和好，劝别人不要去打官司，让孩子恪守天职，让自己宽容随和，撮合别人的姻缘，为别人排忧解难，利用自己的威望去帮助受尽委屈和欺凌的弱者，为人善良公正。不要仅仅布施，还须以仁善之心对待别人。与人为善比发给人钱财更能帮助别人：你爱人人，人人爱你；你帮助他人，他人就会帮助你；你对别人亲如兄弟，别人对你就会推心置腹。

不要把你的过失怪罪到别人头上：孩子耳濡目染你做的坏事，跟你教育他们做坏事相比，程度要轻一些。为了向他们灌输你所谓的善念，整天讲道，卖弄学问，最后在你灌输思想的同时，也把你脑子里毫无价值的观念灌输给他们了。你是满腹经纶，可不知道他们能吸收多少。当你喋喋不休地高谈阔论的时候，你以为他们全都正确领会了吗？你以为他们不会用自己的观点来评论你杂乱无序的讲解吗？你以为他们不会从中寻找论据来支撑自己的东西，以后有机会时便用来反驳你吗？

刚才，你教训了这个小孩一番，现在听一听他说的话。你让他说，让他问，他爱怎么谈就怎么谈，你会惊讶地发现，你讲的道理在他那里变成一个奇怪的东西。他说得杂乱无章，惹你生气，有时甚至提出一些问题，弄得你无言以对，你只能叫他不要再讲了。当他发现像你这个喜欢讲话的人突然不说话了，他会怎么想呢？如果他觉得说赢了你，占了上风，以后你就不用再费力教育了，因为从此刻起，他不仅不会再接受你的教育，以后还会找你的麻烦。

热情的父母，最好保持淳朴，小心谨慎。只有在制止别人对你的孩子施加影响时，你才能有所行动。我还得强调这一点：假如可能，也不要讲什么有益的教育，避免把有害的教育也教给他们。自然把这个世界造成了人类的天堂，你可得小心，在教天真的孩子辨明黑白时，不要充当引诱的恶魔。既然不能阻止孩子在外面学别人，就得专心致志地把好的样子镌刻在孩子心中。

自然触动孩子的感官

如果孩子注意到他人的冲动情绪，这会对他产生很大的影响，因为这种情绪表现明显，会刺激他，让他不得不注意。当出离愤怒时，整个人就会变得狂躁，附近的人不可能察觉不到。此种情况下，最好不要讲话，一个字也不要说。这时，孩子可能会走过来，想问问你这种让他感到惊讶的情景是怎么一回事。你的回答要简洁明了，最好能触动他的感官情绪。他看到一个火冒三丈、大发雷霆的人在那里嘶吼，这些表现都说明那个人已经失态。这时候，你不要装腔作势，也不要弄虚作假，就平静地告诉他："这个可怜的人生病了，正在发烧。"你也正好可以向他灌输疾病及其带来的影响，这也是自然现象，是他必然经历的一个束缚。

这个观念是正确的，当他有了这个观念后，会不会从小就把情绪的大起大伏当成疾病，从而产生厌恶的感觉？你是否认为，即便在适当的时候他产生了这样的观点，也不会像你唠叨说教一样产生正面的影响？然而，你得留心这种观念带来的影响。迫不得已时，你可以把一个性格顽劣的孩子当成病人来对待；可以把他关进房间里，必要的话，让他整天躺在床上，限制他的饮食，用他自己逐渐增多的缺点去吓唬他，让他觉得那些缺点是非常恐怖的。这样做，他就不会把你采取的这种严厉手段当成惩罚措施了。要是你过于激动，在跟他说话时，不够冷静，那就别遮掩自己的情绪。你还可以温柔地责怪他："我的朋友，你让我难过极了！"

另外，你得清楚，一个孩子接受的简单观念，可能会促使他萌发天真的想法。这个时候，最好不要在他面前谈论他的天真行径，就算要讲，也尽量不要让他察觉到。要知道，有时只需轻率地笑一下，你之前的工作就白做了，还有可能造成无法弥补的损失。我一再强调，为人父母，必须严格约束自己。我都能想到，在我的两个女邻居大声争吵时，爱弥儿肯定会走到吵得最凶的那个人面前，怜悯地对她说："亲爱的邻居，我真为你难过，你生病了。"爱弥儿的这句俏皮话，肯定会对她们产生影响。这个时候，我就得趁周围人没有做出反应时，或者在他没感觉到这种反应时，既不笑他，也不责备或者夸奖他，赶紧把他带离现场，用其他事情来分散他的注意力，过不了多久他就会把这件事忘掉。

当然，你不可能不受人与人的关系和人类行为的是非观念影响，一下子把孩子带大。你只能尽量拖延这个时间，晚一点儿把这些必要的观念灌输给他，并且最好在需要时告诉他，这样做的目的只是让他认识到他不能主宰别人，不能毫不在意地有意或者无意地伤害别人。有些孩子性情温和，我们可以顺利地把他抚养长大。但是，也有一些脾气暴躁的孩子，从小就充满戾气，只能慢慢把他们养大，免得最后再束缚他们。

感官的发展

小孩子不如大人高大，体力和智力和大人也没法比，但是他的所见所闻完全和大人听到的、看见的一样清晰，或者说很接近。他的味觉虽然不如大人那般灵敏，但是也非常好，能够分辨气味，不过他没有大人那般贪恋味道。感官是我们身体上先成熟的官能，所以，应该首先得到锻炼的是感官。但是，人们常常遗忘，并且最容易忽略的，也是感官。

锻炼感官并不只是意味着使用感官，而是要通过感官学习正确的判断，即要学会如何去感受。只有通过学习，我们才能够清楚如何摸、如何看、如何听。

有些运动完全是自然的和机械的，可以增强人的体质，但是无法帮助我们进行判断，这些运动包括游泳、跑步、跳高、打陀螺和扔石子。这些运动都是很有意义的，但是我们难道只有两条胳膊和两条腿吗？我们不是还有眼睛和耳朵吗？难道这些器官对手和脚的运用一点儿帮助也没有吗？因此，我们不仅仅要锻炼体力，还要锻炼所有运用体力的身体器官，要让每一种器官都各尽其职，要用一个感官得到的印象去验证另一个感官得到的印象。要学会测量、计算、称重和比较。只有预估到阻力，我们才能使用力气，所以无论什么时候都要预先估计一下效果，再决定采取什么办法。要告诉孩子，使用力气的时候，不要使得太轻，也不要太重。一旦你让他养成习惯，对自己的所有行为都事先想一下效果，并且通过自己的经验来纠正错误，那他活动的时候越多，他就会变得越聪明，这个道理还不够浅显吗？

比如要撬动一个庞大的物体，如果他使用的棍子过长，棍子就会断；如果他使用的棍子过短，他要用的力气就会很大；经验将教会他选择合适的棍子。这样的小聪明在他那个年纪的孩子是存在的。再比如搬运重物，如果他能搬多重的物体就想搬多重的物体，但是你又不让他试一下是否能搬动，这样的话，他岂不是只能用眼睛去猜测重量了吗？如果他想知道如何比较质量相同、大小不一的东西，如何在大小相同而质量不一的物体之间进行选择，他就要学会如何比较它们的密度。我曾经见过一个受过优良教育的年轻人，他说他需要做实验，才能相信同一个提桶，当它装满了一桶橡树刨花时比装满一桶水的时候要轻。

黑暗中的练习

我们并非平等地使用我们的各种官能。当我们醒着的时候，触觉这种官能的作用从没有停止过，它分布在我们身体的整个表层，就像一个不知道疲倦的哨兵，一旦发现有可能会伤害到我们身体的东西就发出警报。正是因为有了触觉这种官能，我们才会不论是否愿意都要通过它的使用来尽早获得经验，因而我们也不用特别训练它。我们大家都知道，盲人的触觉要比我们普通人的敏锐和准确，因为他们无法使用视觉，因此不得不用唯一的触觉去判断我们用视觉来判断的事物。我们为什么不去像他们一样练习在黑暗中行走和辨别我们能够拿到的东西、判断周围的环境，换句话说，我们为什么不去练习在黑暗中不要灯光也能够做他们白天眼睛看不见时做的事情呢？当有阳光的时候，我们的能力比他们强，但是在黑暗中，他们就是我们的向导了。我们一生的一半时间都是在黑暗中度过的，这两者的区别是，真正的盲人随时随地都能够知道如何引导自己，可我们在晚上根本连步都不敢迈。“你可以点上灯啊。”或许有人会这样对我说。怎么可能随时随地你都能用上灯笼呢？谁能够保证当你需要的时候它们总是伴随你左右？至于我自己，我宁愿让爱弥儿的指尖上长上眼睛，也不愿他到卖蜡烛的小铺去买一支蜡烛。

要多在夜晚的时候做一些游戏。这个方法的重要性不是仅能从表面上看出来的。人们自然会害怕黑夜，有时动物也会害怕。只有很少一部分人因为其理智、判断力、精神和勇气才摆脱了这种害怕的感觉。我曾经见过一些辩论家、哲学家和在白天表现勇敢的军人，他们在晚上就和女人一样，听到树上掉下一片叶子都会直打哆嗦。有人说，是因为保姆讲过的故事造成的这种害怕的感觉，这样的说法是错误的，这种感觉的产生是有原因的。是什么原因呢？不是别的，就是那个让人疑惑、让人迷信的原因：不了解周围的事物和周围的变化。因为平常已经习惯在远处看东西，并且还要预先想到它们的影响，因此当我们无法看见自己周围的事物时，就会以为有很多人和事物的变化会伤害到我们，我们却没有办法保护自己不受伤害。就算我们知道自己待的地方很安全，这也没有用，因为只有当我们真的看到自己所处的环境后，才认为它是安全的。我们心中总想着有东西让自己害怕，但是在白天，我们不会有这样的感觉。对，我知道，如果外界的东西要作用于我们的身体，会发出一些声响。因此，我们的耳朵始终是警惕的。只要听到一丁点儿声音，如果不知道它的由来，我们的自我保护功能首先会让自己留意那些引起我们关注的事物，所以就是这些东西给我们带来了恐惧感。

就算没有听到任何声响，我们也不会安心，因为其他人可能悄无声息地来突袭我们。我们肯定会按照以前的一些事情来加以想象，肯定会觉得它们现在仍然是那样的，肯定会看到一些我们本没有看见的东西。这样的话，我们的想象好像在演戏一样一幕幕过去。很快，我们就没有办法控制它们了，虽然我们竭尽全力想让自己镇定下来，可是心里却更加恐慌。如果听到一丁点儿声音，我们会觉得是贼；如果什么动静也没听到，我们会觉得看到了鬼魂。因为我们的警惕性要保护自己的生存，这样反而会让我们总是想一些可怕的事情。这个时候，如果想要让自己镇定，就只能运用理智了，可是比理智更加强烈的本能不让我们这么做。既然无计可施，也没有什么可怕的东西，那又何苦去想呢？

找到了病因，就可以对症下药了。在所有事情上，我们的习惯都可以制约我们的想象，只有新鲜的事物才能激发我们的想象力。对于我们每天都会看到的事物，发挥作用的是记忆力而非想象力，这就是我们常说的“见怪不怪”，因为只有想象的火花才能点燃情绪。因此，当你想医治某个人对于黑暗的害怕，你不用跟他讲各种道理，只需要经常把他带到漆黑的地方去。你需要知道，所有哲学的讲解都没有这个办法奏效。盖房子的工人从来不会觉得头晕，而经常去黑暗的地方的人，在黑暗中是不会觉得害怕的。

由此可见，在晚上做游戏除了锻炼视觉以外的感官外，还可以增加孩子的勇气。但是，为了成功做成游戏，就得强调做游戏时一定要心情愉快。没有什么比黑暗更阴沉的东西了，一定不要把你的孩子关在地下室中。要让他愉快地走进一个黑暗的地方，在走出黑暗前，要让他重新开心起来。当他在黑暗中做了一会儿游戏后，接着又想要去做其他的游戏，这样就能让他的心中不产生荒谬的想象。

有了这样训练的人，在晚上就会比别人得到更多的实惠！爱弥儿的双脚已经习惯在黑暗中踏实地行走，他的双手已经能轻而易举地摸出周围的事物，所以可以引导他在一片漆黑的环境中进行活动。他的脑海中充满了童年时期在晚上嬉戏的场景，对那些可怕的东西，他是不会害怕的。如果他听到了阵阵欢笑声，他会把发出笑声的人想成旧时的玩伴而不是魔鬼；如果他看到一群人，他会把他们当作聚在屋里的朋友而不是妖魔鬼怪。黑夜除了让他想到快乐的往事外，并不可怕。他非但不怕它，反而会喜欢上它。

我曾见到，有人想用平常让孩子受到惊吓的方法去培养他们不怕黑夜的习惯。这个方法非常不好，它带来的效果和预期的正好相反，只会让孩子变得更加怯懦。当一个人不知道他面前的危险有多大时，无论是理智还是习惯都无法让他放下心来。同样，如果时常受到惊吓，他的心是无法镇定下来的。如何才能让你的孩子在碰到这样意外的情况时不害怕呢？我认为，要做到这一点，最好像我一样对他说："在这样的情况下，你应该进行正当防卫，因为来偷袭你的人会让你来不及判断他是来加害于你还是来恐吓你的。同时，因为他已经占了上风，你就算跑也跑不掉。所以，不管是人是兽，只要是夜间偷袭你，你就可以勇敢地抓住他，使尽全身的力气把他掐住。如果他动手，你就揍他，拳脚并用，不停地打，并且不管他说什么、做什么，你没有弄清他是谁之前，一定不要放手。等把事情搞清了，你或许会觉得没什么可怕的，但是对那些开玩笑的人这样做，就能够让他没有勇气来第二次。"

意识的形成

自我意识的形成

人首先要对自己负责。我们原始的情感都是以自我为中心的，所有的本能活动都是为了生存和得到幸福。因此，我们产生的第一个正义感，来源于别人对待我们的方式，而不是我们对待别人的方式。传统的教育方法有一个错误，那就是只对孩子讲他的责任，从来不提他的权利，这样就本末倒置了。孩子应该知道的，一个都没告诉他们，不该知道以及毫无关系的，反而全都说了。

所以，我们需要探究财产的起源，从这里形成有关权利的第一个观念。生活在乡间的孩子，会有一些田间劳动的概念。这点只需要有观察力和闲余的时间就可以做到，而这两样东西，孩子都不缺。无论多大年纪的人，特别是年纪小的孩子，都想动手试试，别人怎么做自己就怎么做。在看过一两次别人锄地、播种和种植庄稼后，小孩子就想自己去尝试了。

以上所述，我不但不反对爱弥儿劳作的意愿，还特别赞成，分享他的乐趣，和他一起下地。这不是为了让他高兴，是为了让自己高兴。他种菜，我打下手，帮他锄地，直到他自己能够完成。当他种下一粒蚕豆时，他就拥有了这块土地。

我们每天都要给蚕豆浇水，看到它们生长，我们有说不出的开心。我告诉爱弥儿："这是属于你自己的东西。"他听了更加高兴。我把"属于"

这个词解释给他听，让他认识到他把自己的时间、劳动、汗水和人格投入到这块土地上。这样他就知道这里有他的东西，要是有人来冒犯，他就有权制止，就像是他自己的手一样，别人若要强拉，他就可以缩回去。

阳光强烈的日子，他慌忙跑到地里去浇水。真是糟糕！蚕豆被人铲掉了，地也被翻过了，都看不出种过的痕迹了。他产生反感的情绪。是谁夺走了我的财产？谁弄走了我的蚕豆？第一次遇到这样不公平的事，他十分难过，眼泪顿时成了一条小河，他哭得伤心极了。我也十分痛苦，义愤填膺。我们四处打听，见人就问，最后发现是园主做的，于是就把他找了过来。

不过，我们白白生气了。园主搞清楚我们为什么生气后，自己也气得够呛："两位先生，你们真是糟蹋了我的东西！我已经在地里种了甜瓜，种子还是别人好不容易送给我的，我本来希望瓜熟之后招待你们的。可是现在，你们种了廉价的豆子，破坏了我长起来的瓜，我也没办法再补种了。你们没吃到甜瓜不说，还让我遭受了无法估量的损失。"

让-雅克[1]："可怜的罗贝尔，原谅我们吧。在这块土地上，你辛勤地耕耘。我明白了，我们不该糟蹋你种的东西。我会帮你找一些甜瓜的种子，以后我们再种地，会先弄清楚地里是否已经种了东西。"

罗贝尔："唉！两位先生，还是算了吧，已经没有空闲的土地了。我是在我父亲耕种过的土地上耕种。每个人都这样，你们瞧瞧吧，所有的地都被占了。"

爱弥儿："亲爱的罗贝尔先生，你是不是常常找不到甜瓜的种子？"

罗贝尔："好孩子，不是的，像你这样的小淘气不怎么来。我们尊重别人的劳动，绝对不会动别人的地，切实保障他人的劳动成果。"

爱弥儿："我就没有地呀。"

罗贝尔："这跟我可没关系！你们要是存心糟蹋我的地，我可不欢迎你

---

1 即作者自己。

们来了，谁都不愿意白白劳动，没有一点儿收获。”

让-雅克：“诚实的罗贝尔，我们能跟你商量商量吗？请你分一小块地给我们，让我的小朋友和我一起种点儿东西，收获后分你一半。”

罗贝尔：“不用分我一半，我给你们一块地。咱们说好了，你们再动我的瓜，我就要铲掉你们的蚕豆。”

用这个方法可以教孩子一些原始的观念。从中我们可以看出，自从第一个人用劳动占领了土地，此后就慢慢地形成财产的观念。这么简单易懂，孩子都能理解。从这里到产权和交换就差一步了，这一步过了，就该停止了。

我们还能看出，在培养道德观念的过程中，不要怪我们走得太慢，也不要怪我们走得太稳。年轻的父母，切记，任何事情都应该言传身教。口头教育孩子转脸就忘，言传身教的话，就不容易忘了。

谎言与惩罚

正如我之前所说，早晚得进行自我意识的教育，但要依照孩子的不同性情来决定时间的先后。这样的教育效果一目了然。然而，为了不在困境中忽视最重要的东西，我们再来举例谈谈。

如果你家里那个暴躁的小孩见到什么都搞破坏，你也不要生气，把他能破坏的东西放到高处，让他够不着。当他弄坏了家里的家具时，你也别急着更换，让他体会一下没有家具的不方便。他要是打破了他房间里的窗户，你也别忙着给他换新的，让他被风吹。别怕他感冒，只有让他受凉了，他才能有所收敛。不要埋怨他制造的各种麻烦，但是你得让他自己感觉到这些麻烦。你最后再找人修窗户，但一句话都别说。要是他再一次打破的话，你就换一种方法：别生气，直接告诉他“这些窗户是我的，是我花费力气修好的，我不能让你打破它们”。之后，你就把他关到一个小黑屋里，要是他还闹，也不要理他。要不了多久，他就会苦苦哀求，连连抱怨。要是仆人过去，他就会让仆人把他放出来。告诉那个仆人，别找借口说不能放他出来，就说："要是我家的窗户，我也不愿意被人弄破。"说完就走开。让他在小黑屋待几小时，待到厌烦并且能够记住这事的时候，再派人过去跟他讲好，还他自由，但是他以后不能再打破你的窗户。如此一来，他就能接受了。他找你过去，你过去后，他一这么讲，你就马上同意，还跟他说："这个想法真好，对咱们两个人都不错，你怎么早没想到呢？"之后，你也别去问他还有什么意见，也别让他坚守诺言，只给他一个高兴的拥抱，并且把他带回他房间里，就好像一旦讲好，就不能再破坏了。使用这种方法的话，你觉得他会怎么看待约定及其用途呢？在这个世界上，如果还有一个孩子（这里指还没有被宠坏的孩子）此后再故意打破窗户，那就说明我错了。

举这个例子是为了让大家了解，我们不能为了惩罚而惩罚，应该让孩子明白这些惩罚是他们做错事的自然结果。不要责怪他们撒谎，不要只为撒谎而惩罚他，得让他清楚，他得承担撒谎的后果。比如，以后说了真话，也没人相信他了；即便他没有做坏事，别人也会指责他等。但是，我们得向孩子说清楚什么是善良的谎言。

谎言分为两种：一种是为过去所做的事说谎，另一种是为将来承担的义务说谎。第一种谎言是：否认他做过的事，或者他没做过的事非要说自己做了，其实就是他明明知道现实不是这样，却说成另外的样子。第二种谎言是：许诺给别人他自己做不到的事，表现了与他意图相悖的观点。有时，这两种谎言也是夹杂在一起的。在这里，我只谈一下这两种谎言的区别。

一个时常需要别人帮助，也时常帮助别人的人，不太会撒谎。与此相反，他还会澄清真相，避免错误伤害到自己。因此，我们可以明显地看出，撒谎不是孩子的天性，而是为了服从别人才撒谎，因为服从别人是件痛苦的事，他们只能阳奉阴违，而且他们还会想，与其以后因暴露事情的真相而受罚，还不如说个谎得到现成的利益。如果是自然和自由的教育，孩子为什么要说谎呢？你不找麻烦，不惩罚他，也不逼迫他，他干吗不像告诉小伙伴一样告诉你呢？向你承认，也不会比向小伙伴承认后果更严重。

双方约定好了做什么不做什么，有损自由，也不是自然的状态，所以因为义务而撒谎更不符合自然。而且，孩子所许的诺言，本身就是无效的，因为他们想法简单，只能看到眼前的事，在许下诺言时，他们理解不了诺言的意思。他们一学会撒谎，就开始四处许诺，因为他们心里想的都是怎样摆脱眼前的困境。但凡不会立刻产生影响的方法他们都愿意去试试：他们答应以后做什么，都是空话；他们的想象力还不发达，想象不出自己以后的样子。假如为了免去一顿鞭打，或者给他们糖果，让他们答应明天从窗户上跳下去，他们也会马上答应的。所以，在法律上，小孩的约定不算数。要是严厉的父母和老师非要孩子许诺的话，也只能因为不管他们许不许诺，这事都是非做不可的。

孩子在许诺时，并没有撒谎，因为他们并不明白自己许了什么事。然而，要是他们不遵守诺言，情况就不一样了。这时候，才算他们撒谎了，因为他们记得自己许过这样的诺言。但是，他们并不知道遵守诺言的重要性。他们没有远观未来的能力，无法预见事情的后果。就算他们违背了诺言，他们的行为也和他们这个年纪的理智相符。

我主张孩子应该从实践里学习，我希望他们为人忠厚老实，不愿他们空有一腔学问；我不希望他们胆小懦弱，省得他们欺骗别人；我不需要他们许下诺言，免得他们不守诺言。我不在的时候，要是爱弥儿做了什么坏事，我又查不出来，我绝不怪罪到他头上，我也不会问他："是你做的吗？"这样问，他除了否认，还会回答什么呢？要是他特别倔强，让我不得不跟他约定好，我也得慎重点儿，让他提出约好的事宜，而不是由我来提。当他提出时，我会让他觉得遵守约定，就能马上得到很大的利益；要是他不遵守约定，我也得让他觉得，撒谎带来的痛苦是事情发展的必然，不是出于我的报复。但是，我根本不需要使用这种方法，因为我知道，爱弥儿许久之后才能理解什么是撒谎。在他知道后，他肯定非常奇怪，撒谎对他来说有什么好处。所以，我越能保护他美好的生活不受别人的影响，就越能让他了解撒谎的坏处。

要是我们不急着教育好孩子，也许就不会勉强他做事情，也能在适合的时候提出对他的要求。要相信，只要不溺爱孩子，就一定能教育好孩子。

慷慨意识的形成

孩子撒谎，很多时候都是因为强迫孩子来承担他们的义务，那些义务强加在他们身上，有点儿过分，而且是不可能做到的。所以，表面上是在向他们布道，实际上却让他们沾染各种恶习。尽管一再禁止他们沾染恶习，他们反而都养成了那些恶习。你希望他们虔诚，强迫他们进教堂反而让他们一肚子不高兴。你希望他们善良慈爱，让他们向人布施，就像你自己不愿意布施而让他们代替一样。应该向人布施的，并不是孩子，而是家长。无论家长有多爱自己的孩子，也都要跟他们争取这个荣誉。应该让孩子认识到，他们那么小的年纪，还不配向他人布施。布施，是大人的事，大人懂得布施的意义，知道别人需要自己的布施。孩子不懂这些，就算布施了，也不能算成功德，出发点并不是慈善和仁爱，而且他们还会认为，只有小孩子才能向人布施，大人就不用了。所以，在布施的时候，孩子往往还会带有几分羞涩。

值得注意的是，孩子宁愿给别人一百块金币，也不愿让出一块点心。要不，你现在试试，看能不能让这个慷慨的布施者让出他喜欢的糖果、点心、玩具和东西，我们马上就能看出你是否把他变成了真正慷慨的人。

在孩子身上，我只看到了两种他们大方的情况：一种是他们给别人的东西，对他们来说没有用处；另一种是他们知道别人最后一定会还给他们。这两种情况会让孩子表面上显得大方，但实际上还是吝啬。你让他们真给的时候，他们就不会那么大方了；你不还他们，他们就不会给你。养成心里的习惯比养成表面的习惯重要多了。你教给孩子所有的道德，就像表面的习惯一样一再地宣讲，只会使他们的童年无比痛苦！这难道是睿智的教育吗？

我不强求我的孩子去做善事，恰恰相反，我喜欢当着爱弥儿的面自己来做，而且我还得做得让他模仿不了，让他觉得这不是孩子可以享受的荣誉。重要的是，不要让他习惯把大人的事揽到自己身上。当他看到我帮助别人时，也许会问我一些问题，我认为可以回答他了，就会告诉他："我的朋友，贫困之人希望遇上富有之人，是因为富有之人答应了要养活那些单靠自己的财产或劳动不能生存的人。"他听到后，会这么问我："这么说来，你也答应要养活他们了？""是啊。"

听到这番对话，另一个孩子——不是爱弥儿——或许就会模仿我，以富人之姿行事了。要是这样的话，为了让他做到不炫耀，我宁愿他行使我的权力，背着我把东西偷偷拿给别人。这才是他这个年龄做得出的隐瞒的行为，唯有这种行为才能获取我的原谅。

我觉得，模仿别人的美德，都像猴子学人一样没有意义。任何一种美德之所以能产生积极的道德效果，只能因为你认识到了它的美好，而不是因为看到别人做，自己才做。对孩子来说，心灵还是混混沌沌的，所以要让他们养成我们希望的习惯和行为，好让他们最后能够依照自己的判断和善念去实践这些行为。喜爱模仿本是一种美好的天性，但是在当今的社会中，它已经变成一种恶习。猴子模仿它害怕的人，而不是模仿其他东西，这是因为它认为比它优越的人的行为一定是对的。而我们人类正相反，各种小丑模仿美好的行为，是为了嘲笑它们，降低它们的价值。他们自卑，就要把高尚的人也变得卑贱。即便他们试图模仿他们敬佩的行为，我们也能看出他们的虚情假意，他们总想欺骗别人，要别人欣赏自己的才能，而不是努力让自己变得更好和更睿智。我们模仿别人，就是因为我们经常想超越自己。假如我的教育非常成功，爱弥儿就不会产生这样的想法。因此，这种想法可能产生的表面上的好处，我们必须予以消除。

说到自我意识教育，有一条适合孩子，而且对各个年龄的人来说都非常重要，即不要伤害别人。即使教育孩子与人为善，要是不遵从这点，也都是虚假的、矛盾的和有害的。有人一点儿好事都不做吗？所有的人都会做一些好事。坏人和其他的人也都做了好事，只不过他们做的“好事”，会使很多人遭殃，这就会出现各种灾难。最高尚的事是消极的，也是最不容易去做的，因为它不是做给别人看的。平时就算我们做得让大家都满意，也许也不能让自己的心快乐甜蜜。一个人要是从来没有做过损害他人的事，那就是做了最大的善事！这需要有不屈不挠的精神和坚定的品格！要把这一点做得成功是多么不易和难得，不能只从理论上谈论它，应该真正地做到才行。

儿童各种能力的培养

表达能力

之前，我已经谈过了，当孩子想要这个或那个的时候如何应对。现在再补充一点：当孩子学会说话后，他想要什么东西，再用哭泣的方式来表达时，无论他是为了更快地得到那个东西，还是为了逼迫别人，我们都应当干脆地拒绝。要是他有需要，必须得讲出来，你弄清楚他需要什么后，再按照他的意思办；如果他一哭，你就马上给他东西，这就是在鼓励他哭泣，教他怀疑你的好心，而且让他认为强行索要比平静地索取更有效。当他不相信你是出于好意，他马上就变坏；他一旦认为你很软弱，他就会变得顽强。所以，要是他要的东西是合理的，当他一提出要求时，你就应该马上给他。不要没有原因地拒绝孩子，在你拒绝后，更不应该反悔，回头又给他。

要特别注意，别教给孩子虚假的客套话，这会让他把这种话当成咒语，使周围的人都服从他的命令，马上给他想要的东西。有钱人过分讲究礼仪的教育，这必然使孩子变得文雅。他们教给孩子一套说辞，好让他们说话时没人敢反对。所以，他们的孩子说话时，既没有诚恳的语气，也没有真挚的态度。这些孩子求人就好像命令别人一样，那么傲慢自大，非得别人服从自己。从他们嘴里说出“如果你愿意的话”，听起来就像“我要求你这么做”；“我请求你”就是“我命令你”的意思。这么客气的话，一到他们嘴里，顿时变了味。我不怕爱弥儿说话粗鲁，就怕他傲慢，我宁愿他在请求别人时说“你去做”，而不是“我请求你”。我重视的并不是他使用的字眼，而是他使用这些字眼时的态度。

判断力

记忆力和理解力是两种本质不同的能力，两者只有相互结合，才能真正发展。在没有理智之前，孩子不能接受观念，只能接受形象。这两者之间有着本质的区别，形象是可以感知到的事物的绝对图像，而观念是对事情的看法，是由某种关系引发的。一个形象可以单独地存在于心灵中，而一个观念会引起其他观念。当你发挥想象时，只不过是在观察，而你在思考时，就会比较各种情形。我们的感觉完全是被动的；相反，我们的理解力或观念都是主动的，产生于人们能够进行判断的本原。之后，我再对这一点详加解释。

因此，我认为孩子天生没有判断的能力，虽然他们能记住声音、形状和感觉，他们却很少记住观念，更不用说观念之间的联系了。可是也不能说，孩子一点儿理解力都没有。正相反，我认为他们对跟他们眼前利益相关的事情都理解得非常正确。然而，我们不明白他们究竟知道什么，所以也许他们本来不知道，我们却以为他们知道，也许他们本来不明白，我们却要让他们讲一下道理。我们的另一个错误就是，要他们去关注跟他们没有关系的事，比如未来的事情、大人的幸福、长大后别人对他们的尊敬等。对孩子来说，这些话题没有一点儿意义。强迫孩子研究这些东西，会使他们注意力分散。因此，请你自行判断该不该让他们关注这些事情。

在所有的学科里，各种符号如果不具有代表事物的内涵，就是毫无意义的。你让孩子学到的，也就是各种符号，不能让他明白背后的意义。你以为已经教给他地球的形状，也就是让他看了一些地图：你教了他国家名字、城市名字和河流的名字，他会认为这些就是你在图上指给他看的东西，实际上并不存在。我曾看过一本地理书，开头这么说：“什么是世界？世界就是一个纸做的球。”孩子所学的地理就是这样。我敢断言，你用地球仪和地图教给他们后，过了两年，没有一个孩子可以根据你的方法找到从巴黎到圣丹尼斯的路。我更敢断言，没有一个孩子可以根据爸爸的园林示意图走过弯弯曲曲的路而不迷路的。一个知道地图上所有国家以及北京、伊斯帕亨和墨西哥位置的博士就是这样。

也许有些人会说，最好让孩子去学那些只用眼睛就能学会的东西。要是确实有这样的东西，那倒可以，但是我从来没见过这种东西。

更为可笑的是，让孩子过早学习历史：你觉得他们能够理解历史，因为历史全部都是事实。可是，“事实”这个词该怎么去理解呢？你觉得决定历史的各种关系非常容易理解，所以孩子心中很容易就会形成相关的看法吗？你觉得了解一件事情可以把因果分开去了解吗？你觉得历史很少涉及道德，所以不懂道德的人也能轻松学历史吗？假如你只看到人的外观和身体活动，学历史又有什么用处呢？肯定学不到任何东西。这样学习既无聊，又不能让我们高兴，更不能让我们获益。要是你愿意用那些道德关系去衡量，你尽管可以一试，看你的孩子能不能懂得那些关系，然后你就会清楚他们那个年纪是否适合学历史了。

要是孩子听不懂你说的话，那最好不要去教他这门功课。他没有真正的观念，就不会有真正的记忆，我觉得只是有一些感觉就不叫记忆。他记住了奇奇怪怪的符号，那对他有什么用呢？在学习事物的过程中，他不就学会了那些符号吗？干吗要浪费气力学两次呢？况且，你要他把自己听不懂的话当学问，不会让他产生偏见吗？因为孩子学会的第一个词、学会的第一件事，都是听别人的话去学的，自己不懂得它们的意义，这样就丧失了自己的判断力。也许他能在笨蛋面前炫耀很长时间，可是他弥补不了这样的损失。

即便自然让孩子的头脑充满了各种可塑性，也绝不是为了记住国王的名字、各种年代、谱系、地球仪和地点的名字，也不是为了记住对任何年龄的人来说都毫无意义的用词。要他记住这些东西，势必会让他的童年不幸和无趣，因此孩子的可塑性是为了让他理解对自己有用处的观念，这些观念会影响他今后的幸福和工作，会以深刻的印象留在他的心中，让他一生都能依照他的天性和才能过日子。

就算不读书，孩子的记忆力也不会被闲置。他看到的和听到的一切，都会影响他。他记下一切，记下大人的一言一行。他身边的一切都是一本书，不知不觉中丰富着他的记忆，增强了他的判断力。要培养他的这种最重要的能力，有一个好方法：谨慎地选择他身边的一切，小心翼翼地让他不断地接受他能理解的东西，把他不懂的东西拿走，用这个方法来让他获得有利于他一生的知识。这个方法培养不出天才，只能培养有远见、有个性、身体和心灵都健康的人。这样的人，小时候可能不会有人夸奖他，但长大之后，必定得到别人的尊敬。

自主力

使用中规中矩的教育方法，你发出命令，以为能管住孩子，事实上，却是孩子在管你。你强迫他做事，他就跟你讲条件。他知道，他只要老老实实地学习一小时，你就可以让他高兴地过八天。你时时刻刻都要跟他讲条件。这些条件，你用你的方式提出来，他却按他的方式去执行，结果总是对他有利。尤其是你跟他讲的条件，让他十分容易就做到，更方便他胡闹了。其实，家长对孩子的了解程度，远比不上孩子对家长的了解来得透彻。这是正常的，因为一个无拘无束的孩子既然能用智慧捍卫自己的生存，就能用自己的机敏来摆脱暴君的管控，夺回自己的自由。相反，家长不会去窥探孩子的心灵，因为不这样做对他的切身利益没有影响，有时他还会觉得让孩子胡闹一下对自己有好处。

使用完全相反的方法，让学生以为他在做主，实际上是你在做主。在所有约束人的办法中，再也没有比只给他自由的表象更好的了，这甚至可以征服他的意志。可怜的孩子，什么都不知道，什么都不懂，可以任你摆布！你跟他的关系，难道不是随时可以掌控他周围的一切吗？这样做，你不是可以对他为所欲为了吗？他的工作和娱乐，高兴和痛苦，难道不是在不知不觉中全都掌握在你手里了？当然，他完全可以做自己想做的事，但那也是你希望他做的事。他的每一个行动，你都能预料到，他一开口，你就知道他要说什么了。

如此，他就可以集中精神去锻炼他的身体了，而且还不会让他的头脑呆钝。你会发现，对于让他自由管控，他不仅不逃避，反而还尽量利用周围的一切来获得幸福。然后，你会惊讶地看到，为了得到梦想的东西，为了无须人家的指点就能真正享用那些东西，他想出了多么奇妙的方法！

只有让他自己做主，才不会养成他刁蛮的性格。因为他做的都是适合做的事，很快他就能做他应该做的事。虽然他一直在锻炼身体，但一关系到他的既得利益，他就会最大限度地发挥他的智慧，并且发挥的方式比闭门造车要好得多。

如此，他会察觉到你并不是存心难为他，他也十分相信你，不需要瞒着你，因此他就不会欺骗你、不对你撒谎。他会坦荡地做他自己。你可以慢慢地观察他，利用他周围的一切来培养他，让他不至于反感你的教育。

他不再用猜疑的目光窥视你的心情，即使看到你做错事了，私底下也不会嘲笑你。嘲笑他人的弱点是非常不好的事，我们要加以预防。我曾经讲过，寻找管控他人的弱点，是孩子最关心的事情之一，这种趋势会让他们更加顽劣。而产生这种趋势的原因，并不是他们具有顽劣的天性，而是他们想要打破家长的权威。他们不喜欢你强加的束缚，所以想要努力摆脱。一找到你的弱点后，就有了达到这个目的的最佳方法。于是，他们就养成了这样的习惯：仔细寻找别人的弱点，并以找到别人的弱点为乐趣。不过，爱弥儿心中可没有这种恶习。他连挑我毛病的心都没有，他不但没找我的弱点，也不找别人的弱点。

你反感孩子的乖戾性格，但是你错了，孩子之所以任性乖戾，并不是自然造成的，而是没教育好的结果，也就是说，他们要么服从于别人，要么对别人发号施令。我讲过许多次，孩子不应该服从人，也不应该命令人。你孩子的乖戾性格是因为你养成的。不过，你也许会问：“那该怎样补救呢？”补救的方法就是好好地教导他，十分耐心地对待他。

生存的能力

要是真的有特别懒惰的孩子，就不能听任其发展下去，否则他会变得非常迟钝。我们应该鼓励他，让他醒悟过来。我们需要了解，问题不在于如何用蛮力让他活动，应该让他产生欲望，这样才能让他产生活动欲望。这种欲望，要是在自然的顺序中好好选择利用的话，一定会让我们一举两得。

无论发生什么事情，只要我们使用一些巧妙的方法，就能让孩子产生兴趣，甚至热爱，又不会让他们滋生空虚、竞争和嫉妒的心理。他们的活泼开朗，他们的模仿能力，特别是他们乐天的性格，可以让他们做到这一点，只不过到目前为止，没有一个家长想过利用这种方法。不管做什么游戏，只要我们让他们相信那只是一场游戏，他们就会任劳任怨，甚至忍受身体的痛苦，要是不这么做，他们就会痛得鼻涕一把泪一把。对野蛮人的孩子来说，忍饥挨饿、挨打受烫，把自己弄得筋疲力尽，都非常有意思。这就证明了痛苦也是一种调料，能够消除其中的苦味。不过，这也不是说所有的父母都要配出这种调料，也不是说所有的孩子在提及这种滋味时都不能表现得愁眉苦脸。你瞧，我要是不小心，又谈到例外了。

人类要是害怕疼痛，害怕疾病，害怕人生无常，害怕生命的危险和死亡，他就什么也忍受不了。因此，要是我们让孩子熟悉这些情绪，就能医治他心中不安的感觉——这种感觉会让他感到痛苦，却不能使他形成忍耐痛苦的耐力。平时，越让他尝尽各种痛苦，他就越不觉得那些痛苦奇怪，同时也能把自己的心锻炼得无比坚毅。他的身体就是盔甲，能抵挡射向他的所有的箭。就算死亡马上到来，他也不会怎样，因为他会觉得死也没什么。可以说，他是不死之身，要么活，要么死，绝对不能不死不活。

过去，贵族的家庭教育，由于接受教育的人的特殊性，因此人们总是选择最贵的科目教，从不爱教最普通的科目，即便最普通的科目最有用。所以，在呵护中长大的年轻人都要学骑马，就是因为这个很花钱。不过，他们没有人学过游泳，因为学游泳不用花钱，随便一个工匠都能游得很好。一个旅行家没有学过骑马，但照样骑得很好，可是你要是在水里不会游泳，就会淹死，你再不去学，你就一点儿都不会游了。而且，艰难的生活并不需要会骑马，反之谁也不能避开潜在的各种危险。以后，爱弥儿会像在陆地上一样，在水里也能灵活自如。要让他在所有的环境里都能生存！要是一个人能够学习飞行的话，我愿他变成一只鹰；要是能够禁得起火烧的话，我愿他变成一条火蛇。

即便全世界都在看着爱弥儿，他也不会轻率地去做事情。因为练习不是去冒险，他会在爸爸庄园的小河里学习横渡恰纳卡莱海峡。但是，为了不在遇到危险时手忙脚乱，应该让孩子多处于危险中，这也是我刚才提及的学习生存的法则中一个重要部分。除此之外，因为我随时都能注意到他遇到的危险，并且还常常跟他共渡难关，所以当我按照自己的生存办法制订他的生存办法时，我不会担心他会贸然行事。

观察的能力

虽然在所有的感觉中，我们的触觉用得最多，但是根据触觉做出的判断比用其他感官得出的判断要粗糙一些，也不全面，因为我们一直把它和视觉一起用，而眼睛总是比手先接触到事物，而我们往往不会再用手去摸，我们的内心就已经有了评判。但是反过来，通过触觉做出的判断是最值得信赖的，因为这种判断所涉及的范围最窄，只要我们将手伸到可以触摸的地方，就可以纠正其他感觉产生的错误，所以其他的感觉能够到达的范围虽然远超过触觉感受的范围，但是都无法像触觉一样，无论接触什么事物都会感受得很清楚。除此以外，在必要的时候，我们还可以将肌肉的力量和思维的活动联系在一起。因此，在所有感觉中，因为触觉能让我们在外界事物接触我们的身体时给出最正确的印象，所以触觉的运用越多，越能够给我们直接的知识，让我们生生不息。

重要的一点是，应该让皮肤经得住空气的影响，抵抗得了它的各种变化，因为身体的其他部分要靠皮肤来保卫。除此之外，我不愿总是刻板地用手去做相同的工作，让它不再灵活。我也不愿让手上的皮肤粗糙，不再灵敏，因为有了触觉，我们才可以知道手到底触摸到的是什么，才可以在黑暗中时常因为接触的方式不同而感受各异。

视觉在判断事物的大小和距离时，只有一个衡量标准，即事物在我们眼中形成的角度。因为这个角度是各种条件综合造成的简单结果，所以我们根据视觉做出的判断，无法在很多条件中将每种特殊条件区分出来，不然肯定会判断失误。因为视角就是这样的，当我们从一个视角看到一个物体小于另一个物体时，要么因为这个物体本来就小些，要么因为它所处的位置远一些，我们如何看一看就能区别出来?

因此，这里需要有双重感觉，时常用一种感觉去证实另一种感觉：让眼睛从属于手，即用手的稳重行为去克制眼睛的鲁莽。如果不常做这种练习，我们就不会估计得那么准。我们对高度、长度、深度和距离都无法估测得很精准，但工程师、测量师、建筑师、泥水匠以及画家的眼力通常比我们的眼力要好，他们对幅度的估测准确一些。这就可以证明一点——如果产生错误的话，错不在视觉上，而在视觉的运用上。这些人的职业注定了他们在某一方面有我们所没有的经验，他们用伴随着视角而来的幻象去纠正视觉产生的错误，因而他们的眼睛能够更加准确地得出构成这一角度的两个原因之间的联系。

让孩子去从事各种可以让身体得到运动又不束缚身体的活动是很容易的。很多办法可以让他们产生对测量、观察和估算距离的兴趣。那边有一棵高高的樱桃树，我们怎么才能够到上面的樱桃呢？用仓库里的梯子可以吗？

那里有条很宽的河流，我们如何才能过去？将院子里的那块木板搭在河上行吗？我们如果想从窗子钓上这个城池里的鱼，那需要多长的钓鱼线呢？如果在这两棵树之间做一个秋千，一根两米长的绳子够吗？有人跟我说，在另外一处房子里，我们的卧室有25平方米，你看够我们住吗？它是不是要比这间屋子大？我们饥肠辘辘时，看见那里有两个村庄，去哪个村庄吃饭近一些呢？如此这般。

在所有的感觉当中，很难将视觉和内心的判断区分开，所以需要花更多的时间去学习观察，要经常将视觉和触觉进行比较，使自己能够熟练地观察形状和距离之间的关系。如果没有触觉，就没有向前的运动，那么世界上最敏锐的眼睛也不能告诉我们这个空间是怎样的。只有通过走动、触摸、计算和测量物体的尺寸，我们才能够学会估测物体。可是，如果总是用旧的测量方法，那么感官会对仪器产生依赖，无法得到正确的感觉。但是，孩子不应该一下子就屏弃测量的方法来估测。他们无法一次做整体比较的时候，就先进行部分比较，用估测的数去代替准确的数，但是也不要总是用手去测量，而要让自己习惯仅仅凭借双眼去测量。我认为，我们对孩子刚开始做的几次目测可以去实地检验一番，好更正他的错误，如果视觉中有什么不对的印象的话，他就能够学会如何更好地进行判断，从而改正错误。我们有些差不多可以在每个地方用的天然的度量尺——我们的脚步、双臂伸直的长度和我们的身躯。如果一个孩子要估量一座房屋的高度时，他的父母就可以当他的尺子；如果他想估量一座钟楼的高度，他可以用房屋去衡量；如果他想知道一条路的长度，他可以根据走了多长时间的路来计算；尤其重要的是，我们不能代替他去做这些事情，而要让他亲自去做。

我们如果想要准确地判断出物体的宽窄和大小，就要学会认识它们的形状，或者能够将它们描绘一番，因为说到底，要按照场景的法则来描绘物体，如果不了解这种法则，就无法根据它们的样子来估算距离的远近。小孩子很善于模仿，无论他们看见什么都想画出来，因此我让我的爱弥儿也来学习这门艺术。我并不是为了这门艺术而教授这门艺术，而是为了让他有好的观察力和灵巧的手指。通常来讲，孩子是否懂得为何要进行各种练习并不重要，只要能够做到眼疾手快，并且有了我们经过很多练习才能养成的良好习惯就可以了。如果一位教画画的老师只知道让孩子描画一些仿制品，或者让他照着图画来画，那我是不会请这样的老师来教爱弥儿的。我期望爱弥儿可以把大自然当作自己的老师，而不是某个人，他的模特应该是他所看到的东西，而非别的什么东西。我期望不要将纸上的图形摆在他面前，而要摆原件；我期望他看着房子画房子，看着树木画树木，看着人画人，以此来养成仔细观察物体及其外形的习惯，而不是总是拿那些死板的临摹的画当真实的物体来画。我更加不愿意当他眼前没有一个东西时仅仅凭着记忆来画，我要让他多观察，将物体的正确形态牢牢记在心里，省得用一些奇怪的样子去代替物体的真正形态，因此没有了比例的观念和鉴赏自然之美的能力。

我知道，爱弥儿用这种方法来画画，可能会在很长时间里都画得乱七八糟、四不像。他画了很长时间还是无法像画家一样画出清晰的轮廓和线条，或许根本就无法画出惟妙惟肖的图画。可是，从另一方面来讲，通过这样的练习，他的双眼在看东西时可以看得更加准确，他的双手在绘画时可以画得更加精准，他能够了解动植物和各种天然的物体之间的大小的真实比例，他可以在配图或者作画的时候有更加可取的经验。我只是想实现这些目标，并不是想让他懂得怎样描绘物体，只是想让他懂得怎样认识那些物体。

除此之外，在这个练习和其他所有的练习中，我不会让爱弥儿觉得只是他一个人在玩。我愿意一直和他一起分享所有的乐趣，让他感到这样的练习非常有意思。我比照他的样子拿铅笔，刚开始也和他一样不会用。在这个过程中，我并没有和他一起前进，只是前进得比他要稍微快那么一点点，但是他能够很容易追上我，并且还常常超越了我。我们有颜料和画笔，我们尝试着画每种东西的色彩、外貌和状态。我们上色、我们画图、我们随心所欲地画，但是在画的过程中，我们不断地观察着自然。除了大自然中的物体，其他的物体我们都不画。

我以前没有用东西来装饰孩子的房间，现在一切都有了。我们用画框将我们的图画装裱起来，并且外面放上好看的玻璃，省得有别人动它。我们俩看到图画被这样放置，也想着再次把自己的画这样放上去。我把它们按顺序挂在房间的四面墙上，每幅画要画二三十次，这样能够从每张画中看到作者的进步。刚开始画的房子只是一个简简单单的四方形，现在，房子的正面、侧面、比例和影子都画得惟妙惟肖。这样一步步提高，我们也断断续续地有了很多有趣的画作。这些画，别人看起来也许觉得很一般，但是可以鼓励我们相互竞争。

推断力

孩子为什么不理解几何学，究其原因，是因为我们做得不好。我们没有意识到孩子的方法和我们的方法是不同的，没有意识到几何学可以帮助我们培养推理能力，但是只能培养他们的观察能力。因此，我们不应该用我们的方法来教他们，而要用他们自己的方法去教育。这样的方法更好一些，因为我们在学习几何学时，是将它当作一件既可以推理也可以想象的事情。一项定理提出后，我们要想着如何去论证——要找到这个定理是依据哪个已知的定理推出来的，并且要在那个定理推出的各种结论中去准确地选择自己需要的结论。

这样的方法，就算是最谨慎的推理家，如果他没有创造力的话，他也无法推导出结论。结果如何呢？论证的方法不是我们自己找到的，而是别人口头告诉我们的。老师没有教我们推理，而是在代替我们推理，只是练习一下我们的记忆力而已。

准确地画出一些图形，将它们拼起来，一个一个重叠，研究它们之间的关系。这样的话，你不用讲定义啊、命题啊、论证方法啊，只需简单地将图重叠，反复观察，就能够学会全部的初等几何。我自己是不愿意教爱弥儿学几何的，相反，要让他来教我。我来列出一些图形，他来发现这些图形关系，因为我在列出的时候，会采取能够让他发现这些关系的办法。

假如我想量一个六十度的角，我会以这个角的顶点为中心，画一个整圆而不是一个弧形，因为教育孩子不能采取不说自明的含蓄方法。我发现这个角的两条线之间切取的那部分是整个圆形的六分之一。画好后，我又以这个角的顶点为中心画了一个更大的圆，我发现第二个弧形仍是大圆的六分之一。然后我又画了第三个圆，在这个圆上我做了同样的试验。终于，爱弥儿对我这种愚蠢的方法感到吃惊，于是赶紧告诉我，这个角所切取的任何一个弧，无论圆的大小如何，都是它的六分之一。如此这般，我们很快就懂得了圆规的用法。

为了证明三角形的三角之和等于两个直角，其他人是用画一个圆来证明的。我正好相反，我先让爱弥儿看圆周内的几个点，然后跟他说："如果将圆周去掉，剩下几条直线，这几个角的大小发生改变了吗？"如此这般。

多数人不太注意画图的准确性，就想当然地假定它是准确的，并将他们的注意力集中在如何解题上面。我们刚好相反，我们注意的不是如何来解，而是画线要画得直、准确、均匀；画正方形就要足够方，画圆形就要足够圆。为了证明图画得是否精确，我们就用所有可以观察到的特征去检验。这样一来，我们每天都会发现一些新的特征。我们从直径把一个圆拆成两个半圆；从对角线那里将正方形拆成两半；我们比较两个圆形，检查哪个圆的边要画得准一些，从而将那个图分得好一些；我们讨论平行四边形和不等边四边形是否也能分得如此平均……有时，我们会在试验之前就预测一下是否能够成功，并且尽力找到其中的道理，如此这般。

灵敏度

小孩子打羽毛球，可以让他的眼睛看得更准，手打得更稳；他打陀螺，可以增长他的力气，但是他不会从中学到什么知识。可是我们这些生下来就想要变得强壮的人，难道不吃点儿苦就可以成为这样的人吗？如果从未受到过打击，又有什么力量可以对抗打击呢？一个人就算非常虚弱，脑筋不好使，也不会出大乱。掉了一个羽毛球是不会打伤人的，但是因为要用手去保护头，我们的手才锻炼得很灵活，因为要保护眼睛，我们的眼睛才锻炼得准确和犀利。从大厅的这一边跳到那一边，可以依此来判断空中的球将会落在哪里，然后稳、准、狠地用手将球打出去，这样的游戏可以让孩子长本事。

所有我们能够做到的，都可以教孩子做。大家都见到过身手敏捷的孩子，做事的灵活程度和大人不相上下。近些年，有很多儿童剧团将观众吸引到意大利戏剧院去观看他们的芭蕾舞表演。在意大利和德国，大家都听说过著名的尼科利尼哑剧团。谁说那些儿童的动作没有成年的舞蹈家动作娴熟，没有他们的姿势优美，耳朵听到的音乐没有他们准确，舞蹈动作没有他们的柔和？当然，他们的指头又粗又短，不够灵活，手也有点儿肥大，拿不稳东西，但是并没有因为这些而使其中的几个孩子不会写字和画画。其他人在他们那个年纪，或许笔都不知道怎么拿呢！我曾经在一个市长的家里看见大家在餐后用甜点时，让他的8岁的漂亮儿子在桌子上演奏大提琴。孩子站在桌子上，就像一个站在高台中央的雕塑，而大提琴差不多和他的个头一样高，可是这个孩子演奏得很好，让提琴家惊叹。

我认为，上面的这些例子和很多其他的例子都说明，人们觉得孩子笨拙而没有力气，不适合做我们做的运动，但那都是他们假想的。如果你没有看到孩子成功地完成这些运动，那只是因为你没有让他们练习过。

听与说的能力

因为我们已经将视觉和触觉进行了比较，因此能够将它和听觉进行比较，这样就可以知道从一个物体中发出的两种印象，哪一个首先到达接受印象的器官。我们看到大炮的火光，可以躲避起来，但是如果听到的是爆炸声，那就来不及了，因为炮弹已经在眼前了。我们能够根据闪电和雷声间隔的时间来判断那霹雳声是从多远的地方传过来的。你要让孩子学会这些经验，让他们在力所能及的情况下去获取这些经验，而且要举一反三，推断出其他的经验。但是，你不要告诉他们这些经验，而是要让他们自己获取。

我们还有一个器官——发声器官和听觉器官相对应。我们也有一个方法培养听觉器官，即让主动器官和被动器官互相锻炼。

人有三种声音：说话声或发声清晰的声音、唱歌声或者发出旋律的声音、感伤的声音或者激昂的声音。感伤的声音是感情的一种语言，它让人的歌声和说话声都饱含深情。小孩子和大人一样，也有这样的三种声音，但是他们也一样不知如何将这三种声音结合起来。将这三者完美地结合，就是动听的音乐。孩子不会这种音乐，他们的歌不带任何感情色彩。同样，说话时，他们的话也没有语气：他们虽然在叫喊，但是无法音节分明地喊叫；就像讲话的时候没有抑扬顿挫一样，他们的喊叫声也不洪亮。我们的孩子说起话来声音更加单调，因为他们的情感还没有迸发，因此无法在语言中体现自己的情感。不要教他们背悲剧或者喜剧里角色的台词，或者像有些人那样建议教他们朗读，我觉得没有必要。他们的脑子再灵光也无法绘声绘色地讲他们根本不了解的事情，或者神采飞扬地抒发他们从未体会过的情感。

教孩子在说话时要语调平缓而清晰，要把音节咬清楚，吐词要准确，但是不要拿腔拿调，要学会按照语法规则来发重音和保持一种韵律，要音量足够大，让所有人都能听得见，但是不要让声音的分贝超过限度——在公立学校上学的学生通常都会有这个毛病，所以任何事情都不要做得太过分。

相同的，唱歌时声音也要准，唱得要稳、柔和而响亮。孩子的耳朵要能辨别出拍子和调子，但不要有太多的要求，做到这样就可以了。

味觉与嗅觉的培养

前面，我们已经明白地知道外界事物在它们的重量、形状、颜色、硬度、大小、远近、温度、动与静方面和我们身体之间的关系。我们知道可以接近哪些物体，要远离哪些物体，这样就可以有针对性地采取办法以克服障碍，或者抵挡它们可能会带给我们的伤害。但是，仅仅这些是不够的，因为我们在不断消耗体力，因此需要让它逐渐恢复元气。虽然我们能够将其他物质变成我们自身的物质，但是对物质要有所选择，因为并非所有的食物都适合人吃。一个人的体质随着他居住的地方、独一无二的性情以及职业不同所带来的不同的生活方式而变化，因此，所有的食物中，有些适合他吃，有些不适合他吃。

造物主不仅为我们提供食物，还使我们具有不同的口味。为了使我们的欲求和需求适应，我们的口味会随着生活方式的变化而变化。我们越是脱离自然，就越是丧失了自然的口味，准确地说，就是习惯会成为我们的第二天性，并且会非常彻底地取代第一天性，以至于我们谁也无法保有第一天性。

依此看来，口味越自然就越简单，因为这种口味是很容易改变的。但是，如果我们经常用奇怪的味道去刺激它，当它形成某种特定的口味后，就很难改变了。一个人如果没有被某个地方的饮食习惯所影响，那他可以不费吹灰之力地适应任何地方的习惯。但是，一旦他适应了某个地方的饮食习惯，他就很难适应另一个地方的饮食习惯了。

母乳是我们的第一种食物。我们是渐渐地适应这种强烈的味道的，刚开始的时候，我们很不喜欢它。我们中，如果一个人活到20岁还没有品尝过任何发酵的饮料，那他永远也不会养成喝这种饮料的习惯。因此，如果不是因为童年时有人给我们喝过酒，或许我们大家都是滴酒不沾的人。确实，越是简单的口味，越是我们每个人所共有的口味，而大家不喜欢的，正是那些什么味道都有的菜肴。相反，有没有谁不喜欢水和面包呢？这是自然的旨意，也是我们的生存规律。尽力让孩子保持原始口味，让他吃最普通和简单的食物，让他的嘴时常接受清淡的味道，不要养成喜欢重口味的习惯。

在我们所有的感觉中，味觉的影响最为深远。因此，我们判断哪些食物可以补充我们的身体时，要比判断周围的环境更为用心。有很多东西，我们在看到、摸到或者听到时，都没有太在意，但是一旦我们尝了什么东西，我们肯定会加以注意的。除此之外，味觉所进行的活动分为肉体的和客观的，只有这一种感觉是无法通过想象来解决的。换句话说，我们的所有感觉中，味觉中想象的成分是最低的。相反，模仿和想象常常让其他感觉得到的印象带有意识的成分。

贪恋食物的心要比虚荣之心好得多，因为前者是很自然的，是直接由感官来决定的，后者则产自习俗，总是会被人的轻率行为和其他恶习所影响。贪吃是儿童时期的欲求，但是这个欲求是无法和其他欲求相提并论的，一旦遇到别的欲求，它就会消失不见。啊！一定要相信我说的话，用不了多久，一个孩子就不会花太多心思在他的食物上。当他心里有太多事情时，他的大脑就会让他的嘴不再运转。等他长大了，很多强烈的情感会转移他贪吃的心，让他有了爱慕虚荣的欲求，因为只有这种欲求是可以凭借别的欲求产生的，并且会最终吞噬其他所有的欲求。

我曾多次观察那些喜欢美食的人，他们一睡醒就在想这一天要吃什么东西，他们会详细地描述吃过的每一顿饭。我觉得，这些所谓的成年人，就是40岁的孩子，长得不结实，也没有什么力气，真是“白白浪费粮食的人”。贪恋食物是意志不坚定的人一种不好的习惯。一个贪恋口欲的人的注意力完全集中在他的嘴上，他做什么都是为了吃。他愚蠢至极，只有饭桌上才有他的一席之地，他只会对菜肴品头论足。我们就将品菜这件事情交给他去办好了，对他来讲，做这件事比做其他事更为合适，对我们、对他都有益处。

无论你让孩子采取哪种方法，当你让他养成吃普通和简单的食物的习惯后，他可以想吃多少就吃多少，想怎么跑着玩就怎么跑着玩。你大可放心，他不会吃很多，也不会消化不良。但是，如果你让他一半时间都在忍饥挨饿，同时他又可以找到躲避你监督的方法，那他就会竭尽全力弥补自己的损失，会一直吃到吐，吃到肚皮被撑破为止。我们之所以会贪吃，是因为我们没有让食欲遵从自然的法则。我们经常对自己的膳食进行调整，但不管是增还是减，都是由我们的手来评定，而且这个评定标准不是我们的胃，而是我们想象出来的。

如果真的有哪个孩子非常贪吃（我觉得，用了我的方法后，不会再有这样的孩子出现），那只需要用一些他喜欢的游戏来分散他的心思，让他不再想着吃。最后不知不觉地，他不良的饮食习惯就会消失。

嗅觉之于味觉，就像视觉之于触觉一样，它优先于味觉，告诉味觉这个或那个东西会对它产生影响，告诉它要按照我们事先得到的印象去找寻或者躲避某样东西。就气味本身来说，它给人的感觉很小，它触动的，与其说是人的感官，不如说是人的想象力。它让人闻见的味道，没有它让人尝到的味道影响那么大。如果这个假设成立，那么有些人因为他们的生活方式不同，而和别人有着非常不同的味觉习惯，他们对味道的判断也是与他人相反的，因而对显示味道的气味的判断也是相反的。

嗅觉是一种想象的感觉，因为它让神经受到了强烈的感染，极大地刺激了人的大脑。正是因为这个，它才会让我们感到一时的兴奋，随后又逐渐让兴奋的心情彻底消失。它在我们的兴趣爱好中起着明显的作用。

因此，人的嗅觉不应该在童年时得到过分的活动，因为孩子在这个时期的想象力还没有被欲求刺激到，因此不会轻易被情绪感染。与此同时，这个时期孩子还无法有足够的经验凭借一种感官的印象去预测另一种感官的印象。多数孩子的嗅觉都很迟钝，可以说几乎没有。这不是因为孩子的嗅觉没有大人的灵敏，而是因为它还没有和其他的观念联系在一起，不像我们的嗅觉那样容易受到快乐的感觉或者痛苦的感觉所左右，继而从中感到开心或者痛苦。

能力均衡发展的爱弥儿

现在是否要对爱弥儿进行一番观察比较呢？让他和别的孩子在一起，他想怎么做就怎么做。你很快就能看出哪个孩子长得和他们的年纪更加接近。对于孩子可以理解的事情，爱弥儿相比他们更加善于判断、推理和预测。说起运动，跑、跳、摇东西、抬重物、估测距离、创造游戏和抢旗子他都在行。可以说，就连大自然都在响应他的号召，因为他知道如何让所有事物服从他意志力的指挥。他受到的教育就是去带领和管理他的同伴，他的能力和经验可以取代他的权利和威信。无论你给他穿什么样的衣服、取什么名字都无关紧要，他无论在什么地方都可以超群脱俗，都可以领导别人。别的孩子都认为他比自己更为优秀，因此就算他不下达命令，他也是大家的领袖。虽然他们不觉得自己在服从他的指挥，但事实就是如此。

爱弥儿成熟起来，但他并不是通过牺牲快乐的时光才达到这样完美成熟的状态。相反，它们是一起进行的。在获得和他年纪相仿的理智的同时，他还获得了强健的体魄，让他享有愉快和自由。

用我的方法来教育孩子，在实施的过程中会碰到很多问题，因为只有有远见的人才知道它的意义所在，在普通人看来，这样花费心血培养出来的孩子无外乎是调皮的孩童。除了自己之外，我的孩子没有可展示的东西，没有其他的东西可以展示给大家。无论是小孩还是大人，我们都无法一下子将其看穿。从哪里可以找到一眼就可以看出人独特之处的观察家呢？这样的观察家固然存在，但是凤毛麟角，在许许多多做父母的人里面，可能一个也找不到。

>>>第三章

智力开发与技能培养

Émile

用兴趣点燃孩子学习的热情

如果父母喜欢一件事情，他们很可能会错误地认为孩子也会喜欢那件事情。所以，当你工作得津津有味时，你需要观察孩子是否感到厌烦并且不敢让你知道。孩子应该将自己的全部精力放在他做的事情上面，你则应该把全部精力集中在孩子的身上，对他的一举一动都细心观察，但是又不能让他知道你在暗暗地观察他。你要事先想到他心中可能会有的想法，别让他产生不对的看法，要让他非常专心，以至于他不仅认为自己能够做那件事情，而且因为他很清楚自己做的事情有什么好处而满心欢喜地去做。

不管你解释什么东西，关键是要详细地展示它的用处，然后指出它的缺点，引起孩子的兴趣。如果你想跟孩子解释符号是如何让人们忘记其所表示的东西，解释金钱是如何让人们产生各种各样的杂念的，解释为什么盛产白银的国家却是最穷的国家，那么你不仅仅要把孩子当作哲学家来看待，还要把他们当圣人对待，让他们知道哲学家也没搞清楚的东西。

有很多好玩的东西可以帮助我们引导一个孩子的兴趣，并且这样做时，既不会偏离他所能够理解的实际的物质关系，也不会让任何一个他无法理解的观念在他心中产生。父母传道授业的艺术在于，绝对不要让孩子把精力花在那些不重要的小事上，而要让他一直接触他将来一定会遇到的重大事情，从而让他有足够的智慧来判断人世间的善恶。和孩子进行交谈时，要善于对你在他心中培养的思想进行启发。或许其他孩子根本不会留意这样的问题，但它将会让爱弥儿整整思考半年的时间。

我和爱弥儿去一个有钱人家里吃饭，去的时候发现一个盛大的宴会已经准备妥当，宾朋满座，仆人很多，菜肴也很多，桌上摆着一套精致的餐具。这套餐具漂亮且很有气派，如果不常看到，会觉得它很奢华。我首先想到的是所有这些对我的孩子产生的影响。当宴会在进行中，各种菜被端上来时，我对着他的耳朵说："你来估测一下，桌上这些东西在被端上来前被多少人碰过？"这样简短的一句话会在他的脑海中产生怎样的波澜啊！让人心旷神怡的闲情逸致很快就不见了。他思考、他沉默、他估算、他心神不宁，当那些哲学家被美酒或佳人迷得神魂颠倒，像个小孩子一样在那里大放厥词时，这个孩子却独自在那儿用哲学的态度思考问题。他来问我，我拒绝回答，我跟他说改天再告诉他。他急了，忘记要吃要喝了，恨不得赶紧离开餐桌向我追问到底。他的好奇心驱使他想赶紧知道这个问题的答案。

用这样的一番话教育孩子多么完美呀！像爱弥儿这样一个任何力量都无法摧毁的人，拥有合理的判断力。当他知道为了自己中午短暂亮相而晚上又要束之高阁的这身衣服，世界上许多人都在分担费用，或许还有很多人为此经年累月地劳作，许许多多的人甚至为它牺牲了生命，那他会对奢侈的生活有什么样的看法呢?

你要细心留意他思考了所有这些问题后在心中得到了什么样的结论。他或许有了另外一番思考，或许看到那么多人为了准备他的午餐来回奔忙时，他会认为自己是世界上一个很重要的人。如果你事先预料到他会这样想的话，你在这种想法还没有在他脑海中生成时，就能够轻而易举地阻止这种想法的产生，起码能够很快打磨掉他获得的印象。如果他现阶段只是因为想享受才去霸占东西的话，那他仅仅能够根据可以预知的关系来判断哪些东西适合自己。做了一些运动后，他的肚子饿了，这个时候自在而悠闲地吃一顿简简单单的乡村风味的饭菜可以让人回味无穷。将这样一餐饭和那场盛大的让人拘谨的宴会相比之后，他足以感到宴会上的东西并不会给他带来什么真正的好处。

我们假想一下，在这种情况下，你会跟孩子说些什么。“好好回味一下这两顿饭，你更喜欢哪一顿？哪顿饭你吃得最舒坦？哪顿饭吃的时间长却也没有让你感到厌倦，同时又不需要更换餐具？但是，你要注意到其中的差别：你认为非常好吃的黑面包，是用那个农民收获的麦子制成的；那红色的酒是用他园子里的葡萄酿造的，既解渴又有益于身心健康；桌上的餐布，是他的妻子、女儿和仆人在冬天里用他种植的大麻织就的；桌子上的饭菜全部都是他自己家里人做的，附近的磨坊和集市是他这辈子去过的最远的地方。可是，那奢华宴会的一张桌子上虽然有从很远的地方运来的物产，又经过很多人调制，但你真正觉得享受的是什么？如果你没有吃一顿像样的饭，所有那些东西又有何用？桌子上有哪一样东西是专门为你制作的？”你还可以这样问他：“如果你是这家里的主人，你会觉得所有这些真奇怪，因为你向他人展示了奢华的享受，但是自己却一点儿没有享受到。费心费力的是你，快乐的却是别人。”

这样的一番话或许很顺耳，但是对爱弥儿却没有什么实质意义，因为他还不懂这些，他不能把别人的想法当作自己的想法。所以，跟他说话要简单点儿。经历过这两次吃饭的事情之后，一天早上，我跟他说：“我们今天去谁家吃午饭？去这家，你会看到桌子上一大半的位置都摆着各种银器，在用餐后点心时，你会看到像镜子一样的盘子里摆满了纸花，还有那些女人把你当作小孩子来逗，跟你说一些不着边际的话。或者去离这里两英里远的村庄，去那些高兴地拿出上等的奶酪来招待我们的人家里？”爱弥儿肯定会选择后者，因为他既不喜欢说废话也不喜欢场面上的事情，他无法忍受那些束缚，那些山珍海味他一样也不喜欢。但是，听到可以去乡间，他总是心驰神往，他很喜欢好的水果、蔬菜、奶酪和人家。走在路上的时候，他很自然地说起他的想法。他说：“我觉得，所有那些绞尽脑汁想办大宴会的人，要么是在浪费精力，要么就是不懂我们真正喜欢什么。”

学习的目的

截至目前，我们已经制造出多种多样的工具，但是却不知道我们用得上哪一种。或许我们的工具对我们自身没有多大用处，但是对别人却很有用；或许我们反过来也需要用他们的工具。这样的话，我们会发现将工具进行交换对我们是有好处的，但为了交换，需要首先了解对方的需求，每个人都应该知道别人用的工具以及可以拿出来进行交换的工具。现在我们假设有十个人，每个人都有十种需求，每个人为了满足自己的需求要做十种不同的工作。但是，因为每个人的天赋和能力不同，这个人做起一种工作就不如另外一个人做得好，而那个人又会比不上别的人。每个人都有自己的长处，但是现在都做着一样的事情，因而效果不是很理想。将这十个人组成一个团队，让每个人为自己也为剩下的九个人做他最擅长的工作。这样一来，每个人的才能都能被另外九个人利用，而且做的时间越长就会越熟练。结果，这十个人的需求都得到了满足，而且还有多余的东西提供给别人。这就是我们所有制度中最显著的原理。我现在不想研究这个原理的结果，因为我已经在另外一本著作中提到了。

根据这个原理，如果一个人想将自己和其他人隔绝开来，不依附于任何人，完全自给自足，那结果只会非常糟糕。他可能根本生存不下去，因为当他发现所有土地都被他人占据，他只是自己一个人，那他要从哪里获得他需要的东西呢？当我们脱离了自然的状态，就必须强迫别人脱离这个状态，因为没有人可以不管别人怎么样他都要保持这种状态。当一个人无法在这种状态下生活却又想继续待在这种状态时，他其实已经脱离了这种状态，因为自然的首要法则就是捍卫自己生存的权利。

我们这么做，可以让一个孩子在没有真正成为社会的一员时，就在他脑海里逐渐形成社会关系的理念。爱弥儿发现，他要使用工具，其他人也要使用工具，所以他可以用自己的工具去交换他需要的别人恰好也可以提供的工具。我轻松地让他意识到进行这种交换的必要性，让他能用它们来满足自己的需求。

当爱弥儿能够了解什么是生命，我第一关心的是如何教他保有生命。直到现在，我还没有讲到职业、等级和财产的差异，以后我也不会去讲它们之间的差异，因为每种身份的人都一样，富人的肠胃不会比穷人的肠胃更大、更有动力消化食物，主人的胳膊不会比仆人的胳膊更长、更有力气，伟人不会比普通人的个子更高一些。对于自然的需求，每个人都是相同的，每个人满足需求的办法也是一样的。应该让教育去适应一个人，而不是去适应他自身以外的东西。因为你培养他只能适应一种社会地位，这就让他无法适应其他的社会地位，如果命运和你开了个玩笑，那你除了让他变成一条可怜虫外，是不会有其他结果的。一个已经成为叫花子的贵族在最落魄的时候还在赞美他的出身，这不是很可笑吗？一个已经破产的富人，一想到人们对穷人的那种蔑视，就认为自己已成为人类最卑微的人，这不是很糟糕吗？前者只能去当流氓和骗子，后者只能去当卑躬屈膝的奴才，逢人便说一句好听的话："我得活下去呀。"

一个人和一个公民，无论他从事什么工作，除了他自己，没有其他的东西可以用来回报社会。当一个人富裕起来时，也许他不去享受自己的财富，也许让公众来享受他的财富。出现前一种情况，是因为他从别人那里得到了本来不属于他的东西；出现第二种情况，也不能说他对社会做了贡献。如果他只贡献出自己的财富，那么他没有偿还一点儿社会的债务。"我的父亲在挣财产的时候就已经回报社会了……"的确，父亲偿还了自己的债，但是他没有偿还你的债。既然你一生下来就过着养尊处优的生活，那你所欠的他人的债，比起你在没有钱的状况下出生欠的还要多。用一个人对于社会的贡献去解除其他人之于社会的债务，那是很不公正的，因为每个人的债务都是自己欠下的，所以只能由他自己来还。没有哪个父亲可以让他的儿子成为一个对别人没有用处的人。你或许会说，他就是为了这个目的才将财产留给儿子的，而他的财富就是他劳动的证明和代价。一个人坐享其成，吃并非他本人挣到的东西，那就是偷窃。我认为，如果一个人什么也不做，专靠政府的年金来过活，他和强盗没有什么区别。生活在社会边缘、与世隔绝的人，不欠任何人的债，因此他想怎么生活就怎么生活；但是，在社会中，他一定需要他人的帮助才能生活下去，他应该通过自己的劳动来付生活费；谁也不能例外。因此，劳动是每个社会人不可避免的责任。每一个公民，无论贫富强弱，只要他不干活，他就是个流氓。

“你想让我儿子去学习一门手艺，让我儿子当手工匠人，你是这么想的吗？”

“夫人，在这方面，我比你想得更加周到，你只是想让他成为王公贵族，可他今后一无是处也说不定呢。我想要给他的是一个他不管怎样都不会失去的地位，无论在什么时候他都会以这个地位为荣。我要将他教育成有用的人。无论你说什么，他将来得到这种地位的概率都比你可以给他的地位的概率要多很多。”

这番话，从字面上来看，好像会让人很不悦，但它内在的精神却是可以激发人的。关键不是为了弄懂一门手艺而去学习一门手艺，而是要铲除对这门手艺的一切偏见。孩子可能永远也无法过上一劳永逸的生活。但是就算过上了，孩子也可以不是为了生活而劳动，而是为了荣誉而劳动。为了超越孩子原来的身份，就需要不以做一个手工匠人而羞愧。为了可以支配自己的命运和其他事物，孩子要从一开始就从不依赖一切事物。如果想通过舆论来统治，那么孩子要首先统治舆论。

你需要记住的是，我不是要求孩子一定要有才能，而是要求他必须掌握一门手艺，一门真正的手艺，纯粹的机械性的技术，做的时候需要动的是手而不是脑子。这门手艺虽然不会让孩子发家致富，但是一旦拥有了它，孩子就无须任何财物了。在一些小康水平的人家里，我曾见到几个父亲不但用心地教育他们的孩子，还深谋远虑、煞费苦心地教他们遇到意外时要如何谋生。这些远见卓识的父亲，自认为做了很多，事实上做的是无用功，因为他们为自己孩子想的方法，主要还是依赖各人的命运，虽然他们想让他们的孩子不那么依赖命运。因此，就算本领再强，但是只要没有用武之地，他们就会像那些没有本领的人一样穷困潦倒。

那些深奥的学问是用来滋润心灵而非培养身体的，因此，如果你不是过于依赖它们，在需要的时候会将依靠寄托在自己的手和用手制成的东西上，那么对你来说没有什么会成为真正的困难，一切的权谋都没有用武之地，必要的时候你总会找到谋生的手段。正直和荣誉不会对你的生活有什么影响：遇到重要的人物，你不用畏畏缩缩不敢走上前去说一句话；遇到坏人，你也不用俯首称臣任凭摆布；你不用卑微地去迎合谁了（当你身上一分钱没有时，你去跟人家借钱或者当强盗，大抵就是这样的）。这么一来，别人怎么说对你没有任何影响，你也不用去对谁溜须拍马，不用去讨好哪个傻瓜，不用低三下四地去巴结门丁，不用去收买或者奉承谁的情妇。虽然有很多坏人掌握着大权，那也和你没有任何关系，这无法妨碍你在自己的生活中做一个正直的人和挣钱养家。当你进入你第一次学习手艺的那个工厂，说："师傅，有活给我干吗？""小伙子，就在这里做吧。"还没到吃午餐的时间，你就已经挣到了午餐费。如果你勤劳、踏实、肯干，那么一个星期还没结束，你就已经挣到了下个星期的生活费。你的生活自由、健康、诚实、勤劳而正直，用这样的方式去谋生，就不会白白浪费你的时间。

体力是智力发展的前提

孩子体格的成长，比他需求的增长要快很多。他并没有感到有特别强烈和特别大的需求，他的器官还没有成熟，似乎是在等待他的意志力去发掘，它才能脱离不成熟的状态。他不在意空气和季节带来的伤害，压根不将它们放在眼里，而他的体温就像他的衣服一样。他的食欲就是他的调味料，只要是有营养的东西，对于他来说都是美味。如果他困了，他往地上一躺就能睡着。他在哪里都能找到他想要的东西，没有任何假想的需求会让他心烦。别人的话也不会对他产生任何影响，他的欲求都在他两手能够够到的范围之内，他不光能让自己的欲求得到满足，在满足了欲求之后，他还有多余的体力。

那他要如何利用这些现在看来过剩，但是将来长大以后不会显得过剩的天赋和精力呢？他会在需要的时候尽量将它们用于有益身心的事情上，可以说他是把目前生命中多余的精力投放于未来。但是，他不会将自己的东西放在会被别人偷走的箱子中，抑或放在不属于他的仓库里，为了真正得到他取得的东西，他就需要将它们放在自己的手心和脑海中，放在自己的身体中。因此，可以说多余的体力要用在工作、教育和学习上。需要提请你们注意的是，这不是我的随意选择，而是自然指引他做的。

精心选取儿童学习的内容

人类的智慧不是无穷尽的，一个人非但不能知道所有事情，就连别人已经知道的那一小点儿事物他都不可能彻底了解。所以，我们对于传授的内容和合适的学习时间要做出选择。真正能给我们带来幸福的知识的数量是极少的，但正是这样的知识才值得让一个聪慧的人去找寻，因而值得一个孩子去探求，因为我们的目标就是将他培养成那样聪慧的人。总而言之，关键不在于他学习到了什么样的知识，而在于他学习的知识要有用武之地。

在这数量不多的知识里，所有那些要具有极其成熟的理解能力才能弄懂的，所有那些涉及一个孩子无法理解的人与人之间的关系的，以及那些虽然本身是真的，但是会促成一个没有经验的孩子对别的问题产生误解的，都要统统甩掉，不可以用来教育他。

这样的话，你就需要把你想要传授的东西限定在一个和现在的事物相关的小范围里。但是，从孩子的思维来衡量，这个范围还是非常宽广的。你必须让自己和孩子的头脑都保持清醒，不能让他或者你自己，或者你们两个都感到晕头转向。要时刻谨记，一个人无知并不可怕，只有错误才是非常有害的；要谨记，人之所以会误入歧途，并不是因为无知，而是因为他自以为自己知道一切。

同样的一种本能可以刺激人的不同感官。当身体非常有活力时，精神的活力也可以跟着得到教育。刚开始的时候，小孩子无非很好动，后来就演变成好奇。只要能将这种好奇心因势利导，它就可以成为小孩子探寻知识的动力。我们从始至终都要能够分辨，哪一些倾向是自然而然产生的，哪一些倾向是从偏见而来的。有一种求知热的出现，完全是因为想让别人把他当作一位学者来尊重，而另一种求知热的出现，是因为人对所有在现阶段或将来和他密切相关的事物都有一种天然的好奇心。一方面，人类生下来就有寻求幸福的渴望；另一方面，这种欲望又无法得到彻底的满足，因此我们不得不持续不断地找寻满足自身欲望的新办法。这就是好奇心的第一根源。这个根源是自动在人心中出现的，但它的发展一定是和我们的欲求以及知识成正比。因此，在所有孩子学习的东西中，需要摒弃那些与我们天然的兴趣不相符的东西，并且要将学习的范围限定在我们的本能让我们去找寻的知识内。

到自然中去

我们应该将我们感知到的东西变成概念，不过不要从感知的对象一下子跳跃到思维的对象。我们要通过前一种对象抵达后一种对象。刚开始的思维活动纯粹是由感觉指导的。孩子最早在读书时并没有运用思想，他只是在读书，而不是在受教育，只是学习了其中的文字和句子。

因此，先让你的孩子去观察大自然，很快他就会变得很好奇。但是，为了激发他的好奇心，不要匆忙地去满足他的好奇心。你提出一些他能够理解的问题，让他去思考、回答。一定要做到：他了解一些事物并不是因为你告诉了他什么，而是因为他自己的理解力。不要教他各种各样的学问，让他自己去探索和发现学问。在他心里，如果你用权威代替了理智，那么他就不会再去运用他的理智了，他的思想会被别人的意见影响。

在一个美丽的傍晚，我和爱弥儿去一个僻静的地方散步。我们在那里可以通过辽阔的地平线看落日的景观。我们仔细地观察了那里的景物，方便我们记住那个地方。在第二天，为了呼吸一口新鲜的空气，我们在日出前就去到那里。太阳还未出来，我们已经在远处看到了它的光。那光越来越明显，好像要将整个东方点燃。阳光迸发后，我们等了很长时间也没有看到太阳，在每个时刻我们都以为它快要出来了，直到最后我们才见到了它。我们又眺望了自己住的地方，看到它们已经变得非常漂亮了。经过一晚的休息，绿茵又焕发了新的活力，在黎明的照耀下，初升的太阳给它镀了一层金边，露珠像一片亮晶晶的网将它罩住，将它的色彩和光芒映照在人们的眼中。鸟儿在合奏一曲，它们鸣啭的声音很弱，但是一天之中也只有这个时候的歌声是最柔美动听的，从睡梦中甜蜜醒来的困意随着歌声流淌出来。所有的这些情景交融，给我们带来一种沁人心脾的清新感。在这半小时的时间里，我们俩都对大自然心驰神往。面对这样美轮美奂的景色，没有人可以无动于衷。

父母心情澎湃，他们想把自己的感受传递给孩子，以为让孩子留意那些碰触情感的地方，就能让孩子有同样的触动。这纯粹是一种很傻的想法！自然美景的生命是存在于看的人心中的，要想理解它，就要对它有所感悟。孩子看到了各种各样的景物，可他无法看出各种景物之间的关系，他无法理解它们优美的和谐。要想感知这所有感觉综合起来的整体印象，就要有一种他至今还没有获得的经验，就要有一些他至今还没有过的情感体验。如果他从未在干燥的原野上奔跑，如果他的双脚从未被滚烫的沙石烫伤过，如果他从未感受过被阳光照射的岩石反射出的让人窒息的热气，他又怎么会觉得那美丽的清晨特有的空气是如此清新呢？花儿的芳香、叶子的美、露珠的湿润、在草地上柔软地行走，所有这一切怎么会让他有酣畅淋漓的感觉呢？如果他从未有过甜蜜的爱情和享受，小鸟的歌声又怎么会让他陶醉其中呢？如果他的想象力还无法向自己传达那一天的快乐，他又如何能够带着愉悦的心情去观看那绝美一天的诞生呢？最后，如果他不知道是谁的巧手让自然有了这些装饰，他又如何能够欣赏自然的美景呢？

激发学习的欲望

绝对不能对一个孩子讲他听不懂的话。不要去描绘和形容，不要去激辩，不要咬文嚼字，不要引经据典，现在还不是谈论感情和风趣的时候。说话要简洁明了，要保持冷静。说另一种形式的话，现在的确是太早了。

如果按照我的准则来培养孩子，让他习惯自己去制作他需要的所有工具，只有确切地知道自己确实办不到时才能向别人求助，那么当他每看见一种新事物时，就会不动声色地细心观察。他喜欢思考，但是不疑心。所以，你可以在时机成熟的时候让他看见一些事物。在此之后，当你看见他的好奇心已经被完全激发，就可以向他提一些简单的问题，引导他去解答他在心中存疑的地方。

拿上面的事例讲吧，当你和孩子一起仔细地观赏了旭日初升之后，你让他特别注意观看东方的山和附近的景物，并让他随便谈一下日出的景观后，你就短暂地沉默一下，仿佛是在深思，然后你告诉他："我记得昨天晚上太阳是从那里落山的，但是今天早上却在这里升起。这是怎么回事？"不要说得过多，如果他向你提问，你也不要回答，将话题转移到别的地方。问题留给他自己解答，一定要让他学会思考。

为了让一个孩子养成凡事留心的习惯，将某个显而易见的道理铭记于心，就需要让他花几天心思在那个道理上，将它弄明白。如果用这样的方法还是不能将上面提到的关于日出的事情弄明白，我也有办法让这个道理更容易被他理解，这个办法就是将问题反过来问他。如果他不明白太阳是如何从落下到升起，至少他应该了解它是如何从升起到落下的；这个问题，他仅凭眼睛去看就可以。所以，你可以用后面这个问题去解释前面那个问题。除非你的孩子非常蠢，否则这样绝对可以让他直接得出一个答案。用这种方法，他就上了第一堂宇宙学的课程。

补充一点，只有当你无法让他看到一个东西，你才可以用符号去代替那个东西，因为孩子的注意力容易被符号所吸引，让他忘记本来的那个东西。

学习的方法

我们从未将自己想象成一个孩子来揣摩过他们的心思，我们不了解他们的思维，我们把自己的想法当成他们的想法。并且，因为我们一直在按照自己的想法教育他们，因此，当我们告诉他们一系列真理时，同时也将很多荒唐和错误的东西灌进他们的头脑。

有时，对于同样的研究课题，我们可以分析，也可以综合，在孩子觉得应该使用分析法时，你却用综合法来引导他。同时采用这两个方法，可以用来相互验证。同时从两个对立的地点出发，经由不同的路线，最终交织在一起时，肯定会让他大吃一惊，这样惊奇的体验让人非常愉快。

爱弥儿的地理课一开始讲的两个地点，是他居住的城市和位于乡间的别墅，之后是这两个地方之间的村镇和附近的河流，最后才讲的太阳和定位法。这里就是交汇的地方。让他自己把所有这些画成一幅非常简单的地图，刚开始只画两个地方，然后当他能够估计或者算出其他地方的距离或者位置时，才逐一把那些地方画在地图上。你现在就可以看到，我们是在教他将自己的眼睛当作罗盘，这也给他提供了一个很好的工具。

尽管如此，你还是要给他一些指引的，但是很少的指引，少到让他无法看出。如果他出错了，就让他错，不用去修改。你安静地等待他自己去发现和修正，或者最多也只能在适当的时候画几笔，帮助他自己找出错误来。如果他始终没有犯错，他就不会学得很好。除此之外，问题的关键不在于让他准确地画出那个地方的地形，而在于让他学会如何画。他头脑中是否记得一些地图不重要，只要他知道它们代表什么就好，并且对绘制地图有一个明确的概念就可以了。

你要始终谨记，我所主张的教育，其精髓不是想要教孩子多少东西，而是让他在头脑中形成正确又清楚的概念。就算他什么也不懂，那也没关系，只要他没有受到欺骗就好。我将真理灌输进他的头脑中，是为了不让他的心中装满谬误。理智和判断力的发展是很缓慢的，但是偏见却可以大批量产生，尤其需要防备的就是各种各样的偏见。当我看到一个热爱知识、陶醉于知识的美中，学了一门知识紧接着又学习另一门，片刻也不停息的人时，我就觉得，我看到的这个人就好像沙滩上捡贝壳的孩子，刚开始看到一些贝壳就去捡，后来看到其他的贝壳时又想去捡，扔了一些又捡了另一些，最后捡了一大堆贝壳却不知道选哪个好时，只好把它们全都扔掉，空手而归。

因此，试图把一个孩子培养成一个很有学识的人，真的是一种奢望。所以，重要的不是教给他各种学问，而是培养他对学问的兴趣，并且在这种兴趣发展的时候，教他研究学问的方法。毋庸置疑，这是所有良好教育的一个基准。

自主式学习的关键

要让一个孩子逐渐养成对一个事物持久关注的习惯，但这种关注的产生不是因为我们强迫他这样做，而是因为他有那样的兴趣或愿望。尤其要注意的是，不要因为这个加重他的负担，以至于让他厌烦。因此，要时刻注意，无论如何，当他快要感到困倦时，停下一切事情。因为问题不是让他学多少东西，而是别让他做违背自己意志的事情。

如果他自动问你一些问题，你看如何能引起他的好奇心就如何回答，不要去思考怎样满足他的好奇心。尤其当你发现他不是因为求知而问问题，只是胡乱地问你一大堆不着边际的问题时，你应该立马停止作答，因为此时他心里想的不是你们正在讨论的事情，而是如何用很多的问题来麻烦你。要注意的是，关键不是他说了什么，而是让他这样说的动机。

毋庸置疑，一个人自己形成的对事物的看法，肯定会比从别人那里学来的观念要清楚很多。并且，这样做除了不让他自己的理智形成迷信权威的习惯，还能让自己更善于发现事物之间的关联，将自己的思想融于其中，创造出属于自己的工具，不至于人云亦云，在不动脑子的状态下拉低自己的智商。自己不动脑筋，就好比一个人每天都有仆人为他穿衣穿鞋，出门就是骑马，最终让自己的四肢失去力量和用途一样。我们在很多加速科学研究的好办法中，最需要的方法就是：如何在科学研究中多下功夫。下功夫的研究有明显的好处，那就是，在用心研究的同时，他的身体也在活动，四肢变得柔软，双手持续劳动，等年龄稍大一点儿时就可以灵活运用。

在探求自然法则时，要一直从最普遍和最明显的现象探索起，要时常教导你的孩子不要将现象当作学习的原因，而是要当作事实。我拿起一块石头，假装想把它放在空中，但是我一松手，石头就掉了。我看见爱弥儿在观察我的动作，因为我问："这块石头为什么会掉呢？"人们都会说，因为它太重了，所以就掉下去了。"什么叫作太重它就要掉下去？这么说，石头会掉下去是因为它想掉下去？"问到这儿，这位小物理学家被难倒了。就这样，他上了第一节理论物理课，无论这一课对他是否有好处，这也是一个必须知道的常识。

用提问的方法引导孩子学习

孩子的需求

随着孩子智力的发展，有些重要的问题让我们不得不对他学习的内容进行多样化的选择。一旦他能够自行决定如何才能收获属于自己的幸福，一旦他能够理解一些重要关系，从而可以判断出哪些东西对他有用、哪些没有用时，他就拥有了分清工作和游戏的能力，他就会把游戏当作工作的消遣了。这时就可以让他去研究一些真正实用的东西了。你要要求他不光要像做简单的游戏那样全神贯注，并且还要能够坚持下去。需求的法则总是反反复复出现，它在很早的时候就教人们做他们不喜欢做的事情，以免他们会遇到对自己不利的事情。这就是有远见的好处。这种远见如果运用得当，就能让人变得睿智；如果运用不当，就会让人吃苦头。

我反复说过，只有有形的东西才会引起孩子的兴趣，尤其是那些还没有被我们的虚荣心浸染过、没有被我们的偏见毒害的孩子更是如此。

虽然他们尚未察觉，但是已经有预感他们有什么样的需求时，他们的智慧就已经有了很大的进步，他们也对时间的价值有所了解。所以，重要的是，让他们养成习惯，把时间花在有用的事情上。所谓“有用的事情”是指根据他们的年纪来看对他们合适且理解起来不难的事情。我们愚蠢的地方在于，我们强行想让他们将注意力放在人们泛泛地说对他们幸福有帮助的事情上，但是那幸福是什么样的，孩子无从知道。人们还说，等他们长大了就可以从那些事情中得到裨益，但是现阶段孩子对这些所谓的裨益没有任何兴趣，因为他们完全不了解它。

当你经常要求他做他的智力所不能及的事情，你觉得你是在为未来做打算，事实上你没有了解为未来做准备的意义。你为了用一些他可能永远也用不到、徒有虚名的工具去装点他，你却没有让他使用常识这一人类的万能工具。你期盼他小时候温柔顺服，这无异于让他长大后成为人人都可以欺负的老实人。你不停地告诉他："我让你做的每一件事都是为了你好，但你不懂得这一点。我的话，你听还是不听，和我有什么关系？你做的这些事情只对你自己有益处。"你以为他听了这样一番话，就会变聪明吗？实际上，你是在为空谈家、骗子、恶人还有种种狂人铺平道路，以便他们将来也用这样好听的话引别人上钩或者跟着别人干坏事。

问题是，你为什么非要他放弃适合他现在学习的东西去学他还不适合学的知识呢？你或许要说："等他用得着的时候，哪里还有时间学？"是否有时间学我不清楚，但据我所知，想要提前学习是不切实际的，因为经验和感觉才是我们真正的老师，每个人只能根据自己所处的环境来清楚地判断哪些知识适合他。孩子是知道自己要长大成人的，他对成人或许会有各种各样的想法，对于他来讲，那就是受教育的原因。但孩子对成人这种状态无法理解的地方，就一定不要让他知道。

学会提问

当我们能够让孩子理解"有用的"这个词的意思后，我们管理他的办法便又多了一个，因为只要他认为这个词对他那个年纪的人来说有意义，只要他能认识到它与他现在的利益有关系，他就会对这个词印象深刻。

"这有何用？"这句话从这时起就有了神圣的意味，我和爱弥儿之间生活的一切都将由它来确定。当他问我问题的时候，我就会用这个问题来回答他。如果孩子是为了对周围的人运用某种权威而不是为了求知，因此总是莫名其妙地用一些问题来烦我们的话，我们就可以用这个问题来制约他，让他不要再问一些没头没脑的问题。对于孩子，如果我们非常有针对性地对他进行教育，除了学习有用的东西，其他的都不学，那他问问题时就会像苏格拉底一样。如果他自己没有找到理由，他就不会来问你，因为他明确地知道，要想让你回答他的问题，他必须说出他问那个问题的原因。

另外，你必须知道，不能是你来告诉他要学习什么东西，而是让他自己决定想要学习什么和研究什么。你的任务就是想方设法地让他去了解那些事物，让他产生学习的意愿，想办法帮助他实现他的愿望。这样一来，你不应该问他太多问题，必须谨慎选择了再问。

除此之外，只要他能够很好地理解和利用他学到的东西，那他究竟要学什么都无关紧要。如果你无法很好地解释他提出的问题，最好一句话也别说。此后，你稍微留心一下，快速找到机会让他学到的东西对他起到明显的作用。

我记得，我曾经想让一个孩子对化学产生兴趣，就把几种金属的沉淀物给他看，然后向他解释墨水是如何做的。可是，就在我进行着这种非常有难度的讲解时，这个孩子突然拿出我教给他的问题来问我："这有何用？"我当场被弄得非常尴尬。

稍加思考之后，我想到一个方法：我让人去主人的地窖里拿一点儿酒，然后又到一家卖酒的铺子买了八分钱的酒。我在一个小的长颈瓶里装了些不易挥发的碱性溶液，然后把装着不同酒的玻璃杯放在面前，对他说：

"有人通过掺假让有些食品变得比原本的样子更好看。这种办法可以蒙蔽你的眼睛，骗过你的舌头，并会对你的身体造成伤害。而且，这种掺了假的东西，虽然样子美观，但是事实上它们比真实的质量差很多。

"饮料最容易掺假，酒更是容易，因为在这些东西中掺假不好识别，并且利润很大。

"现在，这里有两种酒，如果其中一种酒里被加入氧化铅，我们也看不出来，因为酒里面的酸会将氧化铅溶解在酒里。我如果倒一点儿碱性溶液，它可以和酒里的酸相结合，从而释放出氧化铅。铅一旦脱离了酸的溶解，就会显露出来，让酒变得非常混浊，最后沉于杯子底部。

“如果酒里面没有铅，也没有其他的金属，那么碱性溶液就会慢慢地和酸发生化合反应，溶在酒里面，没有任何沉淀产生。”

然后，我把碱性溶液倒在两个杯子里面：自己家里的酒是澄澈而透明的，可是买来的酒却混浊了一小段时间。一小时过后，我们清楚地看到杯子底部有铅沉淀下来。

“那个杯子里的酒，”我说，“是纯正的酒，可以饮用，但是这个杯子里的酒则是掺了假的，有毒。我之前给你讲关于如何制作墨水时，你问我做它有什么用。现在，你可以用这一知识来分辨哪一杯是纯正的酒，哪一杯是有毒的酒——会制作墨水的人都知道如何辨别酒里面是否掺假。”

我认为我的例子举得很好，可是却发现那个孩子丝毫不感兴趣。我用了些时间来思考，才知道我做了一件很傻的事情：先不说一个12岁的孩子会不会理解我的解释，他也不会将这种实验的好处记下来，因为他尝了下两个杯子中的酒，发现两种酒都不错，因此他根本无法理解“掺假”这个词的意思，虽然我觉得自己已经解释得非常明白了。此外，诸如“不干净”“有毒”这些词，在他的认知里是没有任何意义的。

所有我们不知道其中内在因果关系的事物，和我们对其没有任何概念的善恶，以及我们从未感觉到的需求，对于我们来讲都毫无意义，因为它们是无法引起我们的研究兴趣的。非要一个孩子明白你教给他的东西非常有益，这样做很容易。但是，如果你无法让他从心里明白，很难强迫他有这样的信念。平淡地讲述道理，就算能让我们赞同或者不赞同一件事情，也毫无用处，只有欲求才能驱使我们行动起来。可对于我们没有任何兴趣的东西，我们怎么会有欲求呢？

让孩子掌握一门手艺

价值观的培养

当孩子还不懂人情世故时，我们就无法把他当作成年人来看待，因此，为了教育他，成年人的举动就需要像孩子一样。当你认为有什么东西会在他成年后对他有帮助时，你也只能讲他现阶段能够理解的东西。此外，当他开始能听懂道理时，绝对不能让他将自己和别的孩子比较，就算是赛跑时，也不能让他有对手或者竞争者的意识。所以，我宁愿爱弥儿什么东西也不学，也不想让他因为嫉妒或者虚荣心去学习很多东西。我将他每年的进步都记录下来，这样可以和他下一年取得的进步进行比较。我会对他这样说："现在你长高了很多，看一下你去年跳过的沟和搬动的重物。再瞧这边，你去年把一块石头扔了这么远，你一口气跑了那么远……今年，来看看你已经有了这么大的本领了。"我用这样的方式鼓励他，所以他不会对任何人有嫉妒心理。他想超越去年的自己，他是能够做到这一点的，我不觉得他想超越自己的欲求有什么不对。

自然的技术，一个人自己就可以完成，可自然技术的实践会带来工业的技术，但工业的技术，需要很多人合作才能够完成。自然的技术，单独的一个人就可以练习和运用，而工业的技术，只会在社会中产生，并且正是因为对这种技术的运用，社会才成为不可缺少的东西。当所有人只知道身体的需求时，每个人都能够满足自身的要求；一旦有了多余的产品，产品分配和劳动分工就显得无可避免，因为一个人单独工作只可以获得他所需要的东西，但是一百个人合作，就能够满足两百个人生活需要的东西。因此，如果一部分人闲着不做事情，其他人就需要付出更多的劳作才能够弥补那些坐享其成的人带来的消耗。

你跟孩子讲人类的互相依赖时，不要从道德层面去讲，首先必须让他将注意力放在让人类对彼此都有用处的工业和机械技术上。当你带领他从一个工厂走到另一个工厂时，不要让他看到有的人不工作站在一边冷眼旁观，不要让他从工厂出来后对里面的情形一无所知，至少要让他对自己的亲眼所见有所了解。因此，你必须自己动手去劳作，时时刻刻给他树立榜样。孩子劳动一小时学习到的东西，比他听别人讲一天学到的内容都要多。

最实用的技术报酬最少，因为劳工的数量和公众的需求是成比例的，但是大家都需要的艺术品，不能依据穷人付得起的价格来衡量它们的价值。相反，那些没多少实用性的艺术品的价值不过是人们想象出来的，因此它们的价格也体现其一部分价值，因此它们的价格越贵，人们就会认为它的价值越大。富人这样评价这些东西，不是从其用处衡量的，而是因为穷人根本买不起它们。“我一切的财物，都会让世人无比艳羡。”

如果你的孩子也有了这样愚蠢的想法，同时你自己也持有这样的偏见，当他看到你走进一家珠宝店比走进一家锁店显得更加彬彬有礼时，孩子会成为怎样的人呢？如果他在哪里都能发现被抬高的价格和根据实用性定的价格之间的天壤之别，如果他发现东西越有用价格越低，他对于技术的真正价值和东西的实际价格会怎样看待呢？一旦这些观念进入他的脑海中，他将来的教育就很难再开展下去了，因为无论你怎么努力，他都和一般人差不多。

你可以看出来，直到现在我都没有和我的孩子谈起过“人”。如果爱弥儿可以了解我在这方面讲的知识，那他简直聪明极了。爱弥儿尚且不能去明显地感知他和周围人之间的关系，因此还不能通过自己的理解力去判断别人。他唯一可以理解的人就是他自己，但他对自己的理解都不是很完全。

不过，虽然他对自己的认识还不够充分，他的那些认识起码是正确的。他不知道别人处于什么样的位置，但是他清楚自己处在什么样的位置，而且稳固地站在他身处的位置上。我们不是用他无法理解的社会法律去制约他，而是用需求来约束他。现阶段，他仍然是个自然人，我们仍然要用这样的眼光看待他。

在对一切自然的物质和人创造的东西进行评价时，爱弥儿依据的是它们对他的作用以及与他自身的安全、生存和舒适度的明显的关系。所以，在他眼中，铁应该比黄金价值大，玻璃应该比钻石价值大。同样，与所有欧洲的珠宝匠比起来，他认为鞋匠和泥水匠要更值得尊敬。尤其是制作面包的师傅，在他心中占有相当大的分量，他宁愿用整个法兰西学院去交换一个龙巴德大街的小小糕点师傅。

我们有一个既不偏离自然又很公平的顺序：将能够独立完成的技术排在前面，那些需要很多其他行业帮助才能完成的技术排在后面。但在世人的心中，这个顺序恰好是反过来的，这样一来，生产原材料的技术几乎都为人们所轻视，挣不着多少钱。而原材料越是经过加工，那些最后将其加工制造成成品的人挣钱就越多，并且得到人们的尊重。但是，每一种东西，运用得最广、技术又独一无二的毋庸置疑都会受到尊重。如果一种技术完全不需要其他技术支撑，我们当然会认为它比那些依赖性很高的技术要好得多，因为它最独立，而且几乎能够独立完成。这才是对技术和劳动真正的评价标准，其他所有的标准都是随意的，会被人的偏见影响。

技能的培养

我非常主张爱弥儿学习一门手艺。我希望他做鞋匠而不是做诗人，我希望他去修马路而不希望他在瓷器上画花。“但是，”你可能会说，“警卫、密探和刽子手也是有用处的啊！”如果不是因为有政府，这些人没有丝毫用处。慢着，我说错了。你所选择的职业只是有用是不够的，做这种职业的人还要避免养成一种丑陋的、性情乖戾的心灵。

我们应该从这种原则出发为爱弥儿选择职业，或者确切地说，不是让我们来替他选择，而是让他自己根据上面的原则来选择职业，因为他所遵从的原则会让他很自然地轻视那些无用的东西。他不会愿意将时间花费在没有意义的工作上，他要通过事物的真实用处去理解它们的价值。他学习的手艺，必须是在荒无人烟的岛上也可以用得着的。

当我们把自然的产品和艺术作品一件件呈现给孩子看时，当他的好奇心被我们激起时，我们要注意他的好奇心是朝着什么方向发展的，这样就可以对他的兴趣爱好、倾向进行研究，可以发现他的天赋闪现的第一道火花，如果他的身上真的有什么天赋可言的话。但是，你需要防止一般人都会犯的共同错误：将机会的影响误认为是才情的迸发，把人和猿类都会有的模仿心理当作各种各样的艺术倾向。因为事实上，这种模仿心理是让人和猿类无意识地做他们看见别人做的动作，但他们对那种动作的用途丝毫不了解。这个世界上有很多工匠，艺术家更是数不胜数，他们根本没有自己所从事的那种艺术的天分。他们之所以会从事一种职业，是年幼时期或者受别的习俗的影响，或者是因为一时的冲动，但是这种冲动的热情也可以让他们从事其他的职业，如果他们当时看见有人在从事别的艺术的话。因此，他们如果当时听见了鼓声，他们会想着要当将军；看到人家在修房子，他们会想着当建筑家。当人们看到其他人从事一门职业，如果他觉得从事那种职业的人是受人尊重的，那么他就会受到引诱。

在这里，我们或许太过强调选择一门职业的重要性了。既然说的只是选择一门手艺，那么这样的选择对爱弥儿来说不费吹灰之力。到目前为止，我已经给了他各种各样的锻炼，他当学徒的日子已经过去了多半。你让他干什么活呢？他无所不能：他会用铲子和铁锹，会用车床、锤子、刨子和锉刀，每一种手艺需要使用的工具他都很熟悉。现在，他还要学着将这些工具中的一种运用得更加熟练，这样稍微一努力就能赶上那些善于使用这种工具的工人。在这个问题上，爱弥儿具有谁都没有的优越条件，那就是以往的体育锻炼使他身段灵活、手脚麻利，能够毫不费力地做出各种姿势，就算长时间做某种动作，也不会觉得费力。除此之外，他的所有器官都是健康的，并且锻炼有素，还懂得各种技术的机械原理。为了成为一个干活的好手，他欠缺的只是经验，而经验只要花时间就能够获得。我们来选择一下，在各种职业中，他应该在哪一种职业上花足够多的时间去干呢？这就是现在的问题所在。

让大家都有适合自己的职业，让青年人有适合自己年龄的职业。我不许我的爱弥儿选择不正当的职业，即便挣的钱再多也不行。但是，我不会阻止他去做艰苦的职业，甚至做危险的工作，我都不会加以阻止。

年轻人，你要学着用有力的臂膀去使用斧头和锯子，学会做大梁，学着爬到房顶上去安放横梁，学着用支柱和细梁将它装得很牢固。然后，就像你的姐姐会叫你帮她做饰边一样，你也叫她来帮你干活。

无论是谁，如果他不好意思在众人面前手持斧头、系着皮裙干活，那么我觉得，他这个人就是舆论的奴仆，一听到别人嘲笑老实人，就会对自己做的好事也感到害羞。只要是对儿童无害的，我们就不要让步给人类的偏见。为了尊重所有人从事的职业，并不需要全部学会，只需要我们不要有轻蔑的态度就可以了。我们在进行选择，又没有什么东西牵制着我们，我们为什么不想想，在同类职业中，我们的兴趣爱好和倾向更适合什么工作？最后，我之所以不喜欢那些毫无趣味性可言的职业，是因为从事这种职业的人普遍没有上进心，几乎像机器人一样，双手只会做那一种活。让一个聪明人去织布、织袜子、磨石头有什么好处？做这些工作的人，无异于使用另一种机器的机器而已。

爱弥儿的技能

经过深思熟虑之后，我觉得我最喜欢同时也最适合爱弥儿的兴趣爱好的工作是木工。这种工作干净而且实用，可以在室内来做。它让人的身体有足够的运动量，从事这种职业的工人既要有技术又必须勤奋。木工做出来的产品虽以实用为主，同时也可以做到很雅观。

如果你的孩子确实有做科学研究的天赋，我觉得你给他选择一门适合他爱好的工作也无可厚非，比如让他制作数学教具、眼镜和望远镜这类东西。

当爱弥儿学习他的职业时，我也想和他一起去学，因为我坚信，只有我们两个一起学，他才能学得好。我们两个人都去当学徒，我们不想别人把我们当绅士看待，而是当作真正的学徒来看待。我们去当学徒，不是为了好玩，我们为什么就不能踏踏实实地当学徒呢？沙皇彼得在工厂里当过木匠，在自己的军队里当过鼓手。你难道觉得从出身或成就上来讲，这位皇帝还不如你吗？

可惜，我们不能在工厂里花去我们全部的时间。我们不仅要学习当工人，还要学习做人。做人的学徒生活要比当工人更为艰苦和漫长。我们该怎么办？我们像你跟舞蹈老师学习一样每天跟刨木师傅学习一小时吗？不，我们不是要学习木匠的手艺，而是让我们提高到木匠的身份上去。所以，我建议每周至少到师傅家里去学习一到两天，他起床的时候我们也起床，我们在他眼皮子底下工作，在他家吃饭，按照他的吩咐去做。在和他的家人吃过晚饭后，如果我们愿意，可以回到自己家里睡硬板床。我们要一下子学会好几种职业，在学习做木工活的时候也要重视其他的学习，就应该采取这样的方法。

做正经事情时，我们的心应是淳朴的，不能因为和虚荣心斗争，让虚荣重又回到自己的心中。因为打败了偏见就骄傲，这相当于屈服于偏见。因此，贤惠的母亲，你要特别提防别人跟你说的一番鬼话。就算你的儿子知道的东西已经很多了，你也不要相信他所了解的那些。我不对爱弥儿讲那些虚伪的话，不要他在表面上，而要他在实质上真正具有那种资格。我不必说他已经懂得，并要他自己去学习。让他去做他拿手的东西，但是不要称赞他是做那种东西的名师。让他通过作品去体现他的工人角色，而不是在名义上。

如果截至目前，大家能够知道我是如何让我的孩子养成锻炼身体和用双手去劳动的习惯的同时，悄无声息地培养他喜欢反复思考的性格，从而可以消除他因为漠视别人讲的话和因为自己心绪的怠惰而出现的不用心的样子。他一定要像农民那样去劳动，像哲学家那样去思考，才不会像愚昧无知的人那样过日子。教育的最大秘密是：让身体锻炼和思想锻炼互为调剂。

不过，我们不要提前将那些需要更加成熟的心智才能理解的东西拿去教育孩子。爱弥儿当了工人后，很快就体验到了他刚开始只是偶尔见到的社会上的不平等现象。他可以理解我教给他的那些准则，因此他日后会用那些准则来检验我。因为完全是我一个人在教育他，他曾经看到过穷人的处境，因此他想知道为什么我不太像一个穷人。或许他会突然来问我一些不好作答的问题："你有钱，你告诉过我这一点，我也看出来了。既然有钱的人也是人，那就需要为社会工作。你来说说，你都为社会做过什么工作？"这个时候，我就需要用我们的工厂来为我回答这个问题。"亲爱的爱弥儿，你的问题很好。你可以自己找到一个令你满意的答案，我也愿意为我自己回答这个问题。我可以尽量做到将我多余的力量献给你和穷人，我每周做一张桌子或者凳子，省得成为一个对人没有用处的人。"

这样，我又把问题引到自己身上了。我们的孩子对自己有了意识之后，就是他快要脱离懵懂状态的时候。此时，他比以前对各种事物要更加依赖了。我在锻炼他的身体和感官的同时，又锻炼了他的思维和判断力。这样，我就帮助他把肢体的运用和智力的运用结合在一起，训练出了一个既有动手能力又有思维能力的人。为了让他成为这样的人，我还要教育他，让他成为和蔼可亲、知晓事理的人，简言之，就是用情感来让他的理性日趋完善。

>>>第四章
性教育与情感培养

Émile

保护童真

洁身自爱

欲求是人类赖以生存的重要工具，所以如果尝试着将其扼杀，着实是在做无用功，而且荒谬可笑。这就好比想要控制大自然，改变上帝的旨意一样。人类的欲求是上帝赋予的，倘若他想扼杀它，则说明他既想要人类生存下去，又抹杀了这种可能性。这么做，无疑是自相矛盾。

因此，我觉得，那些想将欲求扼杀，尝试着将欲求连根拔起的人都是很傻的。如果有人以为我之前是为了达到此目的而采取的各种教育方法，那是对我极大的误解。

但是，如果我们知道人会有欲求是由其天性决定的，我们是否可以推断出，我们自身的感觉以及所看到的周围的事物都是自然而然产生的吗？的确，它们都是来自自然，不过当成百上千条外在的溪流融入这个源头，使之变得充盈、壮大，成为一条大河，我们再想从中找到最初的源头实属不易。我们自然而然的欲求不是无穷无尽的，它们只是帮助我们实现自由的途径，让我们能够继续生存下去。一切驱使我们和摧毁我们的欲求都来源于别处，我们并不是从自然那里得到这样的欲求的。我们自作主张将其变成我们的欲求，这是违背它的初衷的。

我们所有欲求的初衷和本源，唯一一个和人类一起存在而且不离不弃的基本欲求，就是洁身自爱。它是最初的、存在于人类的心灵深处、超越其他所有欲求的需求。不仅如此，从某个方面来讲，所有其他的欲求都只是它的延伸。从这个层面上来讲，如果你能够接受，就可以承认，一切欲求都是自然而然的。不过，绝大多数延伸都是有外因作用的，如果没有外因推动，就不存在这些延伸。这些延伸对我们百害而无一益，它们改变了初衷，违背了它们自身的原理。人类就是这样自相矛盾，与自然背道而驰。

洁身自爱一向都是对的，也符合自然界的规律。因为我们每一个人都有保护自己的神圣使命，所以我们的首要任务是而且必须是始终关爱自己。如果一个人失去了对自己的兴趣，那怎么能够要求他去关爱生命呢？

所以，为了生存下去，我们需要洁身自爱，我们要爱自己胜过所有其他的东西。与此同时，这也会让我们爱护帮助我们维持生存的人。每一个孩童都爱他们的母亲。在刚开始的时候，这种爱完全是不由自主的。谁能给我们带来幸福，我们就爱谁；谁给我们带来伤害，我们就恨谁，这完全是受本能支配的。让这种本能转化为情感，让依赖变成爱，让讨厌变为恨，是别人展现给我们的生存目的。这种目的或有害，或有益。感觉不灵敏的人，只有在受到刺激的时候，才会有所反应，所以对于他们，我们是不存在喜恶的。但有些人，因为其自身的内在习惯和信念，可能会给我们带来好处，也可能会给我们带来伤害。因此，当我们发现，他们在倾其所有帮助我们或者伤害我们时，我们也会向他们展现同样的情感。对于帮助我们的人，我们会不远万里去找寻；对于对我们有恩的人，我们会爱他；对于给我们带来伤害的人，我们避之不及；对于那些想要伤害我们的人，我们唯有憎恨。

孩童最初的情感就是爱自身，从最初的情感延伸出来的第二个情感，就是爱身边的人。这是因为，当他还处于襁褓之中，他对人的认识主要是基于身边的人给予的关心和爱护。在最初，他对自己的母亲和保姆所产生的那种依恋之情，只是出于习惯。当他需要她们的时候，就会寻找她们，当他找到她们，就能够得到安慰。这是最基本的人类共识而非亲情。过了很长时间，他才了解到，她们不仅爱护着他，还乐于帮助他。只有当他明白了这一点，才会爱上她们。

因此，孩童对人的亲近感是自然形成的，因为他认为人们是为了帮助他才接近他的。用这种方式，他养成了爱他人的习惯。不过，伴随着他的需求越多，利害关系越多，越来越依赖别人，无论这种依赖是被动的还是主动的。他逐渐认识到他和别人之间的关系，进而认识到他自己的职责和喜恶。这个时候，孩子就会变得傲慢无礼、爱猜疑，想要欺骗和报复别人。如果我们强迫他按照我们的意愿行事，因为他不知道我们的用意何在，因此他会觉得我们太过偏执，是故意为难他，故而他便要抗争。如果我们总是顺他的心意，一旦我们违背他的意愿，他就会大发雷霆。

洁身自爱的对象是我们自身，因此一旦我们的需求得到满足，我们就会感觉开心。可是，我们会被自私自利的心理驱使去同别人比较，所以永远不会感到满足，因为自私会让我们眼中只有自己没有别人，而且还理所当然地认为别人都应该先关心我们，可这是不可能的。由此可见，只有洁身自爱才能成就温良的品性，自私自利则会造就偏执猜忌的性格。因此，一个人的欲求越少，他的本性就会越善良，而且不会凡事与他人做比较。相反，如果一个人的欲求多，且偏听偏信，那么他必然会成为一个彻底的坏人。依据这一点，我们不难发现如何对孩童和成人的欲求因势利导。的确，因为他们不能一直那样独自一人生活，因此让他们一直保有善良的心不容易。这种不易势必会随着他们利害关系的变化而变化，况且还有社会上的一些因素，因此，从这个方面来讲，我们必须采取有效的方法和手段，以防在新的欲求驱使下人心自甘堕落。

童　真

人类应该研究自身与他人之间的关系。在一个人还小的时候，他只能通过肉身来认知自己，此时他应该根据周围的事物来研究自己。而当他从精神层面对自己有一个认知的时候，他应该根据自己和他人之间的关系来看清自己。他需要终其一生来进行这一研究。

我们总是想要得到我们喜欢的东西，但是爱必须是相互的。如果想要得到别人的爱，首先需要让自己变得可爱。为了让别人对自己偏爱有加，那就应当让自己显得尤为可爱，至少要让自己喜欢的人觉得自己和别人是不一样的，可爱得无以复加。所以，人必须先关注和自己相似的人，和他们进行比较，和他们比赛，和他们一争高下。人那颗感情满满的心需要一诉衷肠，所以友情显得很必要。当一个人喜欢上被人爱的感觉，他就会想要得到所有人的爱。如果不是因为有诸多不满，没有人愿意产生偏爱。伴随着友情的诞生，随之而来的是矛盾、敌对和仇恨。在形形色色的欲求中，我看见偏见的产生，它就像一个坚不可摧的宝座，驽钝的人在它的支配下，竟然毫不保留地根据他人的意见过自己的生活。

了解了这些观念，你会发现认为自尊心是天生的这种想法就是从那里来的。你还会发现洁身自爱不会变成绝对的情感，而会在伟大的人心中成为一种骄傲，渺小的人心中成为一种虚荣，让所有的人都不会停止损害别人的利益，满足自己的需求。骄傲和欲求并没有扎根在刚出生的婴儿的内心深处，因而不可能就那样自己产生。实际上，正是我们将这些观念植入他们内心的。并且，如果不是我们自己有错误，这些欲求也不会出现在他们的心里。可是，对于孩子来说，情况就不一样了，无论我们多么努力，这些观念都会在他们心中生根发芽，所以是时候改变了。

我先在这里对重要阶段的几个关键问题加以阐述。一个人长大成人，并不完全是遵照自然的安排度过的，每个人的变化因自身的气质而异，根据民族的风土人情变化而变化。大家知道，在这个问题上，炎热地区的人和寒冷地区的人之间的差别是很大的，生性急躁的人要成熟得早一点儿。不过，人们对这其中的原因可能会有误解，错把精神层面的原因当成物质层面的原因，这是当代的哲学家经常犯的错误之一。自然的教育开展得要晚一些、慢一些，而人类的教育则有点儿操之过急。大自然的教育是通过身体感受来唤醒想象力的，人类的教育则是通过想象力来唤醒身体感受的。它在身体感受还没有成熟的情况下就让它活动起来，这样做必然会损伤元气，让身体变得虚弱，更有甚者可能会削弱一个种族。

孩童有着特殊的聪慧，可以从一个民族端庄的外表中看到掩盖其中的所有不良风俗。人们教他们说的那些中规中矩的话，向他们灌输的为人要本分的训诫，以及用来遮挡他们眼睛的各种各样的神秘面纱，反过来激发了他们的好奇心。很明显，根据你们的方法，你们故意抢夺了孩子对某个事情的知情权，然后又让他们知道那件事情。在他们从你们那里接受的许多教育中，对这种教育他们理解得最为透彻。

根据经验可知，这样的做法很愚蠢，它在很大程度上加快了自然的作用，破坏了人的气质。这也是城市人口衰退的重要原因之一。年轻人的精力很早就消耗殆尽了，所以长大以后，他们也是又矮又小、身体柔弱、发育迟缓。他们还没有成长就已经衰老，就像你们种植的葡萄在春天就结出果实，在秋天到来之前就已经枯萎、死掉一般。

虽然品行端正是人类的本性，可是小孩子是不会明白这一点的。只有当他们知道了罪恶的时候，才明白品行端正的重要性。因此，当小孩子还没有而且不应当对罪恶有所认知的时候，他们怎么会根据这种知识认识到要规范自己的言行呢？如果我们告诉他们要品行端正、为人诚实，这相当于告诉他们有些事情是可耻的、不诚实的，相当于鼓励他们去了解这些事情。他们早晚会了解这些事情的，只要一丁点儿火花就能点燃他们的想象力，他们的感官也会因此加速运转起来。但凡有羞耻之心的人都有犯罪的本领，而一个真正天真的人无论对什么事情都不会有羞耻之心。

孩童还不具备成年人的那些欲念，但是和成年人一样，他们也容易被那些有损感官的不当行为影响，所以他们是可以接受针对这种行为所开展的良好教育的。我觉得，要保持孩子的童真，只有一个办法，就是他周围的所有人都尊重和保护他的童真。如果不这样做的话，我们对他采取的一切用来控制他的措施都会产生与预期相反的结果。微笑或者眨眼，抑或是不经意的一个手势，都能让他知道我们对他有所隐瞒。只要他看见我们在试图掩盖一件事情，他就会迫切地想要知道那件事情。有学识的人在和孩子讲话时容易咬文嚼字，这样反倒会让孩子觉得大人不想让他知道一些事情，所以跟孩子讲话时不要用过多华丽的辞藻。可当我们能够真正做到尊重孩子的童真时，在和他讲话时就能够很轻松地找到一些适合他听的句子。一些率真的话是可以和天真的孩子讲的，而且他也很喜欢听这样的话，正是这样简单直白的话语可以将孩子危险的好奇心扼杀在摇篮中。在跟孩子讲话时，越是态度诚恳，他越不会猜疑大人在试图隐瞒什么。将粗鄙之话和它们所传达的不好的观念联系在一起，就能浇灭想象力最初的火花。我们不要去阻止孩子说那样的话和获得那样的认知，但是我们要让他潜意识里一想到那些话和认知就觉得讨厌。如果人们自始至终都讲该讲的话，并且用他们喜欢的方式去说，这种直白而天真的说话方式会减少很多不必要的麻烦。

“孩子从哪里来？”小孩子很自然地会问到这个让人羞于启齿的问题。成人是否慎重地对待这个问题，常常会影响孩子一生的品格和健康。一个母亲如果不想回答这问题，同时又避免自己在孩子面前说谎，最简单直接的方法就是禁止他提问。假如我们一开始就让他们习惯在一些无关痛痒的问题上得到我们这样的回答，如果他们对这样不同以往的说话方式毫不怀疑，也许这个方法是有效果的。可是，绝大多数母亲是不会采取这样的方式来回答孩子提的问题的。“这是成年人的秘密，”她可能会这样回答他，“小孩子不可以好奇心这么重。”这样可以帮助母亲轻松解决难题，但是她可能不知道，这样略带嘲弄的回答会刺激她的孩子不停地探索成年人的秘密，并且用不了多长时间他就能搞清楚这个秘密是怎么回事。

起初，一个孩子对某种自然的需求的认识，对他有一种意想不到的神秘影响。而痛苦和死亡会用一层若有若无的面纱遮盖起孩子对神秘影响的观念，因此扼杀了他的想象力，好奇心也受到了压制。因此，我们传达给孩子的想法应该是生孩子的结果而非原因。如果母亲的回答让人想到不好的事情，使孩子继续追问下去势必会将话题引领到让人讨厌的事物和母亲生产时痛苦的样子，那么这样的谈话怎么会让他急着知道孩子到来的原因呢？因此，你可以看出，这种做法既不会扭曲事实的真相，也不会让孩子遭到责备，反过来却给他好好上了一课。

想象与欲求

你的孩子需要读书，因为他们能从书中获取别的地方学不到的知识。如果他们肯耐心钻研，他们丰富的想象力便能在安静的书房中被点燃，而且会越烧越旺。当他们初入社会时，一些粗俗的话会传到他们的耳中，他们会对一些行为印象深刻。你反复告诉他们，他们已经长大了，因此他们看着大人做的一些事情，难免会追问什么时候自己也可以做这些事情。既然他们一定要听别人说的话，那么他们也可以模仿别人做一些事情。他们对家中的奴仆有支配权，因而为了让他们高兴，仆人们不惜牺牲道德标准去迎合他们；一些爱打闹的保姆，在孩子只有三四岁的时候就对他们说一些连最没有羞耻心的女人在孩子15岁时都不会说的话。她们很快就会忘记自己说过的话，但孩子是不会忘记耳朵听到的事情。轻佻的话语为不检点的行为留下隐患，不知廉耻的人让孩子也变得放荡，一个人的秘密正好需要另外一个人来为自己保守。

如果你的孩子平常就只他自己一人，那你就没有什么好担心的，但是他身边的一切都会帮助点燃他的想象力。他会被偏见的洪流冲走，如果想要拉他回来，就需要让他向反方向用力，用情感去制约想象力，用智慧去战胜他人的偏见。人的所有欲求都来自自身的感性，但是想象力可以决定事态的发展方向。所有能够感知周围关系的人，一旦那些关系发生改变，并且当他设想或者觉得另外的关系更适合他时，他就会心动。所有狭隘的人的欲求之所以会成为罪恶，是他们的想象出现错误。当想象出现了错误，即便是天使的欲求也可能会变成罪恶。

现在，让我们来将正确地运用自身欲求的要点进行归纳：第一，既要从全人类的角度也要从个体的角度来认知人与人之间的关系；第二，要根据这些关系来制约内心的所有情感。

可是，人真的可以根据自己的意志按照不同的关系来制约内心的情感吗？如果他可以按照自己的主观意志将想象力集中于这样或那样的目标，或者能够自觉地养成一些习惯，他当然是可以做到的。并且，目前的问题不是关于一个人如何教育自己，而是我们为自己的孩子创造什么样的环境来对他们进行教育。对于我采用的方法了如指掌，就能够让孩子遵循自然的秩序发展，并且明白如何脱离儿童情感培养的那个怪圈。

儿童情感的培养

爱心的发展

受到过某种方式的教育和文化氛围熏陶的孩子，一旦有了将自己受过的早期教育付诸实践的能力，他们便会采取行动，不会守株待兔，而会让这种时刻加速到来。在他还未成熟的时候，他的血液就已经沸腾，不仅如此，在他还未意识到自己有哪些欲求之前，他就已经知道他的欲求要达到怎样的目标。他并不是受到自然的刺激，而是在对自然施加压力，因为它从未教过他用这样的方式来成长，实际上在还未成年的时候，他的思想早就成熟。

自然的进程是缓慢的、循序渐进的，血液慢慢沸腾起来，心思也日趋敏锐，性格逐渐形成。在最初的欲求出现之前，会有一段很长的焦躁时期，长期的懵懂无知掩盖了孩子充满欲求的心。他有所希冀，但是又不知道自己想要得到的是什么东西。血液沸腾得更加猛烈，旺盛的生命力需要释放。他的目光炯炯有神，不停地观察着其他的人，并开始对周围的人产生兴趣，意识到自己并不是生来就要孤独生活的。这个时候，孩子的心灵对人类的爱敞开，明白了什么是爱。

经过细心栽培的孩子更容易感受到的第一个情感是友情而非爱情。他不断成熟的想象力让他首先想到他有一些同类，而后才是性。因此，懵懂无知的时期得到延长，而且另外一个益处就是，不断成长的感性让这个孩子心中埋下了爱的种子。因为在孩子的一生当中，只有这个时候对他的爱护和教育才能起到很大的影响，因此这个益处的意义尤为重大。

我常发现，一个很早就开始自甘堕落、贪恋酒色的年轻人是非常残忍的。性情中的残暴因素让他焦躁、易怒和想要报复，为了达到他想象的目标可以不惜一切代价。他没有慈悲和怜悯之心，为了片刻的欢愉，他可以牺牲自己的父母甚至整个世界。相反，一个在纯真的环境中成长的孩子，因为自然的作用势必会养成温厚和重情义的性格。他的赤诚之心让他不忍心看到有人痛苦，否则就会深受触动。他一见到同伴就会高兴得无法自持，他张开双臂温柔地送上拥抱，同情的泪水从他的眼睛中流出。当他发现自己不能够给别人带来快乐时，他会感到羞愧。当他发现自己冒犯了他人，会觉得非常抱歉。如果沸腾的血液让他变得焦躁和愤怒，过一会儿，你会从他愧疚的神情中了解到他善良的本性。如果别人受到伤害，他会流泪和颤抖，他愿意将自己的血献给别人以作赔偿。当他意识到自己犯了错，便不再生气，他的骄傲会被谦卑所取代。要是别人不小心冒犯了他，只需要在他最生气的时候道个歉，就能让他怒气全消。他可以真诚地弥补自己的过错，也可以诚恳地接受别人的错误，并且原谅他们。

人之所以是群体动物，是因为自身的柔弱。我们爱他人，是因为我们有相同的苦难。如果我们自己不是人，对他人就没有职责。对别人产生依赖，说明自身力量不足。如果我们不需要别人的帮助，我们就不会想要和他人有联系。因此，我们的弱点让我们有了一丝幸福的感觉。不过，我们中有谁知道幸福是什么样子的呢？一个自身力量不足的人即便自己的需求得到了满足，在我们看来，他真的幸福吗？他可能会成为一个郁郁寡欢、孤单的人。我觉得，一个没有需求的人是不会有自己的心爱之物的。我无法想象一个什么都不喜欢的人的生活怎么会有幸福可言。

如此看来，我们爱我们的同类，与其说是因为我们感受到了他们的愉悦，倒不如说是因为我们对他们的痛苦感同身受，因为只有身处痛苦之中，我们才能清楚地看到彼此天性中共同的部分，知道他人对我们的爱是有保证的。如果利益和共同需要能将我们紧密联系在一起，那么感情可以让我们有共同的苦难，并且将我们联系起来。当别人看见一个人的脸上洋溢着幸福，就会对他产生妒忌，而不是爱慕。我们认为他之所以能够快乐，是因为他通过不法的途径获得了并不属于自己的权利。与此同时，我们自私自利的心理会让我们愈加痛苦，因为我们会觉得自己已经不再被这个人需要。可是，有谁看见别人身处囹圄会不同情他呢？从愿望上来讲，谁会不想帮助他脱离苦难呢？我们的心让我们觉得自己就是那个身陷囹圄的人，而不会想到自己是那个幸福的人。我认为，这两种处在不同境遇里的人，受苦人的际遇比幸福人的际遇更能打动我们。怜悯之心会让人感觉甜蜜，因为当我们设身处地地为那个遭受苦难的人考虑时，我们因为自己没有遭遇那样的痛苦感到庆幸不已。忌妒之心会让人痛苦，因为羡慕他的人不仅不能从他快乐的面孔中分享到幸福，而且会因为自己不能那样快乐而感到心痛。我认为，不幸的人可以让我们免受他受过的苦难，而幸福的人则将幸福从我们身上剥夺走了。

所以，如果你想让孩子开始冲动、日趋成熟的情感在心中埋下种子，如果你想让他的性格向善良的方向发展，那就不能让虚伪的人的幸福假象在他心里埋下骄傲、爱慕虚荣和忌妒的种子，不能让他有机会看到宫廷的浮夸和雍容的场面，不能让他去社交场所接触衣着光鲜的人。只有当你能够让他从上流社会的本身出发去了解上流社会时，你才能让他看清上流社会的外在。当他对人们还没有清楚的认识时，就带他进出社交场所，这不是在培养他，而是在带坏他，不是让他受到教育，而是让他受到欺骗。

同情心的建立

人并非天生就是做帝王将相、达官贵人的料，每一个人都是一丝不挂、一无所有地来到这个世界上，所有人都会经历人生的痛苦、焦虑、病痛、缺乏以及其他种种痛苦。最终，每个人也注定会死亡。人生的真正意义就在于此，没有哪个人能够幸免于难。所以，我们在开始的时候，就需要从与人的天性息息相关的东西中构建人性，致力于我们的研究。

孩子知道什么是痛苦，因为他曾经历过痛苦，但是他还不能完全了解别人也一样会经历痛苦。当他看见别人遭受痛苦，但是自己却没有那样痛苦的感觉时，他还搞不清楚别人的痛苦到底是怎么一回事。并且，我说过很多次，如果孩子不能体会别人的感受，他就只知道自己的痛苦。但是，感官一旦发育完全，想象的火焰一旦点燃，他就能够对别人的经历感同身受，为他们的苦恼感到心烦意乱，为他们遭遇的痛苦而感伤。就在这个时候，人类的苦难让一种从未经历过的同情在他心中埋下种子。

如果你不能轻易地从孩子身上看到这一时刻的出现，这又能怨谁呢？是你最先教会他玩味感情，教他说富含感情的话，以至于他说话的时候总是端着一种腔调，用从你那里学来的东西对付你，让你无法知道他什么时候才不会说假话，而是表达自己的真情实感。可是，看看我的爱弥儿吧，他从未动过真感情，也不会说谎。在他明白什么是爱以前，他从不会向任何人说“我很爱你”这句话。我从没有告诉他在父母或者生病的老师面前应该如何表现，我也从没有告诉他如何做出忧愁的表情，即便他心中没有任何忧愁。当人死的时候，他不会假惺惺地哭泣，因为他还不了解死亡是怎么一回事。他的心中没有某种感觉，态度上就不会体现。除了对他自己，其他人他概不关注。有一点不同的是，他不会假装关心别人，他学不来他们的虚伪。

爱弥儿很少思索有感官的生物会有哪些感觉，所以他在很久之后才知道痛苦和死亡是什么。如今，呻吟和流泪已经打动他的心灵，他不敢睁眼看流血的场面。当他不懂得为什么濒临死亡的动物会全身战栗时，我无法想象他亲眼看见肌肉痉挛的情景会是怎样的心痛。假如他仍然懵懂无知，他不可能会有这样的感觉。如果他接受了比较多的教育，他会明白这样的感觉从何而来，但是不足以描述他看到这些场景时的感受。

按照自然秩序，怜悯是第一个让人心灵产生波动的相对的感情，它就这样自然而然地产生了。为了让孩子成为一个富含感情和有同情心的人，就得让他明白，有另外一些同伴也曾经遭遇过他所经历的痛苦，他们可以感受到他曾经有过的悲哀。并且，他还需要明白，别人还有其他的痛苦和悲哀，因为此刻他也有了相同的体验。如果我们无法忘掉自己的躯体，把自己同那个遭遇痛苦的动物等同，设身处地地为它着想，我们怎么会有恻隐之心呢？只有当我们确定它在经历痛苦时，我们才能感受到痛苦。我们之所以感到痛苦，不是因为我们自己，而是因为那个动物。所以，每个人只有在他的想象力足够活跃到让他忘掉自己的时候，他才能被称为一个有感情的人。

为了刺激和培养这种与日俱增的情感，为了让它按照自然的规律得到引导和认知，我们要让一个孩子将心中日益聚积的力量用在那些能让他胸襟开阔、让他关爱他人、让他时时忘掉自我的事物上。如果我们不抹掉那些让孩子心胸狭窄、让他以自我为中心、时时刻刻想着他自己的事物，也就是说，如果我们不督促善良、博爱、怜悯、仁慈以及一切自然形成的让人愉悦的温柔情感在他心中生根，并且不阻止他的心中产生妒忌、贪婪、仇恨以及一切对人有毒的欲求，让这些欲求吞噬他的感情、折磨他，那么我们又能如何？

我认为，我可以将我在上面阐述的观点归纳成三个浅显易懂的原理：

第一，人不会设身处地地为那些比自己幸福的人着想，只会想到那些比自己更需要同情的人。

第二，看到他人痛苦，我们同情的只是自己可能会遭受的那些痛苦。

第三，我们对他人痛苦的同情程度，取决于我们对那个遭遇痛苦的人想象出的感觉。

幸福的源泉

当孩子还不知道如何隐藏自己的心情时，我们每次向他展示一件东西，就能从他的态度、神情和姿势看出他对这样东西的感觉。从他的面部表情可以看出他的心理活动，通过洞察这一活动，就能进一步进行推测，最终对这一活动加以引导。

通常来讲，流血、受伤、哭泣、呻吟、让人痛苦的手术和所有让感官受苦的东西，都可以让人很快紧张起来。当毁灭的场景出现时，人反而会表现得镇定一些，不会那么紧张。死亡的场景要在很久以后才能稍微让孩子有所触动，因为没有谁有过这方面的体验，一定要在看过一些尸体之后，才会了解濒临死亡是一种怎样的痛苦。不过，一旦死亡的形象在我们心中留下烙印，我们会觉得再没有比死亡更可怕的东西了。这时，我们要么因为感官受到这样的刺激而产生被毁灭的念头，要么因为我们知道每个人都不能逃脱命运的安排，所以对这注定的场景尤为惶恐。

这所有的印象，因为每个人都有自己的性格和早已形成的习惯，它们会随着这些因素而变化，在程度上也各有差异，但是每个人都会有这些印象，没有人可以避免它们的产生。有些印象的获得是个比较缓慢的过程，而且只有内心敏感的人才能够获得，这些印象的产生是因为精神上的折磨，以及内在的忧伤、郁闷、烦恼和悲伤的情绪。有些人只会被哭号的声音所打动，他们就算看到一个哀伤满满的人在那里暗自哽咽，也不会有一声叹息，就算看到一张形容枯槁的脸和无精打采、哭都哭不出来的眼睛，也不会为之动容。在他们眼里，内心的痛苦是无足轻重的，他们在心里稍加权衡，觉察不出什么来，他们只知道对人苛刻、歹毒和残酷。他们也许会是正直诚实的人，但绝不会是宽厚仁慈、有悲天悯人之心的人。我说他们也许会是个正直的人，如果一个心狠手辣的人也能成为诚实正直的人的话。

但是，你不要着急用这个标准去衡量孩子，尤其重要的是，不要着急去衡量那些有着良好教育背景、从未有人让他们有过精神痛苦的孩子。因为，我再重申一遍，他们只能同情他们能够体会的痛苦。他们在外表上看着好像冷漠无情，那是因为他们还少不更事，一旦他们认识到人生中还有各种各样的苦痛是他们不曾经历过的，这副冷漠无情的外表立马就会变得富有同情心。说到我的爱弥儿，如果他在儿时真的是无比单纯、善良的话，我相信，长大后，他也一定会心怀仁厚的，因为很大程度上，只有正确的观念才能带来情感上的真实。

现在，让我们来假定有个仅受过一点儿情感教育的年轻人步入社会。他很快就登上了奥林匹斯山[1]，经常出入上流社会。我假设他所到之处都受到大家的欢迎，但我并不知道这样受欢迎对他的理智有何裨益。让人高兴的事情接踵而至，每天他都会爱上新鲜事物，他对一切都兴致勃勃，你对此也很感兴趣。你看他是如此专心致志、全神贯注和充满好奇。你对他赞美的第一个事物留下了很深的印象，并觉得他非常满意。可是，当旁人看到他的精神状态，你觉得他是乐在其中，可我却觉得他饱受折磨。

当他睁开双眼，首先映入眼帘的是什么？许许多多他见所未见、闻所未闻的财产！但是，他只能短暂地接触其中的大部分东西，所以他会觉得，这些东西在他面前出现仅仅是为了让他感到难过，愤恨自己不曾拥有这些东西。当他漫步宫廷之中，他那愁容满面又充满好奇的模样会让你知道，他在暗暗地想，为什么他父母的家没有这般华丽。他的每一个问题都能让你感觉到，他在不停地将自己和那间屋子的主人做比较，一比较他就会觉得耻辱，反感之情油然而生，这也助长了他的虚荣心。如果他遇见一个比他穿着考究的年轻人，我发现他在嘴里不停抱怨，怨他的父母不够慷慨。即便别人没有他穿得好，他也会觉得痛苦，因为他认为和那个人比起来，自己的身份和智商都不如他，因此他的锦衣华缎反而在一件朴素的布衣面前黯然失色。假如他在一群人中间显得鹤立鸡群，假如大家因此对他刮目相看，这个时候，谁会不想打压一下这个纨绔子弟的骄傲气焰？大家会群起而攻之，严肃的人会不安地打量着他，爱嘲讽的人会用话语来揶揄他，就算当时只有一个人看不

1　位于希腊北部，是希腊神话的起源之地。相传希腊众神的宫殿就位于奥林匹斯山上。这里是用于形容攀缘贵族。

起他，但是一个人的轻蔑会让其他人的喝彩充满恶意。

他一直生活在亲友的关爱之中，深切地知道自己是他们的掌上明珠，可是现在一下跌入谷底，让他觉得自己变得不再重要。他一直以为自己活在世界的中心，此刻却发现自己进入一个完全陌生的世界。在他看来，这一切和他以前的生活截然不同。因为亲友的宠爱，他变得狂妄自大，可是如果在陌生人中间不有所收敛的话，会受到大家的羞辱。当他还是个孩子时，所有人都让着他，大家无微不至地关爱他。一旦成年，事情就必须反过来，他得让着大家，否则即便他只是稍微保留一点儿旧时的习惯，也会受到残忍的教训！一直以来他想要什么就可以有什么，所以养成了这样的习惯，让他想要的越来越多，让他总是觉得自己缺这少那，他可以被任何自己喜欢的东西所引诱，看到别人有什么，他也想拥有。他渴望得到一切，忌妒所有人，处处想出人头地。他被虚荣占领，无法遏制的欲望之火燃烧着他稚嫩的心，而且因为有了欲望，猜疑和仇恨也接踵而至，所有能将人腐蚀的欲求都充斥在他心中。在熙熙攘攘的世界中，他被这些欲求搅扰得心神不宁，每晚回到家中他都充满了不安，对自己感到不满，也对别人感到不满。他辗转反侧做着一些打算，各种千奇百怪的思绪让他寝食难安。在梦中，他的一颗骄傲的心向他展示了自己穷其一生都孜孜以求，却又无法得到的虚无缥缈的财富。

现在，我们来看一下爱弥儿。

如果人的第一个留下深刻印象的场景是凄惨的，那么当他回想自身的过往时，他的心中会感觉快乐。当爱弥儿知道自己已经免遭那么多苦难，他就会为自己没有想要变成那样的人而开心。他与同伴分担苦痛，完全是出于自愿和一片好心才这样做的。他同情他们的疾苦，同时又因为自己没有经历同样的苦痛而暗自庆幸。在这样的情形下，他认为自己有一种能超越自身的神奇力量，除了可以感受到自己的幸福外，还可以匀出精力将力量施与别人。要想对别人的疾苦有同情心，首先要知道别人的疾苦是什么，但是这并不是说自己也要去经历那样的疾苦。若一个人遭遇过痛苦，或者害怕受苦，对于那些正在经历疾苦的人就会生出同情心，可是当他自己受苦时，他就只会同情自己。因此，如果说每个人都会经历人生的种种苦难，那么爱弥儿要把目前自身不曾有过的情感给别人。由此看来，在同情别人的同时，自己的心中也收获了极大的快乐，因为这说明我们有着丰富的情感；相反，一个铁石心肠的人不会开心，因为他没有多余的情感用来同情他人。

我们容易通过表象来判断一个人是否幸福，因此我们所认为的幸福，其实是不幸福。我们在不可能有幸福存在的地方找寻幸福，因为快乐常常只是疑似幸福的兆头。一个快乐的人往往并不幸福，他在极力欺骗别人，换来的只是对自己的愚弄。在人群中笑逐颜开的人，回到家里多半是郁郁寡欢、怨天尤人的，他们的仆人要遭受他们在取悦别人时所受的同样的苦痛。真正的幸福不是靠嬉闹来表现的。因为我们对这种甜蜜的感觉呵护备至，所以我们在享受的同时还迫切地想要得到它，领略其中的曼妙，就怕它会在一瞬间消失殆尽。一个真正快乐的人不会时常把自己的快乐在言谈举止中表达出来，他通常把自己的幸福埋藏于心底。用嬉笑打闹的方式来寻欢作乐其实只是对失望和烦恼的掩盖。忧郁和作乐是相伴相成的，怜悯和眼泪是甜蜜的幸福的产物。陷入极端的快乐不会让人笑，只会让人哭。

初看起来，好像随着玩的次数和花样增多，人的幸福感会增加，而平凡之味的生活会让人心生厌倦。可是，细细想来，事实并不是这样的，我们发现心灵的愉悦来自适度的享乐，欲望和烦扰也就难觅其踪。一旦欲望浮动，我们势必会变得好奇和浮躁，寻欢作乐只会让我们变得烦恼。当一个人对其他更美好的事物一无所知时，他不会对现在所处的环境心生厌恶。在这个世界的所有人中，粗鄙无知的野蛮人的好奇心最小，他们也很难会有什么烦心事。世间万物在他们眼中都无足轻重，他们的快乐来源于自身而非形形色色的事物，他们一生碌碌无为，因此从来也不会感到烦恼。

精于世故的人总是以面具示人，他们几乎不会露出自己的真实面目，甚至连自己都不认识自己了。当他们不得已要露出真容时，他们会感到十分不安。在他们眼中，自己实际上是什么样的人并不重要，重要的是自己外表看起来像什么样的人。当我看到前面提到的那个年轻人的外貌时，我情不自禁地想到他是个自视甚高、油腔滑调又做作的人，世人都会厌恶他、为难他；但是当我看到爱弥儿时，我会情不自禁地想起他诚实可爱的神态，他内心的喜悦和安宁表露无遗，人们尊重他、信任他，而你一来到他身边，他就会想要向你表达他的友情。

学会感恩

如果没有人施与别人一点儿小恩小惠就期盼着回报，那么知恩不报的人也会变得少一点儿。我们爱那些帮助过自己的人，这是很自然的情感！知恩不报的行为是有违人的良知的，但是有趣的一点是：知恩不报的人比施恩图报的人要少。如果你想把东西卖给我，我就会跟你讨价还价。但是，如果你先假装把东西赠予我，然后让我付给你开出的价钱，这就是存心欺诈，使无偿的东西成为有偿之物。一个人只能服从他自己的心，你本想约束它，可是没想到却将它释放，如果给它自由，反而会把它束缚得更紧。

因此，如果说感恩是一种自然的感情流露，如果你不让自己的错误毁灭这种情感的影响力，一旦你的孩子了解到你对他的关爱和照料的价值时，就算你自己不把这价值说出来，他也能感觉出它的意义重大，你也因此在他心中拥有坚不可摧的威信。但是，当你还没有拥有这种牢不可破的威信时，千万不要在他面前自我吹嘘，因为这样做反而会让你无法得到这种威信。自夸你所做过的事，无异于会使孩子反感你做过的那些事情；你对之避而不谈，反而会让他记住它们。把孩子当作成人对待之前，绝对不要把事情说成是他依赖你，而应该说他是依赖他自己的。要想让他对你言听计从，就要给他充分的自由。你悄悄藏起来，让他来找你，并总是谈论他的利益，这样一来，就可以让他养成一种高贵的感恩情怀。在他还无法理解之前，我不赞同你告诉他所做的任何事情都是为他着想。如果你这样说了，他只会觉得你在依赖他，他只会把你当成他的仆人。现在，孩子已经开始明白什么是爱了，所以他会不再将你一直为他工作的那种热情解读为奴隶般的依附，而会理解为朋友般的关爱。没有什么比经过深刻解读的友谊对人的良心有更大的影响，因为这种解读每时每刻表达的都是我们的利益。有时，我们也许会觉得一个朋友做错了某件事情，但是我们不会认为他是故意为之；有时，我们也许会对朋友的意见置之不理，但是我们绝不会不重视他的意见。

情感培养的方法

小孩子心中只有两种明显的情感：高兴和不高兴。高兴时他就会笑，不高兴时就会哭，他不会有介于这两者之中的情感，所以他总是哭了又笑了。像这样时而欢笑时而哭泣，不会在他脸上留下永久的印记，也不会让他形成特定的面貌。但是，随着年岁的增长，他的感觉比以前更丰富，情感之于他的影响也会更强、更久，这样便会留下难以磨灭的印记。心灵的习惯生成的特征会在时间的作用下变得不可磨灭，但是我们也见过很多人，他们的面貌随着年龄的增长而有所不同，他们一贯的脾气也有所改变。

现在，我们来看看我采用的情感培养的方法。我觉得，在孩子快要懂事的时候，我们应该只让他们看到一些可以被控制又不会激发其欲求的东西，应该让他们看一些不会刺激到他们的感官同时还能让想象力得到控制的场景，这样他们与日俱增的想象力可以从那些刺激欲求的事情中得到很好的转移。要为他们斟酌交往的同伴，日常的活动和兴趣爱好也要谨慎挑选。展现在他们眼前的图画也应该是宜人而清新的，这样可以感动他们的心却又不刺激他们的欲求，让他们的情感得到培养却又不会刺激到他们的感官。还需要注意的一点是，任何地方都有一些放荡的行为需要我们有所提防，毫不节制的欲求肯定会对我们造成不可避免的伤害。问题的根本在于不是强迫你的孩子成为看护或者慈善会的一员，不是强迫他去忍受那些让人感到无限悲凉的事情的摧残，不是强迫他去一家又一家医院探望病人，问题的本质在于，我们让他看到人间的悲凉，是为了让他感动，而不是为了让他变得铁石心肠。相同的场景看得多了就会变得熟视无睹，对任何事物都司空见惯。当我们总是看到一样事物时，我们的心就不会想着那个事物，但正是我们的想象让我们能够对别人的痛苦感同身受。所以，要想让你的孩子能够感知人的命运和周围人的痛苦，但是又不能让他看得太多。认真选择一件事，在合适的时候让他去看，这足以让他在接下来的一个月里都悲天悯人，时常思考那件事。他之所以有能力对看到的事情进行判断，不是因为他看得多，而是因为他在思索他看到的事物；他之所以会对一件事印象深刻，不是因为那件事情本身多么令人难忘，而是因为让他用自己的思维去思索那件事。所以，如果他知道太多的事情和形象、听过太多的训诫，不久他的感官就会变得迟钝，并且当他按照自然的指引前行的时候，我们却让他偏离了正确的轨道。

在幼儿时期养成的不良习惯是可以矫正的，但是这个时期形成的优良品德可能要过些时候才能显现出效果。但是，庄稼要想长得好，一个好的办法就是尽量放缓作物的生长过程，让它的发育变得稳定。不要让一个儿童在没有能力做成人的事情的时候强迫他长大成人。随着身体的成长，孩子的精神也变得充实起来，他的血液有了精华，肌肉也变得有力量。如果这个时候将他的精神引到别的方向，用可以让一个人发育健全的力量来进行精神培养，结果两个方面都会很羸弱，大自然的工作也无法完成。这种变化同样会影响到情感层面，因为灵魂和肉体都不强壮，所以情感能发挥的作用微乎其微。四肢虽然充满了力量，但是一个人并不能因此就拥有勇气和智慧。我觉得，当连接灵魂和肉体的器官不能发挥作用，灵魂的力量是无法伴随肉体的力量产生的。就算灵魂和肉体发育均衡，但是如果作为动力的血液很干涸，缺少那种让机器的所有弹簧都充满弹性的物质，那么它们只能在那里毫无生机地转动着。通常来讲，那些在年轻的时候保养得很好，没有老态毕露的人，他们的精力总是比那些一有时间就放浪形骸的人要多。为什么品德高尚的人常常比品德低下的人要善良和勇敢，显然这就是原因之一。品德低下的人之所以看上去还不错，无非是因为他们有一些雕虫小技，这样的小伎俩，我不知道如何定义它们，虽然有些人会称之为才智、聪慧和精明。只有在品德高尚的人身上，我们才能看到机智和理性发挥着巨大的作用，让他凭借自己的优良行为、美德和卓越的事业脱颖而出，赢得他人的尊重。

思想品德的培养

道德观的建立

如果现在时机成熟，我就想试着指出，在内心的最初活动中良心的真正呼声是如何诞生的，从爱和恨的情感中善与恶的观念是如何产生的。我将说明“正义”和“慈悲”不仅不是两个抽象的词，不是用智力想象出来的纯粹的道德观念，而是通过理智启迪的真正的灵魂之爱，还是我们的原始情感依据一定秩序的发展。我将说明，如果仅仅凭借理智而不动用良心，我们是无法遵循任何自然法则的。如果自然的权力不以人心自然生成的需求为基础，那么它只能是一种痴人说梦。

到目前为止，我的爱弥儿只关心他自己，所以他向同类投去的第一道目光，将使他把自己与他人进行比较。这样的比较，首先会刺激他产生凡事都要争第一的心理。这就是自爱变成自私的关键之所在，因自私而生的许许多多的情感就是在这里生根的。但是，要判断他的性格中居上风的这些情感，究竟是博爱淳厚还是阴险残酷，是宽厚仁慈还是忌妒贪心，就要知道他认为自己在人类中处于怎样的地位，就要了解他认为要抵达他所期望的位置，需要克服怎样的障碍。

为了在这个方面对爱弥儿有所引导，就需要用人类共同的一些遭遇向他阐述人是什么样的之后，再通过人与人之间的差异向他讲述关于人的一些情形。因此，我现在要比较自然和社会不平等的地方，要勾勒出一幅整个社会秩序的图画。要通过人去探究社会，再通过社会来探究人。我发现，欲求的发展，反过来让人之间的关系趋于复杂和紧密。人之所以是独立的、自由的，不是因为他的臂力，而是因为他内心的节制。无论什么人，只要他没有过多的欲望，他就不会那么依赖别人。有人时常把虚妄的想法同身体的需求混淆，将身体的需求看成人类社会的根基，造成本末倒置，他们的所有理论只会让人越来越糊涂。

如果用一个人类的假面具就可以向孩子描述人，那我们就用不着向他们描述了，因为他们时常会看到这样的假面具。但正是因为假面具不是人，就不能用它光泽的表面去误导孩子。我们向他们描述人的时候，就应该按照客观事实描绘人的真面目，我们这样做并不是要让孩子去憎恨他人，而是让他看到那些人的可怜之处，继而不会向他们学习。依我看，这么做正是一个人对人类拥有的最真挚情感的表达。

根据这一点来看，我们这个时候采取的教育孩子的方法要和以前的方法截然相反，要多参考别人的经验而少依据自己的经验。如果他受到欺骗，就要恨别人；如果他受到尊重，当他看见他们互相欺骗，就会对他们产生同情。我期望人们可以为孩子这样选择他的交际圈，期望他认为自己周围生活的都是好人，期望人们教他认真地认知世界，期望他意识到人生而善良，希望他能有这个认识，希望他对邻居有自己的判断，但是也期望他知道社会是如何让人滋生堕落和变坏的，期望他能够发现人类的恶习是产生偏见的根源之所在，期望他由衷地尊重每个人和蔑视权威，期望他明白几乎所有人都戴着相同的假面具，同时也希望他明白有些人的面孔比脸上的假面具还要美。

需要承认的是，这种方法有一定的缺陷，并且操作起来有点儿难度，因为如果孩子在很早的时候就变成一个善于观察的人，如果你让他细致入微地去窥探别人的行为，有可能会让他养成爱说三道四、冷嘲热讽和经常爱武断地评价别人的习惯，并喜欢将事情看得很悲观，在一边幸灾乐祸，甚至都不认为好事是好的。就像你遇见穷人不觉得他们可怜，他碰见邪恶的事情也习以为常，看到坏人也不胆怯。没过多久，人类的各种陋习对他来说不仅不会是一种教训，反倒被他当作借口。他会在心里这样想：既然大家都是这个样子，我也不应该特立独行。

如果你试图对他动之以情晓之以理，让他不仅仅了解人类的天性，还要了解那些把我们的习惯变成恶习的外部作用力，如果你让他很快从用感官感知的事物转移到用大脑思维的事物上，你就得采取他完全不懂的形而上的方法。你会重新遭遇你一直都唯恐避之不及的麻烦，需要给他讲像劝世文一样的教条，需要用自己的经验和威信在思想中取代他自己的经验和心智的发展。

为了让爱弥儿在了解别人的心的同时不至于败坏自己的心，我计划指给他看那些离我们很远的人，让他看到别的时间或别的地点的人，让他虽然能够接触到那样的场合，但是绝不会去那样的场合里活动。因此，该是讲历史的时候了，通过了解历史，他不用学哲学也能够洞悉人心；通过了解历史，他可以不带任何主观偏见和情绪地做一个普通观众，以裁判而不是以同伙或者控诉人的身份对他们进行评判。

为了对人有一定的认识，就需要从他们的行为中去辨识他们。在社会上，我们能听见别人的讲话，他们嘴上说一套，却隐藏起自己的行为。他们的话语反而能够帮助我们对他们进行评判，因为只要比较他们的所说和所做，就能同时看出他们的真实为人和表面上装成的人。他们越对自己加以伪装，越能让我们了解他们。

而历史的如实记录不像真实的风土人情那样有趣，只要人心描写得够好，历史事件是否如实叙述并不重要，因为归根结底，两千年前的事情对我们有何用处呢？如果那些形象是根据自然的样子描述的，那么这些人的说法就是正确的。但是，如果其中大部分都是按照历史学家的想象来描述的，那么你岂不是又碰到了你想逃避的麻烦，岂不是将你从老师身上抢来的威信又拱手送给了历史学家吗？如果可以让我的孩子看到一些虚拟的图像，那我宁愿是自己而不是别人来画这样的图像，因为这样的话，他至少可以更好地了解其中的含义。

让孩子自己去判断事实的真相，只有这样，他才能够对人类有更多了解。如果总是用作者的判断来影响他，那么他只能用别人的眼光来看问题，一旦没有了别人的眼光，他就无法看见任何东西。

通常来讲，历史有其自身的缺陷，因为它只能记载人物、地点和时间都确定的著名事件，但是让这些事件发生的经年累月的原因是无法用相同的方法加以记载的，所以时常欠缺。人们通常会从一场胜仗或败仗中探寻一次革命的原因，但是事实上，在这场战争发生之前，革命已经是势在必行的了。战争不过是让那些因为精神的原因导致的事情凸显出来而已，但是精神层面的原因是甚少体现的。

另外，还有一点要补充的是：历史描写的是时间的流动而非人，因为它只能在特定的时刻，在人们冠冕堂皇的时候，抓紧描绘他们的样子。历史书中向大众展示的都是事先安排好要出现在公众面前的人，它不能跟随着他到他的家中、密室中和他的亲友中去看一下，它只是在他扮演着某个角色的时候对他进行描写，所以它描绘出来的是他的外在而非他的实质。

为了研究一个人的内心，我决定要看看他的私人生活，因为只有这样，那个人是无法逃脱的。他走到哪里，历史学家就跟随到哪里，他连喘息的机会都没有，无法藏在任何角落躲避大家敏锐的目光。正当他以为自己藏得很隐蔽的时候，历史学家把他看得一清二楚。

在夏天的某一天，天气炎热，图伦伯爵穿着白色的裤子，头上戴一顶便帽，站在客厅的窗户前。之后，一名仆人走进了客厅，看见穿着这身衣服的图伦，误以为他是自己所熟识的厨师助手。他蹑手蹑脚地从后面走过去，使劲拍了一下伯爵的屁股。伯爵马上转身过来。仆人一看是伯爵，全身都哆嗦起来，他连忙跪地求饶："大人，我还以为是若尔日……""就算是若尔日，"图伦揉着屁股说道，"你也不能打这么重啊！"可爱的孩子，当你读到这个故事，亲切地感到在猛烈的冲击下彰显出来的柔软心肠时，也记得看看这位图伦伯爵在涉及他的门第和声誉的时候，显得多么卑微。你要理解，也正是这位图伦，曾经总是故意让他的侄子占优势，好让大家知道那个孩子是这个家里的主人。将这样的情形进行对照，你会爱上天性而忽略偏见，进而彻底认识一个人。

应该知道的是，一旦自私之心得到发展，相对的“自我”就会不断活动，而孩子每一次看到别人，都会联想到自身，并且将自己和他们进行比较。所以，看到别人之后，他就会在心里想自己在他们中间处于什么样的地位。从你给孩子教授历史的方法来看，我觉得，你会说是让他想要变成自己在书中看到过的那些人，是让他在头脑清醒的时候感到沮丧，是让所有人因为自己只是这样一个平庸的人而感到后悔不已。无可否认，这样的做法有它自身的优点，但从爱弥儿的角度来讲，如果他也这样将自己和别人进行比较，喜欢成为那样的人而不是现在的自己，就算他想成为苏格拉底、成为卡托，我觉得自己对他的教育也是相当失败的。一个人一旦开始将自己想象成别人，很快他就会彻底忘掉自我。

因为我们每个人都有自己的欲求，因此我们讨厌别人有欲求。我们憎恨坏人，是因为我们要维护自己的利益，所以如果他们对我们没有任何伤害，我们可能会同情他们而不是憎恨他们。坏人带给我们的痛苦，让我们忘了他们给自己带来的痛苦。如果我们有办法知道他们的心会如何惩罚他们犯下的罪恶，我们可能更容易原谅他们的罪恶。我们感受到他们带给我们的损害，我们没办法看到他们让自己遭受的惩罚。他们得到的好处是外在的，而他们遭受的痛苦则是内在的。一个人通过作恶来享受取得的成果，他所遭受的痛苦是不会比作恶未遂遭受的痛苦少。目标虽然变了，但心中的惶恐是相同的。他们一味地夸赞自己的好运，将内心的恐惧隐藏起来，但不管他们如何隐藏，他们自身的行为都会将其暴露。然而，为了看到他们的内心，我们并不需要有着同样的一颗心。

我们共同的欲求让我们误入迷途，我们对和兴趣发生冲突的欲求感到反感；我们身上的这些欲求发生了矛盾，于是我们怪罪别人做了某件事情，其实我们也想用同样的方法做这件事情。当我们迫不得已忍受别人犯了我们处在他的位置同样可能犯的错误时，我们无法避免地会一面觉得反感，一面又会产生虚妄的念头。那么，如何才能用正确的方法研究人呢？在研究的时候要有浓厚的兴趣，要用公正的态度判断他们，在假想人类的各种欲求时异常敏感，同时还要保持冷静，不能被欲求刺激。

如果说一生中有某个阶段适合做这样的研究，那就是我为爱弥儿选择的这个阶段：太早了，他对世人的概念很陌生；再晚一点儿，他可能已经和他们一样了。他已经看出人的偏见的力量，但是他还没有受到这种力量的影响；他已经洞察到欲求的力量，但是他的心还没有被欲求搅扰。他是一个人，他需要关爱他的兄弟；他是个公正的人，他要对自己的同辈做出判断。如果他对他们的评判是正确的，他也不会想成为他们中的任何一个人。人为什么会有各种各样的苦痛？纯粹是为了实现自己根据偏见而设定的目标。但爱弥儿是没有他们那些成见的，所以他认为那些目标是虚无缥缈的。至于他自己，他所期望的东西都是通过他的努力可以获得的。

既然爱弥儿可以满足自己的需求，同时又不受别人偏见的影响，他有什么必要依赖别人呢？他有两只手，身体又健壮，对自己有节制，又没有太多需求，同时还有实现自己需求的方法。他在绝对自由的环境中成长起来，所以在他眼中，最大的罪恶就是奴役。他对那些可怜的国王充满了同情，认为他们是所有服从于他们的人的奴隶；他对那些被虚名所束缚的自作聪明的人充满同情，认为他们是浮华生活的牺牲品；他可怜那些表面上自鸣得意的酒鬼，他们为了让别人觉得他们是快乐的，在浑浑噩噩中度过了此生。他甚至可怜那些对他做过坏事的敌人，因为他看出了他们恶劣行径中隐藏的痛苦。他会告诉自己：“这个人有害于我，可见他是想将自己的命运依附于我的。”

摆脱虚荣

再向前一步，就能实现我的目标了。自私之心是一个既有用又危险的工具，它时常会伤到使用它的人，而且经常好作用也有，坏作用也有。当爱弥儿考虑自己在人群中的位置时，他发现自己是那样的幸运，不禁要将我的智慧的功劳看成他自己智慧的功劳，将他的幸福位置所产生的效果看作他自己的成就。他会对自己说："我是聪明的，其他人都很傻。"在对他人表示同情时，他可能会对他们表现出轻蔑的态度；在对自己感到幸运时，他可能会不可一世；当他意识到自己比他们幸福，他可能会以为自己比他们更有资格享受这样的幸福。这是非常可怕的错误，因为很难将其铲除。如果他一直都有这样的想法，他就无法从我对他的关爱中得到多大的益处。如果让我选择，我不清楚自己是否会宁愿受到偏见的迷惑而不愿意受到骄傲的蛊惑。

杰出的人不会胡乱显摆自己的优点，他们看出自己有过人之处，并且认识到了这一点，但是他们绝不会因为这个就变得骄傲。他们的优点越多，对自己的不足之处也认识得越清楚。他们因为自己超越别人的地方所感到的自豪，还没有对自己的缺点所感到的惭愧多。在享受自己特有的优点时，他们不会傻到炫耀自己没有的天赋。善良的人可以为自己的美德感到骄傲，因为他拥有自身的美德，可是有才情的人有什么资本骄傲呢？

我的情形截然不同，我一直都是按照普通的标准做的。假定我的孩子没有过人的智慧，但是反应也不迟钝。我是从芸芸众生中选择了他，以此来证明教育对人的作用。至于不常见的情况，那就不用按一般的准则来办。因此，如果爱弥儿因为我的栽培而选择他现在的这种生活方式、观念和理解方法，而不是选择他人的生活方式、观念和理解方法，那他的做法是正确的。但假如他因此认为自己比别人天赋异禀，比别人的出身高尚，那他就大错特错了，他是在自欺欺人。他需要觉悟，或者说要防止这样的错误在自己身上发生，否则日后将很难改掉。

只要不是疯子，一个人除了他的虚荣心，其他一切虚妄的想法都是可以医治的。至于虚荣心，如果说一定有什么药物是可以治疗它的，那无非就是经验了，我们起码可以在它出现的时候阻止它持续发展。因此，为了告诉孩子他和其他人一样是人，和其他人一样有自己的缺点，是不用给他讲一些好听的道理。你让他自己意识到这一点，或者干脆就不让他知道。根据我自己的教育方法，这也要作为一种例外的情况来对待。碰到这样的情况，我更愿意让我的孩子去经历一些意外，以此来向他证明他并不比我们有更多的智慧。如果有谁胡作非为让他去做一些胆大妄为的事情，我会让他自己去遭受的；如果谁诱骗他去赌博，我会让他去上当的，我会让他们对他阿谀奉承、欺骗他，把他的财物洗劫一空，并且当他荷包里的钱被他们骗光，他们在他那里寻开心时，我甚至还要当面向他们致谢，感谢他们给他好好上了一课。我采取的唯一方法是，和他一起去冒我让他去经历的危险，和他一起忍受我让他受到的耻辱。我会一声不吭地接受这一切，没有怨言，没有牢骚，在他面前闭口不提这些事。我坚信，只要我始终这样谨慎行事，他会看到我因为他经历的各种痛苦，他的心里会留下印象，这比他自己经历痛苦在他心中烙下的印记还深。

用平常心对待孩子的错误

如果一个孩子因为不会观察和对比，错把所有人都看成和他同等水平，而只相信那些和自己处于同等水平的人说的话，这样的想法还是情有可原的。可是像爱弥儿这样的孩子，他那么聪明，是不会傻到有这样错误的想法的。如果他真这样想的话，他就不能称得上是一个好孩子。他对我的信任是另外一种形式的信任，即信任明智的判断、信任知识的丰富、信任他可以理解并且认为他能够从中受益的优点。根据长期的经验，他深信这个给他教导的人是非常爱他的，是个聪颖又学识渊博的人，而且这个人知道如何帮他追求幸福。他应该知道，为了自己的利益着想，也应该听取这个人的建议。但是，如果父母像孩子一样总是上人家的当，他们就没有资格要求孩子尊重他们，他们也没有资格教导孩子。当孩子的不应认为家长是故意让他掉入别人的陷阱，并且见他思想单纯就给他设置更多的圈套。

这两种不好的想法都应当避免，可是要怎么做呢？最好的方法，而且也是最自然的方法是和孩子一样纯真和朴实，将他可能会遇到的危险告知于他，清楚地将那些危险指出来，但是绝对不能夸张，也不能操之过急，更不可装模作样地故弄玄虚，尤其不能把你的意见当作命令对待，让他必须服从，还有就是，说话的语气绝对不能武断。全都这样做了之后，如果他还是像以往一样执拗，非要去做，这该怎么办呢？那就什么也别说，任由他去做就好了。你仿照他的样子去做，而且要满心欢喜、坦坦荡荡地做，如果有可能，也和他一样尽情地欢愉。如果后果确实很严重，你一直在场，便可以加以制止。这样的话，这个孩子就可以看到你的智慧和心意，他怎么可能不佩服你的眼光，不对你感激不尽呢？他的过失正好成为你手中制约他的缰绳，可以在必要的时候拿出来约束他一下。在这里，当父母的应该掌握一门很好的艺术，即针对具体情况进行劝诫，能够预先知道孩子在什么时候可能会听取什么意见，在什么时候仍然固执己见，这样一来便可以时时用经验来对他进行教导，同时他又不会陷入太大的危险之中。

在孩子出现错误之前，就必须指出他的错误所在；当他已经犯了错误，就一定不要再去责备他，因为这么做只会让他生气，让他在自尊心的作用下产生逆反心理。当你训诫他，如果让他产生反感，那是丝毫没有益处的。我认为，最不应该做的，就是跟他说："我早就跟你说过了。"要让他想起你对他说过的话；最好的方法就是，表面上装作忘记你告诉他的话。但是，当你看到他因为没有听取你的意见而羞愧难当时，你要用温和的话语将他的羞愧一笔带过。当他看到你为了他而忘掉了自我，他不仅不会感到难堪，相反，你安慰他时，他一定会对你心存感激。如果你在他伤心的时候责备他，他会憎恨你，而且势必不会再听你的话，用这种方法证明他不会重视你给的意见的。

你给予他的安慰，本身对他就是一种训诫，如果他对你的安慰没有心存疑虑，那么这样的教育是会有成效的。我想，当你跟他说很多人都会犯同样的错误时，他绝不会想到你会这样跟他说。这样，你用表面上给予他同情的方法帮助他纠正了错误，因为对于一个自视甚高的人，告诉他别人也会犯同样的错误来安慰他，是会让他羞愧的，他会明白，起码在今后只可以说他并不比别人强多少。

犯错的时候，正是讲寓言的好时候。我们借用寓言这种奇特的方式去训诫犯错的人，这样既可以训诫他又不会冒犯他。他会用寓言里讲述的道理来审视自己，然后明白它所讲的果然属实。这样的话，吃一堑长一智，从一件事中学到的经验，他极可能很快遗忘，但是寓言故事能够长久地留在他心里。所有寓言中的教训，都可以通过别人或者自己的经验来获取。凡是需要克服一些困难才能获取的经验，就让他在历史中找寻，别让他自己去尝试。假若尝试的时候没有什么严重的后果，可以让年轻人冒一下险，我们还能够用寓言的方式把他尚不知道的特殊例子编成格言。

还应该注意的一点是，读寓言的顺序，应该完全依照教学法的原理，要完全符合孩子的智力和感情发展的顺序。请想一想，如果不考虑需要和当时的情景，而是刻板地照书中的顺序去读，难道不会很不合理吗？刚开始的时候讲的是蝉，然后讲乌鸦，接着再讲青蛙，最后是两匹骡子，等等。我记得曾经见过一个学理财的孩子，他因为对将来要从事的工作十分不了解，所以这个孩子读了篇寓言，学习了一遍又一遍，读了很多遍也无法从中领悟到一丁点儿让他去做这种职业的道理。我从来没有看见哪个孩子切实地运用过他们学到的寓言，也没有看到有人用心地教他们运用所学过的寓言。人们嘴上说寓言是一种教育，实际上，妈妈和孩子真正想要做的就是邀请一些人来听孩子背诵寓言，因此，当孩子成年之后，需要运用听过的寓言而不是背诵它们时，就会彻底忘记。

爱弥儿的发展

因为我不想把任何话都说满，所以我从宏观上指出走怎样的路会背离正道，这样爱弥儿就能够有所防范。我坚信，只要能够沿着我指出的道路前进，你的孩子就能够用最少的代价获得对人类和自己更多的认识，你就能让他用正确的理念去观察命运的变化，不会羡慕那些命运的宠儿，他就会对自己感到满意，但又不会觉得自己比其他人更聪明。你让他当观众的同时，也让他当了演员。这个工作必须进行，因为从包厢中只能看到事物的外在，只有在戏台上看到的才是真相。只有坐在恰当的位置，才能看到全景；只有离得足够近，才能看得真切明白。但是，一个孩子应该以怎样的身份参与世界上的事呢？他有什么资格去打听那些阴暗的神秘事件呢？在这个年纪，他只知道玩，只能对自己的生活有所安排，也就是说，他还无法处理任何事情。

我看到孩子在最天真无邪的年纪却只学习纯理论上的东西，而当没有任何实际经验的时候他们一下子就要进入社会，成为一个有担当的人，我觉得，这样的做法是有违常理的，就像它违反了自然规律一样。因此，如果说只有很少的人才懂得待人接物，我一点儿也不觉得奇怪。既然是否会做事无足轻重，那为什么我们还要去学毫无用武之地的东西呢？嘴上说是为了社会培养孩子，实质上，从教育的方法来看，就好像每个孩子终其一生只能在书房中孤独地思考一样。你以为教孩子做一些柔软体操、说一些无用的老套话就是教会他去生活了。至于我个人，我也在教我的爱弥儿如何生活，我教育他要依靠自己去生活，除此之外，我还教会他如何挣回属于自己的面包。

这是不够的。为了生存，还需要了解怎样和人打交道，学会使用支配人的工具，需要学会估算文明社会中自身利益的作用和反作用，并且还要正确预测重大事件，让自己在职业生涯中不被欺骗，或至少让自己可以选择成功的优良手段。法律不允许未成年人自己处理自己的事情和财产，但是如果他们在达到法定年龄的时候仍然没有一点儿经验，这些保护未成年人的措施又有何用？让他们等到那个阶段才可以自己做主，是没有任何益处的，而且会让他们在25岁的时候还和15岁一样，对事情没有一点儿实际的认识。不可否认，我们不能让孩子因为无知或欲求的蒙蔽使自己陷入不利的境地，但是无论他多大，我们都要教育他与人为善，而且无论他多大，他都应该在一个有学识的人的指引下去保护那些需要帮助的穷人。

因为做了善事，人就成为好人，我觉得这一点是肯定的。你需要让你的孩子做他理解范围里的所有美好的事，要让他把穷人的利益看成自身的利益。让他不仅从金钱上给穷人以帮助，还要关心他们，并让他服务于他们、保护他们，为他们奉献自己的利益和时间。他要把自己看成为他们办事的人，并一生都执行这个高尚的任务。很多人受到压迫却没有地方诉说他们的冤屈，但是现在有他替他们主持公道，因为他在道德实践中养成坚强勇敢的品德，因此能够百折不挠地为他们主持正义，可以为他们闯进达官贵人的宫殿，并且有必要的话，直接走入皇宫，替那些穷苦、无所依靠、又因为害怕恶势力的报复而无处申冤的可怜之人向君主诉说。

那么，我是否要把爱弥儿培养成一个大侠，培养成一个忠肝义胆的壮士？我不知道。滑稽可笑的称呼不会从根本上改变事物的本质。他会做任何他觉得有益的好事。爱弥儿不做其他多余的事情，他知道与自己的年龄不符的事情于他是没有任何用武之地的，也没有任何好处。他清楚先要对自己尽责，他清楚不能太过自信，要举止谨慎，尊敬长者，少说一些废话，提醒自己少做一些无聊的事情，但是要勇敢地做有意义的事情，要勇敢地说出事情的真相。

爱弥儿既不爱吵闹，也不爱吵架，不但不爱人和人之间的争吵，也不爱动物之间的打架。他从不会挑拨两条狗打斗，不会让一条狗去追一只猫。这种平和的心态是他受过的教育对他的影响之一，因为这样的教育绝对不会让他养成自私和自大的习惯，因此是不会让他以使唤别人和让别人痛苦为乐的。当看到别人痛苦，他自己内心也会痛苦，这是一种自然而然的情感。一个人会忍心甚至高兴看到一个有感觉的生物遭遇痛苦，因为他自以为可以凭借自己的聪明才智和优越的社会地位使他免于遭受那样的痛苦。谁确定能不受这样的想法影响，谁就能免于掉进因这种想法而生成的灾难。因此，爱弥儿非常热爱和平。当他看到别人脸上洋溢着快乐，他就会感到高兴，当他通过自己的努力让别人展露笑容时，他也会因此觉得开心。我觉得，当看见可怜人时，爱弥儿不会仅仅说一些言不由衷的空话来安慰他们，也不会仅仅叹息一下了事，他可以用自己的同情心去医治别人的痛苦。他积极的慈悲心肠不久就会让自己收获很多知识，如果他总是一副铁石心肠，他可能永远也不能或者要很晚才能获得这些知识。我们要怎么做，才能用适合孩子的方法让这些倾向产生好的效果？我们应该在思想上和学习上给他以指导，用他的热情使他的觉悟和学习能力得到提升。

如果让我去教一个已经有了各种欲求的年轻人来学修辞，我会坚持不懈地告诉他一些可以让他的欲求增长的东西，然后再和他一起研究应该用什么样的说辞去说服别人实现他的欲求。但是，我的爱弥儿即便有口才也不一定有什么用处，因为他所有的需求几乎都是来自身体方面的，所以他依赖别人的地方没有别人依赖他的地方多。并且，他对别人没有任何要求，就算他有什么事情想要劝他们，他也不会着急和冲动的。由此看来，他说的话通常都是不华丽的。他说话要平实而恰当，唯一需要做到的是让别人能够听明白。

但这并不是因为爱弥儿很呆板。他的年纪、脾气或兴趣爱好是不允许他这样的。他既活跃又稳重的性格让他沉浸于热情之中，让他的血液被洗涤，从而给他天真无邪的心灵注入一股暖流。他的双眼不仅因此闪烁着这股暖流带来的光芒，同时，我们从他的话语中也感到、在他的行为中也亲眼看见这股暖流。他说话时的语调已经变得抑扬顿挫，并且有时还言辞激烈。他的灵感被高贵的情操激发，他精力充沛，心灵高尚。他的心中饱含对人类的爱，因此在言谈举止中也展现了他这种内心活动。他坦白的言辞比别人的花言巧语还动听，或者更确切地说，他才是那个真正会说话的人，因为他只需要将心中的真实感受如实表达出来，这足以让听他说话的人领会他的情感。

我越思考就越觉得，只要将一颗善心这样体现在行为中，只要从我们做得好或者做得不好的地方总结经验，那么所有有用的知识都能够装进一个孩子的心里。并且，除了在学校学到的各种各样真正的知识外，这么做还能让他学到一门非常重要的学问，那就是将他学到的知识付诸生活实践。爱弥儿非常关心他的同伴，因此他会很快学会如何衡量和分辨他们的行为、爱好和兴趣。相比较于那些不关心任何人、不给予别人任何帮助的人，他更能客观评价什么事情是对人的幸福有益的，什么事情是有害的。只关注自己的事情的人太感性，不能对事物进行理智的判断。这种人凡事都只为自己打算，完全依据他们的善恶观念来采取行动，因而他们心中有很多荒谬的偏见，只要稍微触碰他们一丁点儿利益，他们很快就会觉得天塌了。

情感的升华

只要将自己的爱心施与别人，我们就能够将自爱变成一种美德，这样的美德，在每个人的心中都能够生根发芽。我们关心的人越是和自己没有直接关系，我们越不会被自己的利益迷惑；越是将这种利益施与别人，它就会越公正。因此，在我看来，热爱人类就是热爱正义。所以，如果想要让爱弥儿热爱真理，就要让他了解真理，我就需要凡事让他远离自己的利益去思考问题。他对别人的幸福关心得越多，他的心就越开明，他就会变得越聪明，就不会经常弄错善和恶的区别。但是，我不能让他用自己的见解或者不正确的偏见产生盲目的爱。他为什么为了让一个人得到满足就去伤害另外一个人？只要他让所有人的最大幸福都增加了，那么谁都可以从中得到好处，他何乐不为呢？明智的人首先关心的是所有人的利益，然后才会关心自己的利益；因为人类是每一种利益的总体拥有者，而不是其中的某个个人。

为了防止同情心变成怯懦，就需要同情整个人类，这样我们才能在展现同情心的时候，首先想到的是正义，因为在所有的美德中，正义可以造福于人类的共同福利。理智和自爱让我们同情整个人类，这种情感比同情我们的邻居更甚，但是同情坏人，对其他人来讲就是残忍。

除此之外，还应当记住一点，我们之所以能够运用这些方法，让孩子忘掉自我，是因为它们和他有直接关系。这不光给他带来内心的愉悦，而且当他对别人施与恩惠的同时，也让他自己受到了教育。

我先提出了这些方法，现在再谈论它们的效应。我看到爱弥儿的脑海中慢慢形成一片宏伟的景象。高贵的情操让那些小小的欲求的萌芽无法在他心中生长。因为他节操高尚，他的经验让自己能够把伟大灵魂的欲求控制在一个严格的可能性里。优秀的人，当他们不能让别人提高水平时，他们就降低自己的水准，因此养成清晰的判断力和正确的逻辑思维。爱弥儿的脑海中深藏着真正的正义、美好的代表、人与人之间的道德准则和全部的秩序，他明白每种事物应处的位置和让其脱离那个位置的原因，也明白什么东西对人是有用的，什么东西对人是无用的。他虽然没有历尽人世的困扰，可他已经知道它们的含义和作用。

>>>第五章
女孩的教育

Émile

两性的差异与职责

如今，爱弥儿从青年走向成年，但是还算不上十全十美。

作为一个成年人，老是孑然一身地过日子，总是不大好的。既然爱弥儿已经成年，我也曾许诺过要给他找个伴侣，现在是时候了。我找的这个人就是苏菲。她躲到哪里去了？怎样才能找到她？首先要认识她，然后才能找到她。当然还得了解一下她的品性，才能推测出她居住的地方；就算我们找到她了，也还是有很多的事情。洛克认为："既然一位年轻的绅士要结婚了，只要把他交给他那可爱的对象即可。"若是这样的话，本书就可以完结了。不过，我可不是洛克，也不想打着培养绅士的旗号来对待这件事。

男性与女性的不同

就像爱弥儿是个成年男子一样，苏菲应该是个成年的女子。换句话说，苏菲身上应该具有所有成年女性的特征，这样才能承担身体和心理上的责任。我们首先来研究一下男性和女性的不同。

如果抛开与性别相关的东西不谈，女性和男性没什么区别：相同的器官、相同的需要和相同的技能；身体的构造也类似，各个器官及其功能也都类似，长相也无大的差异。无论从哪方面来说，女性和男性只是体格不同，并没有别的区别。然而，谈及与性别相关的东西时，女性和男性就大不一样了。如果要一一比较，那就相当有难度了，因为很难界定女性和男性的性别范畴。比较解剖学上认为的或者仅凭我们的肉眼判断，女性和男性的区别并不在于性，却跟性有着千丝万缕的联系。这种联系不为我们所熟悉，而且我们也不知道这种联系的范围有多广阔。我们仅仅知道：女性和男性的共性是他们都有人类的特性，区别在于性别的不同。总而言之，我们认为，女性和男性既有相同的地方，也有截然不同的地方。大自然真是神奇，把女性和男性造得如此相同，又如此不同。

女性和男性相同和相异之处，可以影响人的精神面貌。而且，这种影响是一目了然的，都是人类通过自己得出的这些结论，所以也不用争辩哪种性别更为优越。可以这么说，男性和女性是平等的，因为他们都是按照自然的生长方式生存。如果男女双方都多像对方一些的话，反而不如现在均衡了！从他们的相同之处来说，他们是平等的；从相异之处来说，无法简单地比较一番。在这里，我们说的成年女性和成年男性相同，是指他们的外观差不多，并不是指他们的灵魂一样；要说完全相同，就是说连体格都得一样了，这肯定是不现实的。

在女性和男性的结合过程中，为了共同的目标，他们贡献着各自的力量，但其贡献的方式并不相同。这种不同，也造就了两性不同的精神层面。这种差别非常显著：女性身体弱小、消极被动，只要有一些抵抗能力即可；反观男性，身体强壮、积极主动，必须有强大的意志和力量。

假如这个法则无误，我们就能够说，女性生来就是专门让男性感到愉悦的。反之，男性应该让女性愉悦，不过这是一种间接的需求，因为男性的所长在于体力，只要身体强壮，就可以让女性愉悦。有些人说，这样的愉悦不是出于爱情，而是出于比爱情更高的自然法则，我深以为然。

假如女性是专为取悦男性和附属于男性而生的，女性就应该让男性感觉自己天真可爱，而不应该惹恼男性。男性之所以对女性动心，正是因为女性自身的魅力可以打动他。女性应该运用自己的优势，让男性发现和发掘自己的潜能。激发这种潜能最佳的方式就是，不要主动接受男性，而要男性运用自己的潜能。一旦自尊心和欲望相结合，双方就在这场较量中获得了共赢。

因此，当男性采取主动时，女性应该摆出防守的姿态。这样一来，男性就变得勇敢，而女性就变得柔弱，最终只能使用大自然给予的武器——娇羞的模样，来使弱者战胜强者。

是谁这样说过：大自然给予女性和男性的欲望相同，并且先产生欲望的一方要首先表态，来满足另一方的欲望？这种说法真是荒谬！如果性行为对两性产生的影响不同，要是双方同时去做这种行为，是不是符合了大自然的法则？双方在共同的行为中，需要承担的义务不同，假如一方没有了羞耻心，而另一方也不对欲望加以克制，这样过不了多久，两方就会玉石俱焚，人类也会被其延续生命的方式而毁灭。难道还想不明白吗？女性很容易刺激男性的性欲，燃起他们的爱火，所以假如在某个条件差的地方，比如女性多而男性少的热带地区，这种想法一旦盛行，男性会拜倒在女性的石榴裙下，纵欲过度，从而走向死亡。

雌性动物并没有人类的羞耻心，后果如何呢？它们没有女性束缚欲望的羞耻心，会不会荒淫无度？实际上，雌性动物仅在有需求时才会产生性欲，一旦满足其欲望，就不再有需求了；它们不会虚情假意地拒绝雄性，只会简单粗暴地表示拒绝。雌性动物陷于欲望时，主动交配的时间也很短暂，欲望很快就消失了；它们不但受本能的驱使，也深受着本能的束缚。要是女性没有了这种羞耻心，能用什么来替换这种消极的本能呢？在这种本能尚未消失之前，若还想女性可以摆脱男性，还不如指望男性都变成榆木。

上天在造物时给了人类荣誉之心，并赐予人类无尽的欲望，同时又制造出克制欲望的工具，使人类既自由又能约束自己。上帝让男性充满欲望，又给予男性理智，用来克制自己的欲望；他让女性春心荡漾，却又给予女性羞耻心。另外，当人类适时地使用性能力时，他还给予了一种当时才能享受到的快乐。这就是说，人类只有按照上天的旨意勤勤恳恳地努力时，才能享受到乐趣。依我之见，动物本能所起的作用也不外乎此。

不管女性是否产生性欲，是否愿意满足男性的欲望，女性总会进行防御和推辞，只是程度不同，有时也不那么坚决和有效。进攻者要想获得胜利，防御者应该同意或者指导他进攻。有许多绝妙的方式可以刺激进攻者前进。自由和温柔的方式不允许使用暴力，而大自然和人类的理智也是反对的。大自然反对使用暴力，体现在它让弱势一方产生强大的力量，能够抵挡进攻；人类的理智反对使用暴力，则是因为暴力是野蛮的兽性，与性行为的目的完全不同，男性如果这么做，无异于向女性宣战，这会逼得女性为了保卫自身的安全和自由，想方设法地弄死侵犯者。再说了，只有女性了解自己的情况，要是随便一个男性都想做父亲，那孩子也无法知道到底谁是真正的父亲了。

如此一来，根据两性生理上的差别，可以得出：从表面上看，强势一方处于主动，但实际上弱势一方才是真正的支配者。之所以这么说，并不是因为男性习惯性地取悦女性，也不是因为男性认为自己是保护人，从而表现出豁达大度和不拘小节的气势。这是由于大自然不可更改的法则，即女性很容易刺激男性的性欲，而男性不容易得到满足，他要根据对方的兴趣变化，极力地讨对方欢心，这样女性就会承认男性的强者地位。对于男人而言，在取得胜利之时，无论是女性被动地妥协，还是主动地投降，都能让他开心不已。女性总是模糊于被动与主动之间，迷惑男性。从这方面来说，女性的心机和体质完全相同：不仅不以体弱为耻，反以为荣；她们身体娇弱，手无缚鸡之力；要是长得五大三粗，也许会感觉羞愧。这是出于什么原因呢？当然不只是为了看上去纤弱，而是为了方便防守，打着弱者的旗号，好得到弱者的权利。

从自身的罪恶中，我们收获了很多知识，也改变了对性这个问题的旧看法。在我们生活的这个年代，强奸行为已经不太多了，因为不太需要了，人们也不再相信还存在着这种行为。然而，古希腊人和古犹太人经常做出这种事情，因为它符合当时的原始生活。到了后来，因为我们变得放荡不羁，所以才不提起这种事了。当前，大家很少提及强奸事件，并不是因为男性比以前更能克制，而是由于大家都不再有那种想法。以前的时候，说起强奸事件，老实人都能理解这种做法，而到了现在，则会引发别人的嘲笑，所以还不如不说了。《申命记》[1]记载了一条法律，假如城里发生强奸事件，被奸淫的女子要同强奸者一起接受惩罚；假如乡村或者荒无人烟的地方发生这种事，只惩罚强奸者。这条规定是说，“女子大声尖叫了，可还是没有人听到”。这种生拉硬套的解释是为了告诫女性不要去人多的城里，以免发生意外。

大家的看法改变之后，社会习气也发生了变化。受此影响，现在的男性都在努力讨好女性。他们认为，要想得到快乐，还得依赖于女性的自愿自发，并且依赖程度远超过男性的想象，所以男性必须体贴女性，才能满足自己的欲望。

由此可以看出，从欲望到道德，从两性简单的生理结合到甜蜜的爱情，这中间经过了怎样的发展。女性能够驾驭男性，并不是因为男性愿意这样，而是因为大自然的法则：在没有征服男性之前，女性就已经驾驭男性了。海格力斯试图侮辱塞士庇斯的五十个女儿，最后落得在奥姆伐尔脚边纺纱的下场；参孙力大无穷，还是斗不过德利拉。[2]女性有无法剥夺的力量，就算她们滥用这种力量，我们也毫无对策；要是她们会失去这种力量，那应该早就失去了。

两性的职责

性行为给两性带来的影响，是丝毫不平等的。男性偶尔才发挥男性的作用，但是女性却一直在发挥女性的作用，至少在青年时期如此。所有的事都能激发女性的性别意识，而且为了更好地发挥这种作用，女性需要一套与性别相适应的方法。女性在怀孕时需要精心的照料，生产后也需要休息；哺乳

---

1 《申命记》出自《圣经·旧约》。

2 此处涉及的典故都出自古罗马神话。

时需要宽松而安逸的氛围；为了照顾孩子，女性性情温和，忍耐力强，她应该充满热情和爱意，不会被任何事物打败；她是孩子与父亲之间的桥梁，她能使父亲热爱妻子和孩子，也能使父亲相信她完全属于他；她温柔的举动，可以使全家亲密无间！女性之所以这么做，并不是出于美德，而是由于这能产生乐趣。正是这种乐趣，使得人类生生不息。

女性和男性对彼此的义务，并不绝对平等，也不可能绝对平等。在这个问题上，假如女性抱怨男性有失偏颇，也是不对的，因为这种不平等并不是人为造成的，换句话说，也不是由于人类的偏见产生的，它是自然而然产生的。大自然既然让女性承担生育的责任，就应该让男性承担抚养孩子的责任。两性都必须承担相应的责任，如果一个不忠实于妻子的男性在妻子完成生育的责任后，胆敢剥夺她唯一的享受，那这个男性就是个无耻的野蛮人。反过来说，如果妻子红杏出墙，后果更加糟糕，一个家庭就会分崩离析，大自然的联系也不复存在。如果抚养的孩子是私生子的话，妻子不仅背叛了丈夫，也对不起孩子。这样的妻子不仅毫无忠诚可言，贞操也令人担忧。这个倒霉的父亲，就会面临世界上最可怕的遭遇：不信任自己的妻子，也没有内心的幸福感。当他抱着孩子的时候，他会产生怀疑，这个孩子是不是自己的，会不会是自己耻辱的标记，是不是偷了他亲生孩子财产的小偷。在这样的家庭中，无论那个妻子装出一副家庭多么幸福和睦的样子，暗地里却都在挑唆家庭成员的关系，使他们彼此敌对，这样怎么能称为一家人呢？

因而，妻子应该忠诚，应该在她的丈夫、邻居和所有人眼中都忠诚，言行举止应该谨慎。从别人的眼中看，一个妻子也应像面对自己的良心一样，称得上是一个性情高洁的人。如果说成了父亲的人应该爱自己的孩子，他更应该尊敬孩子的母亲。出于各种原因，女性除了承担很多义务之外，也应保持良好的名声，就如保持贞操一样。按照这些说法，我们可以推断出两性在道德上的不同，还能推断出：在女性的本能和习气上，有一种新生的动力，使得她们举止谨慎、态度保守。若是泛泛地说两性平等，他们所承担的义务相同，这跟说空话没有区别，只有针对上面的问题来说，才不会枉费口舌。

当然，会有一些例外发生，但这个法则是普遍存在的，这也算不上是真实的推理方法。也许有人会反驳："女性怎么会经常生孩子？"是的，她们并没有经常生孩子，然而她们目的之一就是要生孩子。难道只因为在这个世界少数的大城市里，女人们生活放浪，不怎么生孩子，你就可以说女性的存在是少生孩子！乡下的女性生活淳朴，性情高洁，如果没有她们来弥补城市里女性生育过少的状态，设想一下那些城市将会变成什么样？在好多地方，一个生了四五个孩子的女人，依然被认为生殖力不强！所以，少数女人少生孩子有什么关系？难道会由此否认女性生育的职责吗？大自然和人类的法则难道会不通过普通的情况来赋予女性职责吗？

无论一个女性两次怀孕间隔有多长，她能否干脆利落地改变一种生活方式呢？她能今天还在哺乳，明天就走上战场吗？她能像变色龙一样改变气质和嗜好吗？她能不做家务，去野外干力气活和打仗吗？她能有时胆怯，有时勇敢，有时娇弱，有时强壮吗？假如在巴黎长大的年轻人都觉得军队生活很苦，那么未经风吹雨打、连走路都没有力气的女性，在过了五十年的安逸生活后去当兵，她能经受得住吗？在五十多岁（男性应该退伍的年纪）时，她能习惯这种吃苦的生活吗？

也许，在某些国家里，女性生孩子不费力气，并且无须操心就能把孩子抚养成人；然而，正是在这些国家里，男性终年都赤身裸体，同野兽拼命，还能把独木舟扛在肩上，仿佛扛着一个背包，为了打猎，能走七八十里地，还得夜宿郊外，忍受饥寒交迫的状况，就算几天不进食也都能生存。女性要是身体强壮，男性就会更加壮实；然而，男性要是身体羸弱，女性会更加娇弱；被减数和减数同时改变时，它们之间的差数不会变化。

据我所知，柏拉图的《理想国》认为女性应该和男性从事同样的运动。他在自己主张的政治体系中撤销了家庭，为了安置女性，他只能把她们改造成男性。他是个杰出的天才，在书中把各个方面都讲得很细致，对所有问题都发表了自己的看法，就连人们没有想过的难题，他也想到了。但是，他并未解决一些人提出的疑难问题。现在，抛开所谓的女性团体不谈，如果在这个问题上跟一般人一样斥责他的话，那反而证明斥责的人没有读过他的论著。我想说的是，社会上男性和女性性别意识不分的情况。由于男性和女性性别意识不分，所以他们都去做相同的工作，承担相同的责任，最后肯定会产生一些无法忍受的弊端。温柔而自然的情感的消逝，被一种依托于它们存在的虚情假意所取代。难道不被自然所影响就能产生世俗的牵系？难道我们爱祖国不正是源于对家人的爱？难道不正因为有了我们的小家才能更爱祖国这个大家？难道不是首先要做个好儿子、好丈夫和好父亲，才能做一个好公民？

两性教育的不同

我们讨论完男性和女性在身体素质和性情上不相同，而且也不应该相同后，可以得出一个结论：男性和女性所受的教育也应该不同。他们应该遵守大自然的法则，在行动上相互合作，不过不应该做相同的工作；他们的目的相同，内容却不相同，所以驱使他们工作的动力也不尽相同。前面，我们已经努力把一个男子培养成男子汉，现在，为了达到完美，我们需要来讨论一下如何培养女性，使得她们与男性相配。

要想保持正确的前进方向，需要一直遵守大自然的法则。两性的所有特性，都应当作大自然的安排而毕恭毕敬。有人总是说："女性身上总有一些我们没有的毛病。"你要是这么骄傲地认为，那你就犯错误了。你口中的毛病，正是她们的长处，她们一旦没有了这些长处，事情就不可能发展成今天的样子。你可以做些工作，不让这些所谓的毛病恶化成不良的品性，但你不能消灭这些毛病。

女性虽有时牢骚不断，埋怨我们把她们培养成只会撒娇谄媚的花瓶，埋怨我们总拿小玩意儿来讨她们的欢心，从而达到控制她们的目的。她们还认为，我们责怪她们的那些毛病，全都是由我们自己造成的。一派胡言！男性什么时候插手女性的教育了？谁能阻止一个母亲按照自己的意愿去教育子女？"她们上不了学！可真糟糕！"啊！那老天爷也不要让男性去学校！谁迫使女性把时间浪费在琐碎的事情上？谁让她们跟你学，花一半的精力梳妆打扮？谁不让你按照自己的意愿去教育她们，或请人教育她们？假如她们长得漂亮，因此得到了我们的欢心；假如她们嫣然一笑，因此诱惑了我们；假如她们使用从你那里学会的技巧，令我们神魂颠倒；假如她们打扮得体，让我们心醉；假如我们让她们使用那些方法，令我们拜倒在她们的石榴裙下——这些事情难道都要怪罪到我们头上？那好，你就用培养男性的方式来培养她们，男性肯定没有异议。因为她们越来越像男性，就越来越不能驾驭男性。如此一来，男性就会成为女性的主人。

女性教育应始于女性的权利

男性和女性具有相同的能力，这并不意味着两性的程度相同；不过整体来说，男性和女性的能力是互补的。女性以女性的身份做事，效果就很好，要是非要以男性的身份去做，效果就会差很多。不管在何地，只要女性善于使用她们的权利，就可以占据优势；假如非要使用男性的权利，势必比不上男性。这是一个广泛的真理，不会像某些袒护女性的花花公子一样，仅靠一些例外的情形就能推翻这个真理。

倘若把女性培养出男性的品质，而没有培养她们天生的特性，这明显是在伤害她们。聪明伶俐的女性看得很通透，所以不会上当。女性在试图使用男性权利的时候，也不会放弃自己的权利。不过，这样做会一无所得，因为这两种权利是不兼容的，她们不仅不能达到男性可以达到的水准，还耽误了自身可以达到的水准，存在价值少了很多。英明的母亲，请相信我的话吧，不要违反大自然的法则，把女儿培养成男性；你应该好好培养她，使她成为一个伟大的女性。只有这样，于她和于我们所有的人才大有裨益。

能不能就此得出结论，应该使女性一无所知，只做做家务就好？男性应该把他的伴侣当成奴隶吗？他可以让她享受社交的乐趣吗？为了更好地驱使她，他会让她毫无思想和知识吗？他会把她打造成呆板的人吗？答案是不会的，肯定不行。大自然赋予女性聪明伶俐的心灵，所以它不会这样做的；反之，它更希望女性思想开阔、眼光独特，希望女性有爱、有知识，希望女性重视心灵，就像重视身体一样。所有的一切都是大自然赋予女性的武器，用来弥补身体上的劣势，并控制我们的身体。女性虽然需要学习很多东西，但只能学习适合女性的东西。

无论是从女性的特殊责任方面来讲，还是从她们的习惯或义务方面来讲，我知道她们需要接受什么样的教育。女性和男性是为了各自的利益而生的，但是他们对彼此依赖的程度是不同的：男性因其欲望对女性有所依赖；女性不单单是因为她们的欲望，还因为她们的需要而对男性有所依赖。她们不仅值得尊敬，而且还必须受人尊敬；她们不仅要天生丽质，而且还要让人赏心悦目；她们不仅要天资聪颖，还得让别人看出她们的智慧；她们的荣耀不仅体现在行为上，还体现在她们的名声上。一个品行端正的男人能够做事凭借自己的意愿，不在意别人如何评价；但是，就算一个女人品行端庄，她只是完成了一半的工作，别人对她的评价和她自身的行为一样，都必须是良好的。

首先，只有母亲的身体好，孩子才能有个好身体；只有得到女性（母亲、乳母或保姆）的关心，孩子才能受到幼年时期的教育。并且，他将来会有怎样的脾气秉性、欲求、兴趣爱好，甚至会不会幸福，都和女性有关系。因此，女性所受的各种教育，是和男性甚至整个人类息息相关的。帮助他人，收获他们的爱戴和尊重，抚育年幼时期的孩子，在孩子青年时期给他们以关心，给予他们意见和安慰，让他们的生活变得有滋有味……所有这一切，无论什么时候都是女性的职责，我们应该从她们小的时候开始就这样教育她们。一旦我们偏离这个原理，我们的目标就很难实现，并且我们教给她们的各种教条，既不利于她们的幸福，也不利于我们自身的幸福。

女孩与男孩有着很大的不同。例如，年轻的小姑娘都是很喜欢装饰品的。她们不仅希望长相甜美，还希望能让别人发现自己的美。从她们的小脸上，我们就能够看出她们已经有了这样的想法，等到她们能听懂我们对她们说的话，我们只需要告诉她们人们在如何议论她们，就可以把她们管教得好好的。但是，如果你傻乎乎地告诉男孩别人在怎么议论他们，你是不会收到这种效果的。只要他们能够无拘无束地玩，别人怎样议论，他们不关心。如果想让他们受到这一法则的制约，还需要花费很多时间和精力。

女孩的体格培养

女孩接受的早期教育，无论是在哪里接受的，总而言之，应是一种不错的教育。既然身体是先精神而存在的，那我们应当首先对身体进行培养。无论男女，这种次序应该是一样的。但是，培养的目标各有千秋：在男孩身上，是将他培养得强壮而有力；在女孩身上，则是将她培养得灵巧。这并不意味着男人只能有男性的品质，女人只能有女性的品质，只是说各个性别的人身上的品质应当主次分明。男人只有体力充足，劳作起来才能轻松自如；女人必须具有相当的灵巧性，干起活来才能易如反掌。

女性的体质如果太过柔弱，男性的身体也会日渐柔弱。女人不应该像男人那样粗犷，但也应当具有一定的体格才能和他们匹配，才能孕育出和他们一样体格健壮的孩子。寄宿于女修道院中的女孩，虽然饮食普通，但因为在户外和花园中游玩的时候比较多，从这点上来讲，女修道院比家里好。在家里，女孩虽然吃的食物很精致，但是因为时不时地受到大人的褒奖，时不时又遭到大人的训斥，并且一天到晚被关在房间里，只和母亲在一起，不能四处走动，不能说话或者叫嚷，不能自由自在地玩、跑跳、吵闹。依据这个年龄段活泼的性格来看，这么做的结果是她们要么娇生惯养，要么管教过严，这两者都不符合常理。

斯巴达的女人也像男人一样操练自己的身体。这并不是出于打仗的目的，而是为了以后能够生育出强壮的孩子。我虽然不认为，为了给国家生育士兵，母亲们就得背着枪去操练；不过在我看来，希腊人在教育方法上颇令人称道。年轻女人扎堆出现在公众场合，不与男人厮混，而是与同性聚集在一起。在所有的节日、集会或祭典中，女孩子们都成群结队地出现，头戴花冠，手拿花篮、花瓶或者祭品，唱着歌，跳着舞，让希腊人迟钝的神经接触到无比美妙的情景，从而消除他们笨拙的操练产生的不良影响。无论这种社会习气对男人产生何种影响，年轻女性通过轻松活泼的运动总能培养出良好的体格，通过讨人喜欢的愿望培养出自己的兴趣，同时也不会损害自己的品质。

结婚后，这些年轻的女性就不再公开露面了，她们会待在家中，一心一意打理自己的家。大自然和理性就是这么安排女性的。这样的母亲才能生育出世界上最健壮的孩子。虽然，在某些岛上，情况不大好，但在世界的其他地方，包括罗马人在内的民族中，只有古希腊的女人既聪明伶俐又贤惠漂亮。

我们知道，希腊人爱穿宽松的衣服，不让自己的身体受到一丁点儿束缚，因此男人和女人的身材都像他们的雕像一样优美而匀称。我们因为自然的体态已经被弄得不似原来，无法找到那样匀称的身材，因此至今在艺术上还要将他们的雕像作为模特来临摹。但是，如今妇女的身材已经被我们的服饰弄得不成样子，让人根本无法看出她们的轮廓。我觉得，人们喜欢当下的这种服饰，无外乎是因为他们的风尚不好。一个女人的身材像黄蜂一样被切成两段，毫无美感可言，让人一想起那个样子就心中不快。和所有别的事物一样，窈窕的身材也是遵循一定的比例和限度的，超出这个限度，那就是一种缺点，这种缺点当人裸体时看上去尤为刺眼，难道用衣服将它裹起来就好看了吗？

我真的无法研究是什么原因让女性硬将自己像穿着盔甲一样束缚着。我得承认，如果一个20岁的女人胸部下垂，腰肢粗大，这的确是不好看的。但是，这样的身形出现在30岁的年龄段，那就根本不难看。不管我们是否愿意，无论在哪个年纪，我们都应该长得符合自然规律，人的眼睛在这一点上看得一清二楚，因此不管女人的年龄多大，有了这样的缺陷，就不能说她样子好看，但总比傻乎乎地将自己打扮得像个40岁的老姑娘要好看得多。

所有妨碍和制约天性的东西都是风尚不好的原因造成的，从身体的装饰和内心的修养来讲尤是如此。生命、健康、理智和舒适，应该是至高无上的，不舒服的事物是无法显得优美的。纤细不等同于瘦弱，为了赢得大家的爱，就不应呈现出不健康的样子。大家固然是会同情一个生病的人，但如果想要得到大家的喜爱，就应该长相活泼、身体健康。

女孩的兴趣培养

男孩和女孩有很多可以一起玩的游戏，这是应当的，等他们长大后，不是也要在一起相处吗？他们也要适合各自的兴趣爱好。男孩喜欢运动和喧嚣，喜欢敲鼓、打陀螺和推车子；女孩喜欢漂亮的和可以用来化妆的东西，比如镜子、珠子、饰边，特别喜欢布娃娃。布娃娃是女孩一定会喜欢的东西，从这点来讲，我们可以看出她的爱好和她的使命是吻合的。打扮的重点在于如何使用化妆品，女孩是可以学会这门艺术的。

你看：一个小女孩整天玩她的布娃娃，她总是在装饰它，反反复复地给它穿衣服再脱衣服。无论她是否善于挑选，她不停地给它佩戴一些新的装饰品。她的手很笨拙，没有形成某种特定的爱好，但是她的习惯已经开始显现。她没完没了地玩布娃娃，时间在不经意间流走了，究竟玩了多长时间，她也不清楚，甚至有点儿废寝忘食。她贪婪地寻找着化妆品而非食物。你可能会说：“她装扮的是她的布娃娃而非她自己。”当然，她的注意力在布娃娃身上，而不是她自己，她对自己还无法做任何事情，因为她还没有长大，还不成熟，她既不能干也没有体力，她对外界一无所知。她全神贯注于她的布娃娃，她将所有可爱的地方都倾注在布娃娃身上。这种情况不会在她身上停留太长时间，她在等自己变成布娃娃的那一刻。

由此可见，这种倾向是必然会形成的，你只需留意它的发展，适时加以引导就可以了。当然，这个小女孩心中想的只是如何装扮她的布娃娃，如何给它打蝴蝶结和小围巾，如何给它折花边，可要完成这些，她需要得到别人的帮助，因此她会想，要是自己能独立完成就好了。人们一开始就教她学习做这些事情，是因为这些事情并不是人们要求她一定要完成的工作，只是出于一片好心让她拿去玩的。事实上，所有女孩一旦手中拿着针线，她们就会学习得很认真。她们觉得自己已经长大成人，开心地想象着她们有一天也能用这些本领来装扮自己。

当这条路被打通后，后面的就容易多了。女孩们会学着去做一些化妆品，学着去绣花和做花边。她们不会考虑房间里挂什么窗帘、用什么家具，这些跟她们毫无关系，随便别人怎么安排。成年的女子才喜欢捯饬窗帘和壁纸，年轻的小女孩可没有多大的兴趣。

像这样自愿地学习一些东西，她们会被激励去学习画画，因为画画这门艺术和穿衣打扮是密切相关的。但是，我不希望她们学习画风景，更想让她们学习画人物。一般情况下，学习画花草树木和各种图案就差不多了，因为这些画能够增加她们对服装的审美。当她们找不到合适的花样时，可以自己来画刺绣纹样。如果说男人只需要研究对他有益的学问，那么女人更应当将她们的研究领域局限于对她们有帮助的事情上，因为虽然女人在生活中不会那么累，但是比起男人来，她们做事要更加勤奋一些，而且经常需要同时做很多事情。

女孩一般比男孩要温顺，并且我们可以更加严厉地管教她们，但是不能因为这样就总结说我们可以强制她们做一些用处不明的事情。做妈妈的要善于告诉她们，我们让她们做的事情有什么好处，因为女孩的心智比男孩的心智要成熟得早一些，所以这样做是很容易的。基于此，男孩和女孩不应该研究那些毫无益处、不能让研究的人感到快乐的无聊学问，而且那都是些他们在目前的年龄段还无法弄懂，要等到年龄稍大后才能知其所以然的学问。每个女孩子都很好奇，因此一旦她们有时间、有机会，不用你强迫，她们也会主动学习读书和认字的。或许，她们首先应该学的是算术，因为没有什么可以像算术那样一直有用，需要很多的时间练习，并且还容易犯错。如果一个女孩只有做了算术题才能吃樱桃的话，我敢保证，她马上就能学会算术的。

我认识一个女孩，她先学的写字后学的认字，并且一开始用针写，后来才用笔写。所有字母中，她开始只爱写“o”，她不停地写大写的“O”，然后写小写的“o”，先写粗笔画的“o”，然后写细笔画的“o”，在一个“o”中间写另一个“o”，并且总是反着笔画写“o”。但是，一天，当她在进行这个重要的练习时，她从一面镜子中看到自己的模样，发现这种姿势既别扭又难看，然后把笔一扔，再也不写“o”了。她弟弟也和她一样，不学习写字，但是他讨厌写字是因为他觉得写字是一种折磨，并不是因为写字的样子难看。人们又想了一个方法才让她重新练习写字。本来这个小女孩是娇滴滴的，她不爱让妹妹穿她的衣服。以前家里人都是在她的衣服上做记号，但是她不写字以后就不给她做记号了，因此她只能自己学做记号。她以后的进步大不大，大家可想而知。

女孩的品格培养

你让女孩去做一件事情时，必须把做这件事情的意义清楚地告诉她，但是一定要让她将事情做好。女孩的两个最危险的缺点就是懒和桀骜不驯，并且这两个缺点一旦养成，以后就难以改正了。女孩做事要细致，还应该热爱劳动，但光有这些品质还不够，还应当在小的时候严加管教。虽然这样做会给她们带来痛苦，但是如果不经历这种痛苦，她们在将来势必会遭遇更大的痛苦。她们终其一生都会接连不断地接受最严厉的制约——各种各样的礼数和规矩。应该让她们习惯这样的制约，她们才能不觉得这种制约是痛苦的；必须让她们去控制自己的胡思乱想，以便她们能让自己服从他人的意愿。如果她们整天都想要干活，那我们还需要在某个适当的时候强制她们不做任何事情。如果她们刚开始有了不良嗜好，并且喜欢什么事情就不停地做，她们就会染上轻佻不羁、喜怒无常这样的缺点。要防止这样的情况发生，重要的一点是教育她们要克制自己。

不要让女孩玩物丧志，只知玩乐，不愿工作。用平常的方法教育她们会让她们养成这种只想玩不想干活的缺点，因为就像费讷龙[1]说的那样，这样的教育方法一方面让女孩感觉腻烦，另一方面让她们一味地贪图享乐。假如人们按照前面讲的法则来做，这两个缺点中的头一个只会发生在她们不喜欢周围的人时。一个小女孩如果爱她的妈妈或者朋友，那她每天都和她们在一起干活，也不觉得厌烦。仅仅是和她们聊天，就能够解除她心中的束缚。然而，如果她认为约束她的人很烦，那她在那个人面前做任何事情都是不高兴的。有的女孩认为和母亲在一起比不上和别人在一起那么开心，这样的女孩是不容易变成好孩子的。但是，要分清她们真实的情感，就要对她们的情感展开研究，而不能仅凭她们说的话，因为她们会虚情假意地说一些甜言蜜语来掩盖她们的思想。我们不能强行规定她们一定要爱她们的母亲，不能说因为女孩有听从母亲的责任就让她们必须爱自己的母亲，这是无法勉强的事情。只要母亲不让她的女儿讨厌，那么她对女儿的关爱、照顾和日常的习惯，都会令她的女儿爱戴她的。一个母亲在管教女儿时也要做得恰如其分，这样做不但不会减少女儿对她的爱，反而会让爱增加。

因为女孩只有少量的自由，她们常常会过度使用别人让她们享有的自由，在各方面都表现得过于极端，甚至在玩游戏的时候也比男孩子玩得带劲儿，这就是我刚才指出的第二个缺点。这个缺点必须得到制止，因为它是一些恶习的根源，比如任性和着迷。一个女孩如果染上这些恶习，那么她在今天喜欢某件东西喜欢得不行，到了第二天，她可能看都不想看它一眼了。对她们来讲，喜怒无常和做事极端一样，是非常有害的，而这两个缺点是同一个原因造成的。我们应该让她们高高兴兴、嬉闹着玩调皮的游戏，但是我们要提防她们为了玩另一个游戏就厌烦这一个游戏，需要让她们在生活中始终

1　费讷龙（1651～1715），法国古典主义作家，代表作有《忒勒马科斯历险记》《寓言集》等。

知道要得到约束。让她们在玩的兴头上可以立马停下来，没有丝毫怨言地去做其他事情。要做到这样，只需要养成习惯即可，因为习惯可以成为人的第二天性。

女人养成受管束的习惯后，就会形成一种终生必备的优点：温顺。之所以要具备这种优点，是因为她总要听从于一个男人或者很多男人的评论，而自己又不能摆脱这些评论带来的影响。她之所以要温柔，并不是为了丈夫，而是为了她自己。一个妻子如果凶悍泼辣的话，只会加剧自己的痛苦，加深丈夫的错误行为；要是想征服男人，就不能使用这种方式。上天可不是为了让女人吵闹才给她们能言善辩的能力；不是为了让她们飞扬跋扈才给她们纤弱的外表；也不是为了让她们骂人才给她们美妙的声音；更不是为了让她们勃然大怒才给她们漂亮的脸蛋。当她们大发雷霆时，就失去了本来的样子；虽然她们经常有发火的理由，但假如就此大发脾气，那就大错特错了。男性应该有男性的态度，女性也应该有女性的态度；丈夫如果过于懦弱，妻子就会横行霸道；除非丈夫是个怪胎，否则妻子的温柔迟早会使丈夫乖乖地拜倒在石榴裙下。

但愿所有的女孩都温顺乖巧，但是做母亲的是不可以总是不近情理的。我们不能为了让一个女孩变得乖巧就折磨她，也不能为了让她守规矩就粗暴地对待她。相反，如果她偶尔用一些狡猾的手法，我也不生气，只要她这样做的目的不是逃避我因为她不顺从所采取的惩罚措施，而是摆脱我的束缚。

在此，我呼吁所有的善良人士好好地研究我的这种想法。我不希望大家研究成年女人的这种问题，这是因为我们各种规矩已经迫使她们变成狡黠之人。我希望大家能研究小女孩，未成年的小姑娘，因为她们出生不久，可以跟年龄相仿的男孩做对比。如果相比之下，男孩不那么笨拙和迟钝，这就说明我的看法完全错误。现在，我要在孩子天真的做法中举个例子，为大家做个说明。

吃饭的时候不让孩子要东西，这是个很平常的规矩，因为在人们看来，不用一些可有可无的规矩制约孩子，就不能把他们教育好。因此，当一个可怜的孩子想要某个东西，如果他不做出拼命想要的模样，大人就不会马上给他或者干脆不给他。人们都清楚，如果一个知晓这种规矩的男孩在餐桌上得不到人家的回应，他会如何巧妙地向大人索要一点儿盐或者其他的东西。

我不觉得，人们知道他实质上是在要肉却在表面上要盐就认为他犯了错误。人们不搭理他的做法是很残忍的，因此如果他直截了当地破坏这个规矩，说他饿了，我认为人们不会因此惩罚他的。我曾经亲眼看到一个6岁的女孩这样做了，而且是在很为难的情况下这样做的，因为她家里的人明令禁止她直接或者间接索要东西，她必须听大人的话。那个餐桌上的每一道菜她都吃过了，只有一道菜大家忘记给她，而这一道菜正好是她最想吃的。

这个女孩子为了提醒大人忘记给她菜而又不会背上不听话的罪名，她一边用手依次指着桌上所有的盘子一边响亮地说："这道菜我吃了，那道菜我也吃了。"但是当指到她没有吃的那道菜时，她悄悄地将手移开，而且故意在移动手的时候让别人看清楚，然后人们就问她："这道菜你没吃过吗？""噢，没有。"这个小女孩一边低下头，一边小声回答道。我不用赘述，请你自己将小女孩这种机智的行为和小男孩机智的行为进行对比吧。

女孩应有的样子

凡是自然存在的东西，都是合理的，没有哪一种普遍的法则会对人类造成伤害。上天给了女性机灵的样貌，正好弥补了她们在体力上的不足。没有这种机灵劲儿，女性就不是男性的伴侣，而是他们的奴隶。正是由于女性在智力上的优势，才能保证与男性的同等地位，才能表面上服从而实际上管控着男性。女人亦有许多不利之处，以及自身的胆怯和柔弱；有利的方面，只在于自己的才能和漂亮的外表。女人培养自己的能力，修饰自己的外表，难道不应该吗？然而，不是每个女人都拥有漂亮的外表，有时遭遇的意外会破坏它，年龄的增长也会摧毁它，风俗习惯的不同也会损害它。因此，只有智慧才是女人真正的资本。我们在此所说的“智慧”，并不是社交场合中令人称赞的毫无意义的机灵，而是与其地位相符的智慧，是利用女性的地位和优点来驾驭男性的艺术。普通人不知道拥有这种智慧的好处，不知道它赋予男女交往的魅力，不知道它能遏制暴力的孩子和粗鲁的丈夫，也不知道它能使家庭生活井然有序。如果没有这种智慧，一个家庭就会混乱不堪。狡猾的女人会滥用这种智慧，对此我毫不怀疑。不过，哪种东西没有被大家滥用呢？我们不能因为创造幸福生活的方法偶尔有害，就要把它摧毁。

一个女人可以通过化妆来让自己独领风骚，但是想让别人喜欢上她，还是要靠人品的。我们的穿着打扮并不能等同于我们自身，因为穿戴得很讲究，常常弄巧成拙，何况这样靠饰品吸引到的目光完全落在无足轻重的东西上面。在这个方面，人们对女孩的教育是极其不正确的。他们用装饰品来鼓励她们，让她们喜欢雍容华贵的衣服。当她们把自己打扮得花枝招展时，人们会说：“真美啊！”与此相反，我们应该让她们懂得，装饰品只要能将她们的缺点掩盖起来就好了，真正的美能够将神采美轮美奂地展示出来。追求时髦是一种不良的风气，因为容貌不会因为一个女孩追求时髦就改变，她的容貌会一直那个样子，所以如果一种化妆品曾经让她变得美丽，就可以一直使用。

当我遇见一个年轻的女子用花里胡哨的衣饰来装扮自己时，我就为她奇怪的样子感到担忧，怕别人对她的样子有不好的看法。我会说：“她身上的装饰品这么多，显得太累赘了。你觉得她是不是应该少戴一点儿？她不戴这么些装饰物，不是也很漂亮吗？”或许她会主动让别人把她身上穿戴的那些饰品取下之后再来评判她是否美丽。如果她那样做了，是很值得庆祝的。只有当她穿戴得简简单单的时候，我才会夸她。如果她认识到化妆品是用来弥补先天的不足的，如果她认识到用了化妆品就相当于默认她必须涂抹上这些东西才能赢得大家的喜爱，那么她不但不会为自己的穿着感到骄傲，相反，她会觉得脸红。当她比平常穿得俏丽一些，听到别人说“她真漂亮”时，她会脸红到耳朵根的。

除此之外，虽然有些人的确需要一点儿包装，但是没有谁是一定要华丽的衣服的。女人过分地修饰自己，并不是因为她们自身爱慕虚荣，她们只是人云亦云。想要打扮得娇艳欲滴，有时也得花心思研究一番，但是完全不需要奢侈品。我以前说过，穿戴得珠光宝气的女人正好说明那个女人很丑，用这些装饰品来打扮自己，是非常傻的事情。一个年轻的女孩如果懂得审美，舍弃时髦，那么就算你没有给她珠宝、彩缎和饰边，只给她一些丝带、罗纱、细布和绣花，她做出来的衣服也比其他女人用绫罗绸缎做出来的衣服要好看很多倍。

当然，漂亮的衣服谁都喜欢，也应该选择最好看的衣服，因此能了解自身特点、知道自己适合穿什么衣服的女人，才能做出最好的选择，并且选择总是正确的。她们不需要频繁更换衣服的样式，所以用来穿衣打扮的时间也比不知如何穿戴的女人要短。要装扮得漂亮，只需稍微涂抹一下即可。年轻的女孩们本来就不需要过分装扮，应把大部分的时间都花在工作和学习上。然而，在现实中，一般的女孩除了不涂脂粉外，跟结了婚的女人一样热衷于打扮，那劲头有过之而无不及。女孩们之所以酷爱打扮，是由于生活枯燥乏味，而不是人们认为的爱慕虚荣。一个每天花六小时在打扮上的女人，并不比一个花半小时打扮的女孩好看多少，然而她却可以消磨许多无聊的时光，总比虚度光阴要强。假如这些时间不用来装扮，从中午到晚上，该怎么打发时间呢？找几个女人来为自己梳妆打扮，挑些麻烦的事让她们做，这也是打发时间的一种方式；更加不错的是，本来这段时间应与丈夫会面，现在总算有理由可以不见了。然后，旧货小贩、小白脸、名不见经传的作家、诗人以及歌唱家，就可以轮番过来了。如果不梳妆打扮，怎么把这些人聚集起来？梳妆打扮的唯一好处，就是比穿着礼服时要好看许多。但是，这种好处也远不如想象中那么显著，热衷于打扮的女人是得不到她们认为的好处的。你应该让女性接受女性的教育，让她们热爱女性的工作，并让她们矜持谦让，让她们勤俭节约。如此一来，她们就自然不会装扮得花枝招展了，反而会淡妆轻抹、着装典雅。

成长中的女孩应该知道的第一件事就是：如果她们自身不够美丽，仅仅有美丽的化妆品是不够的。她们无法把自己打扮得婀娜多姿，也不能很快就长得亭亭玉立，但是她们可以做到举止优雅、声音动听、步履轻盈、谈吐大方，并且处处展示她们的优越性。只要她们声音洪亮、口齿清晰、双臂饱满、行动矫健，无论她们如何打扮，都会引起大家的关注。从这时起，她们就不能只是会做针线活这么简单了，她们需要拥有一些新的技能，并且清楚地知道如何使用这些技能。

艺术发展

据我所知，庄重的教师不愿意教女孩学习唱歌、跳舞或者其他才艺。这真是太荒谬了。他们不教女孩学习这些才艺，难道要教男孩？这些才艺到底要传授给谁？他们自己说："谁也不教，唱粗俗的歌就是在犯罪；跳舞是魔鬼的伎俩，年轻的女孩平时只要工作和祈祷就行了。"要一个十几岁的女孩整日工作和祈祷？真是可笑！

我非常担心，假如这些小小的信徒童年时只晓得祈祷，等到了青年时期会判若两样，结婚之后，肯定会千方百计地去弥补童年缺失的乐趣。在我看来，正如我们考虑不同性别需要不同的东西一样，我们也要考虑不同年龄需要不同的东西。小女孩就应该跳跳舞、唱唱歌和四处玩耍，一切适合她们年龄的好玩游戏都应该让她去尝试，而不是像她们祖母一样过日子，这是因为很快她们就到了应该稳重端庄的年龄。

然而，是不是她们的言行举止必须改变呢？这种改变难道是由于我们的成见造成的？如果强迫真诚的女人接受条条框框的束缚，她们结婚后必然失去令男人觉得愉快的地方。男人们会因为家里不够热闹，而不愿意待在家中，换而言之，他们会对乏善可陈的家庭生活失去兴趣。这难道不是顺理成章的吗？不让女人们唱歌、跳舞和做其他有趣的事，只会把她们变成郁郁寡欢和歇斯底里的人，令人苦不堪言。没有一种宗教专门要结婚的女人墨守严格的戒律，也没有一种宗教会对如此神圣的结合抱以蔑视的态度。我们使用许多方法，让女人不再可爱，让男人冷漠无情。也许有些人会说，不会发生这样的事。我明白这些人的意思，但是我认为，基督如果也生而为人，肯定会发生这样的事。

依我之见，女孩应该为了讨未来丈夫的欢心，而学习诸多的本领。有些人认为，他们的妻子没有这些本领才好呢。当然，我也抱有同样的想法，假如女人不用这些本领来取悦丈夫，可能会勾引一些年轻的花花公子到家里胡闹。但是，假如聪明伶俐的女人学会了这些本领，并且以此取悦丈夫，岂不是增加了许多生活的情趣？这样岂不是可以防止男人在一天的忙碌工作后出去寻欢？许多有这些本领的女人，家庭幸福，夫妻双方可以得到共同的快乐。大家是否见过这种幸福的家庭？在这种家庭中，夫妻双方琴瑟和鸣，举案齐眉，温情脉脉，难道不比那些公众场合中乱七八糟的娱乐要好吗？

如今，各种才艺过于注重形式，给人的感觉一般，甚至显得非常笨拙和矫揉造作，这使得年轻人厌恶这些原本十分有趣的游戏。最可笑的是，一个上了年纪的舞蹈或者声乐老师，一本正经地走到活泼调皮的年轻人面前，用最最庄重的声调传授他肚子里的那一点儿墨水。举个例子来说，唱歌需要看乐谱吗？不识乐谱就不能把音唱准、把歌唱好？就不能给别人和声吗？一首歌是不是所有的人都能唱呢？难道所有人都用一种唱法来演绎同一首歌曲？无论如何我也不能相信一个天真活泼的小姑娘，和一个愁眉苦脸的老女人，在表情、身段、举止、仪态和舞蹈上的演绎方式相同。倘若一个老师教给这两人同样的方法，那么我会认为这个老师完全不懂那门艺术，只知道生拉硬搬。

有些人会问，女孩子需要请男老师还是女老师来教？关于这个问题，我一无所知。但是，我觉得，女孩既不用请男老师，也不用请女老师，我倒希望她们能随心所欲地学习。我也希望，在我们生活的城市里不再有卖艺人。这些人教授的东西，即使对女孩有些用处，也可能会给她们带来不利，我怕这些人的胡言乱语以及轻浮举止会让女孩走入歧途，我也怕女孩学得一身浮夸的才艺。

在所有以娱乐为唯一目的的艺术中，所有人都能成为女孩的老师。她们的父母、兄弟、姐妹、朋友、保姆，乃至镜子，特别是个人的兴趣，都可以是她们的老师。千万不要主动说，要她们学这个学那个，一定要她们自己开口。别把有趣的学习变成苦差事，特别是学习这些才艺。只要有愿意学习的心，就算取得了初步的成功。假如非要正规地学习，对于请男老师还是女老师这一问题，我还没有明确的答案。我也不清楚，一个教舞蹈的男老师是否可以捏女学生白嫩的小手，是否可以让女学生掀起裙子，是否可以让女学生抬起眼来看自己，是否可以让她张开臂膀，用丰满的胸部挨近自己的身体。但是，我敢保证，在这个世界上没有任何东西能够引诱我去做这种老师。

只有热忱和才能，才能培养出审美的能力。有了这种能力，一个人才能很自然地接受各种美的观念，继而接受与美的观念相关的观念。这可能是女孩比男孩更早地学会守规矩和产生羞耻心的原因之一。如果你认为这种早熟的想法源于女教师的教育，那么你对女孩的教育方式和人心一无所知。在所有令人愉悦的艺术中，说话的艺术排在首位，这种艺术会让一向迟钝的感官获得新的感觉。心灵滋养我们的身体，还能使之恢复活力。由于我们的感情和想法在不断地变化，我们的面孔也随之变化，并富有生机。通过发自肺腑的语言，能够让人长久地注视同一个目的。在我看来，正是由于此，女孩才能很快学会说动听的话语，才能在她们不知道意思之前，就学得有模有样，而男人也喜欢听她们说话，无论她们懂不懂得自己的心意。他们在暗中观察这种才能形成的过程，以此来了解女孩真正想表达的情感。

女人的喉舌非常柔软，开口说话的时间比男人早，而且说起话来，也很轻松和动听。也许有些人觉得她们说得太多，事实也许就是如此。但是，我不会指责她们，我反而会表扬她们，因为她们的嘴巴和眼睛在同时活动，并且出于同样的原因，进行相同的活动。男人如实地说话，而女人则会说动听的话；男人说话需要储备知识，而女人说话只需要幽默感；男人说话的目的在于讲事实，而女人说话的目的在于如何把事情讲得生动活泼。两者的共通点则是讲出事实，除此之外，在其他方面应该有所差别。

所以，我们不能像应付男孩一样，在女孩唠叨不停的时候，直接问一句“有什么用处”，而应用一句无法回答的话来问她们：“会有什么后果呢？”在善恶不分、不能体会别人想法的童年时期，女孩应记住这个法则：在跟别人说话的时候，只能够说好听的话。这个法则用于实际，会有些困难，因为它必须服从一个主要的法则，即无论何时，都不能撒谎。

从这点来说，还有很多其他的困难，但这些困难是在年龄大一点儿的时候才会遇到。就目前看，只要女孩稍加留意，摆事实时不要粗俗——她们的天性也讨厌粗俗的行为——后天再加以教育，就能让她们学会避免这种行为。在与人交往中，男人的礼仪表现在乐于助人上，而女人的礼仪则表现在细心体贴上。之所以有这样的差别，并不是由于社会习惯不同造成的，而是自然产生的。男人好像愿意随时为你提供帮助，而女人则随时都想让你开心。所以，我们说，无论我们怎么看待女人的性情，她们的礼貌显得更加真诚，这出自她们天生的本能。倘若一个男人声称把你的利益看得比他自己的还重时，无论他如何巧言令色，我都能看穿他的谎言。因此，女人们要想温文尔雅，只需要教她们学会礼仪即可，无须花费多大的力气。最初教她们遵守礼仪的，是她们的天性，我们只需要按照她们天性，继续加以引导，让她们能知书达理。女人对女人的礼仪则是另外一回事。女人之间冷若冰霜，别别扭扭，彼此形同陌路，而且都不愿掩饰这种关系，也不装腔作势地伪装一下，反而显得非常真实。不过有时候，年轻女孩之间也存在真正的友谊。在如花似玉的年纪，快乐活泼的心情如同善良的天性一样，能左右女孩的决定。她们喜欢自己，所以也喜欢其他人。事实就是这样，就算在男孩的面前，她们也热烈地拥抱和亲吻，虽然她们明白男孩会嫉妒这种亲密的关系，不过她们还是以此引发男孩的羡慕而自豪。

女孩提问与回答的技巧

我们不应该让男孩提出无理的问题，也不应该让女孩提出同样的问题。这是由于，无论我们满不满足他们的好奇心，都会引起严重的后果，而且他们擅长猜测隐藏的答案，擅长找出秘密的答案。然而，我虽然不喜欢他们问东问西，但我认为应多多向他们提问题，想方设法让他们多谈话，让他们经常锻炼。这样谈话时他们才可以冷静地应对，并且可以在不引起不良后果的时候，让他们的口才和心灵得到升华。谈话要在轻松的氛围中进行，要合理地安排谈话的内容，这样才能使年轻的女孩们觉得有趣，并在不知不觉中，向她们灌输人生最基本和最有用的道德教育。表面上，你是在同她们谈论轻松有趣的琐事，事实上是在告诉她们需要具备怎样的品性，才能获得男人的尊重，才能使自己获得幸福和荣誉。

我期盼，真正懂得儿童心理发展的人能写一本关于问答的教义。这样的书，可能是所有著作中最有用的书，而且依我之见，它会给作者带来至高无上的荣誉。毋庸置疑，这样的书想要写得好，就应与我们目前所能见到的教义截然不同。

这样的教义，只有在孩子能自行回答问题，或者不必提前预习问题，才能够收获良好的结果。当然，偶尔也应该让孩子自己提出问题。为了让大家懂得我的意思，我做了一个示范。虽然这个示范还不太成熟，但只求大家有个粗略的了解。

对于教义中的第一个问题，我们要想得到答案，应该这样开始提问：

阿姨：你还记得妈妈小时候吗？

小女孩：不记得了，阿姨。

阿姨：你记性很好，为什么记不得呢？

小女孩：因为那个时候我不在这个世上。

阿姨：你是说你还没有出生？

小女孩：是啊。

阿姨：那你会永远活下去吗？

小女孩：会啊。

阿姨：你现在年龄小还是年龄大？

小女孩：年龄小啊。

阿姨：那你奶奶是年龄小还是年龄大？

小女孩：她上了年纪了。

阿姨：她不是也有年轻的时候吗？

小女孩：是啊。

阿姨：为什么她现在不年轻了？

小女孩：因为她已经老了。

阿姨：你以后也会变老吗？

小女孩：不知道啊。（虽然上面写的是“不知道”，但实际上小女孩说的是另外的意义，应该想想她到底是什么意思，让她好好解释一下。）

阿姨：你去年的衣服在哪里？

小女孩：已经拆了。

阿姨：为什么要拆呢？

小女孩：因为穿上去小了。

阿姨：为什么你穿上去小了？

小女孩：因为我已经长大了。

阿姨：你还会再长大吗？

小女孩：是啊，还会长大。

阿姨：你长大了，会变成什么样的人？

小女孩：会变成妇女。

阿姨：妇女又会变成什么样的人？

小女孩：会变成妈妈。

阿姨：变成妈妈以后呢？

小女孩：以后就变老了。

阿姨：你也会变老吗？

小女孩：等我变成妈妈以后。

阿姨：变老之后会变成什么样的人？

小女孩：不知道。

阿姨：那你爷爷是什么样的人？

小女孩：他已经死了。

阿姨：他为什么会死？

小女孩：因为他已经老了。

阿姨：老了会怎么样呢？

小女孩：老了都会死掉的。

阿姨：那等你老了，你也会……

小女孩（插了一句话）：啊，阿姨，我不想死。

阿姨：孩子，谁都不想死，可是最后都得死去。

小女孩：为什么！妈妈也会死吗？

阿姨：是啊，大家都会死去。女人和男人都会变老，老了之后，就会死去。

小女孩：那怎么样才能慢慢变老呢？

阿姨：年轻的时候好好生活。

小女孩：阿姨，我以后一定会好好生活的。

阿姨：太好了！但你是不是认为你会永远活着？

小女孩：当我变得很老，很老……

阿姨：然后呢？

小女孩：当人变老之后，你说他们就会死去。

阿姨：你是不是只死一次？

小女孩：唉，是的。

阿姨：你的上一代是谁？

小女孩：是爸爸和妈妈。

阿姨：爸爸妈妈的上一代呢？

小女孩：是他们的爸爸和妈妈。

阿姨：那你的下一代呢？

小女孩：是我的孩子。

阿姨：那他们的下一代呢？

小女孩：他们的孩子，等等。

依照这个思路，通过具体的推理，我们可以找到人类的起源和结束，就像寻找其他事物的起源和结束一样。这即是说，可以找到来历不明的前代人，以及没有孩子的后代人。只有提问过这一系列的问题后，才算做了充分的准备，然后才能回答教义的第一个问题；只有做好准备后，我们才能提出第一个问题，而孩子们才能了解这个问题。从第一个问题到第二个问题，即关于神性的定义的问题，相距甚远！什么时候才能缩短距离？上帝是一种“圣灵”！什么是“圣灵”呢？一个孩子能懂得连大人都不懂的晦涩问题？这些问题，可以由小女孩来提出疑问，但回答起来就太难了。因此，我会告诉她：“你问我什么是上帝，这不太容易解释清楚，我们无法看见、听见和触摸上帝，只能够通过他的所作所为来认识他。为了搞清楚他的存在，我们应该先了解他做了什么事。”

关于信仰

即便所有的教义都是真实无误的，但也不能说它们同等重要。是否在任何事上都能看出上帝的恩德，这无关紧要。在人类社会和每个人看来，所有人都应该懂得上帝的法则，要求每个人对邻居和自己都承担义务，这是尤为重要的一点。所有人都应互相教育，为人父母者更应以此来教育自己的孩子。上帝的母亲为何是个处女，她怎么生了上帝，或者说她生了一个男孩，而上帝进入那个男孩的身体与他合二为一；圣父和圣子的本质是一样的，还是类似的；圣灵来自圣父还是圣子，抑或两者都有；以上问题，表面上看非常重要，不过在我看来，人类能不能找到这些问题的答案并不重要，就跟人们知不知道该纪念复活节、应不应该做祷告和遵守斋礼、在教堂应该说法语还是拉丁语、墙上是否应该挂圣像、是否做弥撒、是否娶妻生子这些问题的答案一样。

以上的问题，每个人都有自己的观点，别人不应干涉。而在我来说，我对这些是完全不感兴趣的。我和类似我的人都认为，每个人都应该懂得人类命运自有主宰，我们只是它的产物，它要求我们正直无私、彼此关爱，对别人要有同情和怜悯之心，要遵守约定，即便同敌人的约定，也要遵守。应用这些教义和类似的教义来教导年轻人和劝诫他人。违反这些教义的人应该受到惩罚；他们会扰乱社会秩序，成为全民公敌。鄙视这些教义的人，如果勉强我们接受他们的观点，也会受到惩罚；他想要以自己的方式建立社会秩序，这会破坏和平；他们目空一切，自视为上帝的发言人，妄图用上帝的名义来树立自己的威信，从而真把自己当成上帝。就算我们可以容忍他们的歪理邪说，也应该因为他们亵渎上帝而加以惩罚。

所以，我们应该把那些神秘的教义置之度外，因为对我们来说，这些教义不过是没有实际意义的空话。花费时间去研究那些荒诞无味的教义，不仅会徒劳无功，还会使研究之人忽视道德修养，最后不但没成为好人，反而都成了疯子。只需要教孩子那几条跟道德修养相关的教义，要让他们相信，只有教导他们作风正派的教义，才值得他们学习，才会让他们受益匪浅。千万别把孩子培养成诡辩家。与上帝相关的事，只需要把能够增加智慧的部分告诉他们即可；要让他们常常感觉到上帝的存在，让他们把上帝作为其行动、想法、道德和欢乐的明证；要让他们因为上帝的仁慈而心生善良，要让他们因上帝的补偿而任劳任怨；总而言之，要让他们终生都能维持今后出现在上帝面前时的愉悦心情。唯有这样，才是真正的宗教，唯有这样的信念才不会产生罪恶和放肆的弊病。别人要传播任何崇高的信念，就随他们去好了；在我看来，我的信念只有以上阐述的那几点。

除此之外，还需要注意的是，女孩心智尚未成熟，与日俱增的情感还未激发她们的道德之心。在没有长到特定的年龄之前，她们会观察身边人的行为，以此来判断好坏。允许她们做的事情都是好的，禁止她们做的事情都是不好的，对于不好的事，她们不应该过多了解。从这一点上来说，选择她们身边的人，比选择男孩身边的人，重要得多。当她们可以自行判断事件的好坏了，你就需要改变之前的教育方法。

女孩的理性培养

到目前为止，或许我在教育女孩的这个问题上说得太多了。如果我们不拿普通人的偏见作为妇女的行事法则，我们怎么能够降低她们的社会地位呢？女性是管教我们的人，假如我们不损害她们，她们是可以增加我们的荣耀的，所以我们不应该贬低她们。从全人类的角度来讲，在人类的偏见产生之前就存在一条法则，其他所有的法则都应该将这条法则作为坚定不移的方向，因为它要裁定人类的偏见，而人类的想法只有在符合这条法则的时候，才能受到我们的尊重。

这条法则就是人心的良知。我就不再重复前面说过的话了，现在我只说这一点，如果不从下面这两方面同时教育女孩，那她们接受的教育是有缺陷的。光有良知却不尊重他人的意见，她们就无法有善良的心，就无法用自己的良好行为去获得世人的称赞；只尊重他人的意见而不遵从自己的良知，就会成虚妄和不体面的女性，这样的女性只有外表没有美德。

所以，她们应该培养起一种理性，从而平衡这两方面的影响。这种理性可以不让她们误入歧途，又能纠正一些因偏见产生的错误。但是，一说到理性，就会产生很多的问题啊！女人是否有完整的推理能力？她们是否需要培养理性？她们的理性能否培养好？培养理性是否能帮助她们承担她们应尽的职责？培养理性和她们应当有的纯真的心是否吻合？

对于以上问题，由于研究和解决方法不同，因此会形成两个南辕北辙的观点：一些人认为女人只能督促女仆纺纱和缝纫，以此把她们变成男人的奴隶；另一些人则认为，女性的权利远远不止这样，因此可以剥夺男人的权利。只在适合女性身份上，让女性占据优势，而在其他方面讲究男女平等，这难道不是把大自然赋予男人的优势转移给女性吗？

男人在有了理智之后，才认识到自己的天性，虽然他的理智尚不健全；女人也同样在有了理智后，才认识到自己的天性，但她的理智比较纯真。她服从并忠实于自己的丈夫，关爱和呵护自己的孩子，这种自然的结果是因为她的地位造成的。因此，只要她有一颗善良之心，就会听从良心的支配，只要天性不坏，就不会对其天性有任何错误的理解。

我不会因为一个女人履行天职就去责备她，也不会因为她除了天职对其他事一窍不通而责备她。一窍不通也需要淳朴和健康的风气，或者鲜少与人交往的生活方式。在许多大城市里，有许多道德败坏的男人，这对一个女人来说，是莫大的诱惑。她能否坚持自己的道德，需要看她所处的氛围。在这个充满哲理的世界里，她必须经受住道德的考验，必须预先知道别人的评论，以及自己对这些评论的想法。

既然女人的品性需要由男人来判断，她就应该获得这个男人的尊敬，并且最重要的是要获得自己丈夫的尊敬；她应该使其深爱自己，认可自己的行为；在公众面前，她应该能够证明他的选择无误，她应该能让他为自己骄傲。假如她对人类社会知之甚少，假如她不懂人情世故，假如她不了解人们做判断的根据，假如她不清楚人们做判断的原因，她又如何能做到以上几点呢？她既要凭良心做事，又要考虑人们的舆论，她应该知道如何平衡两者之间的关系，还应明白在两者冲突时，应以自己的良心为重。对于社会的舆论，她应该有所选择，知道什么时候应接受，什么时候应反对。在接受或者拒绝别人的偏见之前，她应该好好思考，找出偏见产生的原因，预测偏见产生的结果，使偏见为自己所用。这样，当她完成天职时，可以避免别人的非难。她还应该特别注意，不要给别人非难的机会。如果她的心灵和理智没有完全成熟，那么以上几点是无法做好的。

我经常想到第一个法则，它能够帮我解决任何困难。对于目前的状况，我仔细研究了一番，找到了问题的症结，最后发现一切良好。我去拜访热情好客的家庭，发现男主人和女主人接受了同样的教育，待人都温文尔雅，说起话来都兴趣盎然，都希望做好接待工作，让宾客高兴而归。男主人十分注重细节：他不厌其烦地招待客人，事无巨细地为客人着想。女主人坐在自己的位置上，客人在她周围坐着，好像把她包围起来了。但她眼观六路耳听八方，注意同每一个客人聊天，做的所有事都能取悦客人，说的话也很讨客人的欢心。她在不打乱尊卑秩序下，使最卑微的客人也受到了同样的礼遇。

按主人安排就餐的座位，大家依次就位。男主人知道如何安排座位，所以尽心地为大家安排好。女主人虽然不太懂，但也没有出差错，她已经从大家的举止和态度上看出应如何安排，所以每个人对座位的安排都十分满意。

送餐时，他们也没有遗漏任何一个客人。男主人依次给大家递菜，当然不会有疏忽；而女主人看出客人喜欢吃什么菜，就把那份菜递过去。当她和身边人交谈时，她还留意另外一边的客人。她能看出哪个客人因为不饿，所以什么也没吃，哪个客人因为腼腆害羞，不敢主动索要饭菜。在离开餐桌时，客人们都觉得自己受到了女主人的优待，也觉得女主人忙得没吃多少东西，但事实上，她吃得比谁都多。

在客人们离开后，男女主人谈论起那天的经历。男主人说起客人们讲的事情，以及客人们做的事情。女主人虽然没有关注，但却猜出客人们都说了什么，她能看出客人们的心思，从客人们的言谈举止中，猜出暗含的意思。客人们一流露出某种神情，她就能猜出他们的意思，而且每次都猜得不差毫厘。

一个女人若能在人际交往中有这样的智慧，就能够轻松地打理家庭、接人待物；一个妩媚的女人若能有这样的智慧，就能够哄得追求者们团团转。卖弄风情比时时保持礼仪更讲究分寸，如果一个女人时时都能懂礼仪，那么她在任何情况下都不会出错。然而，如果一个女人想时时都卖弄风情，那很快就会失去对男人的控制。如果她想让所有追求者都心满意足，结果只会让所有人都失望。她在社交场合中应付男人的方式，是不允许她讨好每一个男人的。只要她能真心地对待每个人，别人也不会计较她的偏心。不过，在爱情上，一个人的爱是排他的，如果对其他人表现得更亲密，就势必会伤害另外一个人的感情。一个敏感的男人宁愿遭受一个女人的恶劣对待，也不愿和别人分享她的爱。对他来说，如果待遇和别人没有差别，那就糟糕了。所以，要是一个女人想同时拥有几个情人，就必须使每个人相信自己是独一无二的，并且需要当着所有人让他如此相信，大家也都如此相信。

假如你想看一个人进退维谷的样子，就把他放到他的两个秘密情人中间，然后你就可以看到他的傻样。要是把一个女人放在两个男人中间，效果会更好。你会震惊于她欺骗两人的手段多么高明，居然能使那两人互相嘲笑。假如这个女人同时让两人相信，自己与他们多么亲密，她怎么会骗得了两个人？假如对待两个人的态度相同，那岂不是表明两个人对她有同等的权利吗？呵！她怎么会那么做！她不会用同样的态度来面对两个人的，肯定会装作两人有主有次。她如此演戏，会让那个听了甜言蜜语的人高兴，也会让那个受冷落的人认为她在挖苦另一个人。所以，双方都非常满意，误以为她爱的是自己。实际上，除了自己，她谁都不爱。

如果想使所有人都满意，那么卖弄风情也应该采取类似的方式。轻浮放荡要是过了火，会引起所有人的反感。应该巧妙地掩饰自己的轻浮，这样才能牢牢地控制住别人。

她耍了各种花招：

不断地勾引新的情人；

她对所有人都不一样；

面对不同人有不同的面孔。

为什么要这样呢？假如她没有细致地观察男人，又怎么能时刻掌握男人的心思，怎么能用一种手段来掩盖她的动机？这种手段是否每个人都能学会？当然不是，它是女性独有的手段，每个女人都会，就算男人想学也达不到她们的水平。这是女人的特点之一。对女人来说，机灵、富有洞察力和观察力是门学问，能不能善用这门学问，关系到她们是否有才能。

情况就如此，我们也说明了它产生的原因。一些人说女人太虚伪。她们是后天才变得虚伪。上天赋予她们的是手段，而不是虚伪。从女性真正的目的来说，即便她们说了谎，也不想给别人造成虚伪的印象。言语并不能表达她们真正的内心，既然如此，你又何必认真地对待她们说的话呢？只要观察她们的眼睛、她们的神态、她们的呼吸以及羞怯的模样，这才是上天赋予她们的表达方式。她们嘴里总是说“不”，而且只说“不”，但她们说“不”的时候，语气变化万千，这些语气没有掺杂半点虚假。女人和男人有着同样的需求，但是却不具备同样的表达权利。即便她们的需求是合理的，如果她们的表达方式不正确，那么命运就变得十分凄惨。难道行得正就非得一副可怜兮兮的模样吗？难道她们不能用巧妙的方式，来表达内心真正的想法吗？她们手段如何高明，才能让男人看出她们呼之欲出的需求？她们需要经过艰苦卓绝的学习，才能在打动男人心的同时，表现出一副谁也不在乎的模样。加太拉的苹果，以及她笨拙的逃跑姿态，隐喻着多么动人的话！她还需要补充什么话吗？一个女人的做法越含蓄，手段就越高明，就算对她丈夫也是如此。当然，在我看来，卖弄风情只要不超出限度，就是娴静和真实的表达，也合乎正确的行为准则。

反对我的人中，有一个人曾说，道德是个综合体，这句话说得很对。我们不能把它一分为二，也不能认可一部分而否认另一部分。假如你爱它，就应该完完整整地爱它；你不应该产生的感情，可以的话，最好从心中剔除，并且无论何时都不要再提及。道德的法则，虽然我们肉眼看不到，但却是最好的东西。不好的东西，则不应该存在，更不应该获得人们的认可。如果我们认可了，就会得到不好的结果。假如我受到某种东西的引诱，试图去盗窃；假如我说出自己的意图，因此引诱了另一个人当我的同犯；那么当我引诱他时，是否说明了我已经屈服于那种东西的引诱？你为什么说女人的羞怯是虚伪的表现呢？难道说没有了羞耻心的女人比羞怯的女人更真挚？不是这样的，没有了羞耻心的女人要虚伪千百倍。她们沾染了各种恶习，所以堕落了，而且并未改正恶习，反而做了许多坏事，使恶习越积越深。相反，那些有羞耻心的女人，不因自己的毛病而自豪，甚至向爱人也隐藏起自己的心意。男人要花费心思才能获得她们的青睐，这样的女人才是真诚守信的人，才能成为我们最信赖的人。

上面这些表面上看好像与我们没有关系，但其实联系紧密。当现在的哲学把女性的羞耻心和所谓的虚荣作为笑料时，我已经看出这种哲学产生的可怕后果。我想，这样的哲学会把我们这个时代的女性唯一拥有的赞誉也消除掉。

女性的职责

我前面讲过，女人担负的职责表面上看起来不难，但事实上要完成所有的职责，就不是那么容易了。她们首先要意识到那些职责给她们带来的裨益，然后才能在履行那些职责时感到满心欢喜，这是帮助她们承担职责的唯一方法。不同身份和不同年龄段的女子都是有相应的职责的。只要她愿意承担，她很快就能认识到她应尽哪些职责。你必须尊重你作为妇女的地位，无论上帝让你以什么身份降生，你要一直做一个善良的女子。尤其重要的是，你要遵从自然的安排去生活。

依照上述论断，我可以得出一个结论，女性适合接受什么样的教育，她们从青年时代就应该思考什么样的问题。

就像我之前说过的，表面上看女性需要承担的责任很轻松，但事实上非常困难。首先，她们应该认识到这些责任的益处，这样承担责任时才能满心喜悦，这是她们轻松履行责任的唯一方式。无论身份和年龄如何，女人都有自己的责任。只要她乐于承担，就能很快认识到这些责任是什么。我们要尊重女性的地位，无论上帝给你什么身份，都要做一个善良的女人。最重要的是，只要顺其自然地生活，女人就能够轻而易举获得男人的喜爱。

女人应该探究实际的东西，应该把男人发现的原理用于实际，应该好好地观察，以便能够佐证这些原理。在所有与女人的天性无关的事情上，她们思考问题时，应该考虑男人的心理，应该着重观察有趣味并且以人们的嗜好为唯一目的的东西。女人的体力不强，对外界也知之甚少，因此只能够揣测她们可以运用的力量，以弥补体力上的不足，这种力量就是男人的欲望。她们的做法优于我们的做法，她们的言行举止可以激励人心。所有她们必须做但却无力完成的事情，都可以巧妙地让我们产生做事的欲望。所以，她们对男人的心理有清晰的了解——不是泛泛地了解普通男人的心理，而是了解身边男人的心理，了解自己受制于法律或者舆论的男人的心理。女人应该学会通过男人的言语、举止、神态和姿势，来洞察他们的情感。女人应该通过自己的言语、举止、神态和姿势，来让男人产生自己喜欢的情感，同时也能隐藏自己的这种能力。相比女人而言，男人对人心有更加透彻的研究，不过女人比男人更能看透人心的活动轨迹。可以这么说，女人有发现“实验道德”的责任，而男人应该把女人发现的“实验道德”加以归纳。女人的心思比男人更为细腻，所以女人来观察事物，男人来归纳事物，这样的配合才能获得更加完整的学问，单凭男人的心灵可无法做到。总而言之，这样的配合就能获得对所有人都有裨益的知识。艺术能使大自然赋予我们的才智趋于完善，道理就在于此。

女人身边的人就是她们应该学习的书。假如学不好，那是由于她们能力不足，或者因为某种欲望而迷住了她们的眼睛。不过，要真正地承担起母亲的责任，应该像修道院里的修女一样过着简朴的生活，而不是像个交际花一样抛头露面。所以，我们应该像对待修女一样，对待未出嫁的女孩。在她们没有放弃想法，远离不应该享受的娱乐之前，让她们去看看那些娱乐场所，省得扰乱她们的心灵以及平静的生活。在法国，少女们都住在修道院中，而已婚妇女则经常来往于交际场合。很久之前，情况正好相反。就像我之前说的，少女们在公众场合嬉戏玩耍是非常正常的，而已婚妇女只能待在家中。这种安排比较合理，有助于保持良好的社会风气。没出嫁的女孩可以任性一点儿，因为玩耍就是她们的主要任务。已婚的妇女要料理家务，而且无须出去再寻觅丈夫。然而，她们不知道这样做的好处。不幸的是，她们热衷于出风头。当了母亲的人，应该把自己的女儿当成伴侣，要让她们有一个清楚的脑袋和真诚的心，用纯洁的眼睛去看所有的事物。要让她们尝试跳舞、聚会、运动以及戏剧。所有对于轻浮的少年来说容易沉迷的错误东西，对单纯的女孩来说，没有任何危险。越早让她们看清这些浮躁的东西，越早让她们感到厌倦。

肯定会有一些人来反驳我。哪有看到这种有害的例子而不受影响的女孩呢？她们只要窥探到社交场合的情况，就会蠢蠢欲动，从而不愿意离开那种场合。然而，在她们的眼睛被迷住之前，你是否做了充分的准备，让她们看到那些情形而不会动心？你是否已经准备好向她们讲清楚这些情形？你是否如实地描绘了这些情形？你是否给予她们对抗虚荣的武器？你是否让她们单纯的心思，在那种纷扰繁杂的情形下，找不到真正的快乐？你采取了哪些方法，以防止她们走入歧途？你不但没有采取任何措施，让她们的心不被偏见影响，反而向她们传播偏见；很早之前，你就使她们对各种无聊的游戏产生了喜爱之心。你让她们尽情地玩耍，她们当然会很喜欢。有一些已经进入社交场合的女孩，除了母亲之外，没有人再去管她们。不过，她们的母亲玩起来更加疯狂，只能够用同样的方法教导她们的女儿。母亲的言行举止比理智更能影响孩子，所以很多女孩认为母亲的言行举止都是对的，母亲在女儿心中是有威信的，她们的言语更是绝对正确的。因此，我认为母亲应该把女儿带去社交场合看一看，让女儿看到它真正的样子，只有在这种情况下，我的主张才成立。

实际上，女孩从一开始就堕落了。令我担心的是，以下论述出于自己的偏见，而不是研究的结果。一般来说，信奉新教的国家要比信奉天主教的国家，有更多的幸福家庭和贤妻良母。假如真是这样的话，我们可以断言：也许是女修道院的教育，导致了这种差别。

要喜欢闲适的家庭生活，首先应该了解它，要了解它，就应该从童年开始就体会到这种幸福的生活。只有在自己家里，才能学会如何爱自己的家。假如母亲没有用心教育孩子，那么孩子将来也不可能用心教育自己的孩子。不幸的是，大城市中再也没有人对女孩进行家庭教育了。在大城市里，社交场合频繁和杂乱，就连一个清净的地方都找不到，甚至自己家里也跟公众场所一样。一个女孩假如经常和外人厮混，她相当于没有自己的家，同父母形同陌路，淳朴的家庭氛围以及亲密无间的亲缘感情也都消失无踪。因此，女孩还在吮吸母乳时，就已经体会到这个世界的享乐主义以及社会准则。

有些人强迫女孩表现得腼腆羞怯，这样就能哄骗一些以貌取人的傻瓜，让他们娶妻生子。然而，稍微留意这些女孩，你就能发现，在腼腆羞怯的外表下，她们已经露出了狂热的欲望。从她们的眼睛里就能看出，她们一直在模仿自己的母亲。她们不是想找一个丈夫，而是想获得一种保证。有很多方法都可以让她们在没有丈夫的情况下正常生活，那么她们又何必费心要一个丈夫呢？话虽如此，她们还是需要一个丈夫做掩护。从表面上看，她们端庄正派，从骨子里看却荒淫无度，假装正经的模样本来就是淫荡的表现。她们之所以要假装一番，是因为她们想早点儿摆脱这种正经的伪装。巴黎和伦敦的女性，请原谅我。

任何地方都可能会有奇迹发生，不过我从未看见过奇迹。要想在人群中寻找一个单纯善良的人，我不得不承认我对这个社会知之甚少。如今的教育方式，只会使年轻的女孩对奢华享乐产生兴趣，并且产生兴趣后，她们便会产生享乐的欲望。在大城市里，女孩小时候就开始堕落；而在小城市里，她们刚开始有理智的时候才会堕落。外省的女孩模仿别人，瞧不起自己省份淳朴的民风，急于去巴黎感受不良的社会风气。她们来巴黎游玩，唯一目的就是学习那些所谓的才艺，并且当她们发现自己不如巴黎女人放荡时，还因此而羞愧，希望自己早日成为大都会的一员。依你之见，女孩是什么时候开始学坏的？是在最初有此打算时，还是达到目的时？

然而，我不愿开明的母亲把女儿带到巴黎，来见识这些对外省人危害深重的场景。我相信，即便要来巴黎，也应该在女儿受过不良教育之后，或者这些场景已经不能给女儿带来危害的时候。一个明辨是非、头脑清醒、做事正派的女孩，就算看到巴黎的不良场景，也不会深受其迷惑。在巴黎，有些轻佻的女孩急于在六个月内学会那套时髦的作风，好让人家一辈子戳脊梁骨；不过，也有一些女孩因为不习惯喧嚣的场景，在比较了外省简单的生活和巴黎浮夸的生活后，又回到外省。你见过这样的女孩吗？我就看见过很多这样的女孩，被出于好心的丈夫和老师带到巴黎后，自己又回去了，而且回家的心情比来时的心情还急切。在离开巴黎之前，她们会温柔地对丈夫说："唉！我们还是回到我们简陋的家里吧，我们的陋室比这里的黄金屋舒服多了！"不晓得还有多少好人没有向上帝祈祷过，并且污蔑别人真心的祈祷。愚蠢的人才四处吵闹，聪明的女人绝不会做出骇人听闻的事。

虽然普通人都慢慢堕落，虽然社会上偏见颇多，虽然女子所受的教育不好，但总有一些女人保持了正直的判断力，丝毫不受别人的影响，既然如此，那么当适合的教育可以培养这种判断力时，或者说，当不良的教育无法破坏这种判断力时，假如我们要注重培养或者保持自然的情感，我们该怎样做？为了达成这个目的，无须啰里啰唆地讲来讲去，让女孩子厌烦，也无须向她们讲述冗长沉闷的道德法则。向年轻的男孩和女孩传输经文，相当于毁灭了他们所受的良好教育。冷漠的驯化，只能让他们对说教之人和说教的内容产生反感。对年轻女孩讲话时，千万别拿她们的天性来吓唬她们，也不要把大自然给予的束缚夸大化。当你向她们讲述她们的天性时，言语要简洁明了，论点要一针见血，别让她们产生不履行天职是不好的感觉，万万不可以摆出一副高高在上的模样。需要她们思考的问题，我们首先应该思考一下，然后再对她们说；要是用问答的方式来讲经，内容也要向教义内容一样一目了然，不过注意说话的语气，不要过于严肃。你得向她们指出来，她们的天职是幸福的源泉以及权利的保障。要爱别人，别人才能爱你；要想幸福地生活，就要成为一个人见人爱的人；要想别人乖乖听话，必须成为别人尊重的人；要爱惜自己的脸面，才能得到别人的赞誉。做到以上几点，是否很困难呢？女人的权利就这么光荣！这么值得别人尊重！当一个女人善于行使自己的权利时，男人会异常关注这些权利。女人不一定要等到老了以后才能享受那些权利。只要她有美德，就能享受这些权利；她青春年少时，可以凭着温柔的性格树立威严，让男人看到她贤淑的模样就给予尊重。要是一个16岁的女孩聪明伶俐，沉默少言，而且有卓越的洞察力，同时举止温和，态度诚恳，外表迷人，腼腆的样子讨人欢心，尊重别人，也赢得了别人的尊重，难道还会有蛮横无理的人不收敛手脚、继续横行霸道吗？

以上的那些优点，只是一个女孩子表象的东西，不过我们不能认为这些优点无足轻重。它们之所以非常重要，一是有感官之美作为基础，二是我们心里认为女人是男人优质品性的天然审判者。谁愿意被女人蔑视呢？在这个世界上，任何人都不愿意让女人看不起，即便是自己不喜欢的女人，也不愿意被她们看轻。你们认为，向她们阐述这个残酷事实的我就不在乎她们的评论吗？不是的，我认为，她们的话比你们的话更能引起我的重视。我虽然瞧不起她们的脾气，却也得称赞她们的正直；我只需要获得她们的尊重，即便她们恨我也无所谓。

假如我们能够很好地利用女人的积极性，我们会完成多少丰功伟业！不幸的是，如今这个年代，女人的影响力大不如前，男人不再听从她们的话，这真是太可悲了！所有的民风淳朴的民族对女人都很尊敬。让我们看看斯巴达、日耳曼、罗马，假如曾经有过光荣和美德共存的时代，那就是在罗马。彼时，女人为伟大的将军唱赞歌，女人为国家元老的消逝而流泪；她们的赞颂和祈祷是神圣的，是对共和国成就的最严肃的评论。所有惊天的变革都是由女人发起的：使罗马获得自由的是一个女人，使平民执政的是一个女人，结束了十人团暴政的是一个女人，把罗马从被围困中解救出来的是一群女人。风流倜傥的法国人啊，当一群女人经过时，你们面露讥讽，你们抱着怎样的想法呢？也许你们还会跟在她们后面奚落她们。对于同样的事，我们想法不同，感觉也截然不同！我们各有各的想法。假如让法国漂亮的太太们排成一队，我认为绝对不成体统；然而，如果罗马的女人排成一队，情况就完全不同了。

还需要补充一下，在我看来，美德之所以能够加固爱情，就像它加固自然的权利一样。要是情人具有美德，她就可以像贤妻良母一样行使权利了。真正的爱情，都是激情澎湃的，这是因为我们在想象中会有一个或真或假的完美对象。假如情人觉得那个完美的对象毫无价值，只是一个可供享乐的工具，那又如何产生激荡的热情呢？抱有这种想法的情人，也不会真正地去爱一个人，不会追寻让人情生意动的乐趣。我承认爱情是虚幻的，只有感情才是真实的，正是由于感情，我们才去追求爱情之美。也许有人会说，爱情之美在我们爱人的身上是不存在的，它只是一种错觉。啊！这又有什么关系？我们是否因此就不把自己所有的感情都交予这个幻想中的人呢？是否因此就不用真心真意对待自己的爱人呢？是否因此就不舍弃卑劣的欲望呢？一个男人不愿意为爱人牺牲生命，这哪里是真心的爱人呢？一个愿意为爱情而死的人，心里怎么会有粗鄙的肉欲？我们嘲讽以前的骑士，但是只有他们才懂得爱情，我们只是贪念欲望而已。在我们看来，传统的爱情观有些可笑，这并不是因为我们有了理智，而是因为不良的社会风气。

无论处于哪个年代，大自然的关系都不曾改变，由其产生的影响也没有改变，虽然人们用“理智”来掩饰偏见，那也只是换个词罢了。无论何时，自我约束总是一个崇高的行为，即便是由于荒谬的说法而保持克制，那也是非常不错的。只要有真正的爱惜自己荣誉的心，有主见的女人便会按照自己的地位去寻找终生的幸福。对于心灵美好的漂亮女人来说，守身如玉是难能可贵的道德。她能看到整个世界都匍匐于她的脚下，她赢得了所有，也赢得了自我。她的心就像是个宝座，所有的人都会过来膜拜；温柔和专一的感情，以及别人的尊敬，自己的尊严，都让她觉得某些时刻的斗争是光荣而伟大的。她曾经的艰难困苦稍纵即逝，然而在艰难中获得的荣誉却是无法磨灭的。一个崇高的女人，在以自己的美德和漂亮外表为骄傲时，心里该是多么愉悦啊！就算未来美貌不在了，她的荣誉和快乐的心情还在，回味往事时，她会感到幸福。

我们承担的天职越艰巨，相对的理由则越明显。装腔作势地跟女孩谈论这些事，她们是听不进去的，也不能让她们心服口服。过于严肃的语言和她们的思想不符，她们暗地里就会当成耳旁风，丝毫也不会重视，这样反而把她们推到对立面。毋庸置疑，我们用良好的教育方式去培养女孩，她们就能禁得起各种诱惑。假如我们只是正襟危坐地向她们灌输某些思想，她们就算听进去，转头遇上狡猾的引诱者，也会禁受不住他的诱惑。大家都说，年轻漂亮的女孩应该真心地悔恨她的美色令男人犯下的罪恶，更应真心地向上帝忏悔她成为男人的欲望对象，她必须相信自己心中的欲念都是魔鬼幻化出来的。针对她们，我们应列出一些确切的理由，因为以上的理由并不能打动女人的心。人们惯常采用的方法，也是更为糟糕的方法，即让她们在思想上产生冲突，先说她们的身体和外貌沾染上罪恶，以此让她们感到羞愧，然后让她们把自己的身体当作耶稣的圣殿一样加以维护。有失偏颇的想法不足以说服别人，也是不能自圆其说的，所以需要列出一个理由，让年轻的女孩能够明了。只有向她们说明了履行天职的理由后，才能让她们重视自己的天职：

“由于不被许可，她才没有犯错，不过最后非得犯错不可。”

只有奥维德[1]，才能得出这么一针见血的评价。

1　奥维德（公元前43～？），古罗马诗人。

苏菲的成长

如果你想让年轻的姑娘喜欢端正的品行，那你就别一而再再而三地告诉她们要守规矩，但是应该让她们懂得规矩的言行会给她们带来裨益，让她们懂得规矩的言行的全部意义，并且让她们爱上这种行为。光是给她们指出在很久远的将来会得到的利益是远远不够的，应该很快让她们从同龄人的各种关系之中，从她们所爱的人的性情中让她们认识到这种裨益。应该让她们知道有品德的男性是什么样的，教会她们去识别这样的人，并告诉她们如何去爱他，如何为了自己的利益去爱他。要证明给她们看，只有这种男人才会把女人当朋友、妻子和情人对待，让她们幸福。要用理性去培育她们的美德，让她们意识到，女性是否能够树立起威信并且获得优越的社会地位，不仅在于她们良好的品行和性情，还在于男人的良好品行和性情。除此之外，还要让她们意识到，她们不能将卑鄙之人怎么样，没有道德观念的人是无法对情人显示出尊重的。可以确定的是，当你给她们讲述我们这个时代的风俗时，你会让她们从内心里产生对这种风俗的厌恶；如果你让她们看时髦的人，她们会轻视那些人，鄙视他们的各种说辞，讨厌他们展现的各种情感，瞧不起他们的假殷勤。她们心中将会产生一种雄心壮志，那就是得到伟岸而坚强的男人的尊敬，成为斯巴达式的妇女，统治男人。一个厚脸皮又诡计多端的女人，只会用撒娇、耍赖的方式去勾引情人，只会用笼统的方法去保住情人，所以只能在一些寻常小事上将她的情人当奴隶使，一旦遇到重要的事情，她就无法驾驭他了。一个又聪明又可爱的正直妇女可以让她周围的男人无法不尊重她。平常寡言少语、笑容很少、端庄持重的女性，一句话就能赢得男人的尊重和爱戴，一个手势就能呼风唤雨，让他们去到她想让他们去的地方浴血奋战，去争得荣誉，去献出生命。我认为，这样的威信是无比崇高的，是值得为之付出心血的。

我就是用这样的精神来培育苏菲的。我在培育她时，非常仔细认真，却没有花费大力气。我是顺应她的爱好去做的，没有偏离她的爱好。现在，我来对苏菲的人品做一个简单的描述。

苏菲出身于一个品行良好的人家。她天性善良，内心敏感，这颗敏感的心有时会让她产生无法平静的想象。她对事物的观察是十分正确的，但不够深刻；她内心娴静，但是不平衡；她长相普通，但是惹人喜爱，从外貌就可以看出来她十分忠厚老实。你刚和她接触可能会认为她没有什么特别的地方，但是当你离开时，心中会有些触动。别人的优良品质她可能没有，但是她有自己的高贵品质，或许在程度上比不上别人，但是要让一个人将优良的品质搭配成好的性格，那可能谁也比不上她，她甚至知道如何利用自己的缺点。如果她长得无可挑剔，她可能就不像现在这样让人喜欢了。

苏菲并不漂亮，但是男人一见到她就会忘记比她漂亮的女人，而漂亮女人在她身边也会相形见绌。乍看上去，虽然她不美丽，但是看得久了你就会觉得她长得不错。有些东西长在她身上就好看，长在别人身上就不好看。说到她长得漂亮的地方，谁也无法与之媲美。可能别人的眼睛比她的眼睛漂亮，嘴巴看上去更小巧，模样比她有吸引力，但是她的身材比别人的匀称，肤色比别人的好看，手比别人的白皙，脚比别人的灵巧，目光比别人的要柔和一些，所以样貌显得比别人好。她让你一见到就喜欢，但是不会让你神魂颠倒；她让你一见到就怦然心动，可是又说不出所以然来。

苏菲爱打扮，也知道如何打扮。她的妈妈除了她之外，就没有用过仆人收拾房间。她有极高的审美能力，总是打扮得很得体。但是，她非常讨厌华丽的服饰，她的衣服简单素雅，不喜欢花里胡哨的衣服，但是喜欢合身的衣服。她不知道什么颜色的衣服是时髦的，但是很清楚什么颜色的衣服适合自己。没有哪个年轻姑娘像她一样不讲究装饰，但是事实上她却是下了很大的功夫。她不会随便将装饰品戴在身上，但是她将每一件装饰品都搭配得不留一丝痕迹。她的穿着打扮表面上很普通，实际上却很好看，引人注目。她不会刻意炫耀自己的美；相反，她会将其遮掩起来，可她越是掩饰，越是让人回味无穷。当你看见她时，你对她的描述是“一个淳朴又聪明的姑娘”，但是如果你在她身边多待一会儿，你的眼睛和心就会不停地追随着她、想念着她。这时，你会觉得她的服饰那样朴素，正是为了让你透过它们去自由想象那个穿戴着它们的人。

苏菲有些与生俱来的天赋，她是知道这一点的，并且充分利用了它们。但是，因为她不懂如何培养这些天赋，她只是用自己清脆的嗓音和着节拍歌唱，用灵巧的双脚轻松活泼地走路，无论在什么场合都无拘无束，落落大方地对人家行礼。她的父亲是她唯一的歌唱老师，她的母亲是她唯一的舞蹈老师。从住在附近的一位风琴师那里学过几次风琴后，她就自己在家练习。刚开始，她只是想多多地弹黑键，之后她发现风琴清脆的声音能让音调听上去更美，然后渐渐地学起和声来。最后，在她长大后，她开始领略到音乐之美，喜欢上音乐。但是，对音乐的喜爱只能算得上一种爱好，不能称为天赋，苏菲现在还无法做到看着谱子就唱歌。

苏菲非常喜欢专属于女性的工作，这也是大家花了很大心血教她学的，就连大家原本不打算让她学的裁缝的工作，她也很喜欢。她喜欢而且也愿意做任何一种针线活，不过她最喜欢的还是做饰边，因为只有做饰边的姿势最好看，能够让手指变得越来越灵巧。她专心地做着所有的家务活。她也会做菜和其他杂活，对每种食物的价值和质量的好坏都烂熟于心。她还会记账，简直就是她母亲的小管家。因为她自己将来也要做家庭主妇，因此在管理父母的家庭的同时，她就学会了如何经营自己的家。她可以帮助家里的仆人做事情，并且常常是主动帮忙的。所有事情，只有当你自己能够熟练地做，你才可以高效地指挥别人。她母亲让她处理家里的事情的目的就在于此。

对于苏菲来讲，她是无法在心中考虑这些事情的，她的首要职责是做一个好女儿，这也是她现阶段要承担的唯一职责。她心里想的是如何侍奉好自己的父母，如何竭尽所能分担母亲的工作。所以，她做的家务，并不是每一件都喜欢。比方说，虽然她爱吃精致的食物，但她不爱去厨房做菜。在烹饪的过程中，她很厌烦几件事情，因为她觉得它们不干净。她在这方面很讲究，这种过度的讲究成为她的一个缺点，她宁愿将每一餐的饭菜做得烂熟，也不想将自己的衣袖弄脏。出于同样的原因，她也不愿去菜园里劳动。她认为泥土非常不干净，一看到肥料就感觉闻到了难闻的气味。

母亲对她的教育让她养成这样的缺点。在她母亲的观念中，女性应该做的很多事情中，最重要的一件事就是保持干净，这也是自然要求妇女一定要做到的非常重要的事情。在苏菲童年时，母亲就反复向她灌输这一点，严格要求自己的女儿保持整洁，她的衣物、卧室、做的所有东西和梳妆品都必须干净整洁。注意卫生已经成为她的一种习惯，她每天都要花费很多时间在这一点上，并且一定要做完清洁再去做其他事情。在她眼中，事情是否做得好不重要，重要的是要干净。

但是，所有这些都没有让苏菲养成装腔作势的神气，也没有让她娇滴滴的，她不会在这方面的讲究上花费一分钱，她房间里的用水都是非常普通的，花香是她知道的唯一的香气。在将来，她的丈夫如果想要闻什么芳香的气味，就只能闻她呼吸的气息了。总而言之，虽然她在外表上花了些心思，但她没有因此忘记她应该将生命和精力用在更加高尚的事情上。她不会或者说她不愿因为对身体清洁的过分讲究而让灵魂被玷污。与其说苏菲爱干净，倒不如说她纯洁善良。

苏菲非常贪吃，她是个天生大食量的人，但因为她已经养成好习惯，所以她在饮食方面是很节制的。并且，因为她已经有了良好的道德修养，所以在饮食上更加有节制。对待女孩，我们不能像对待男孩那样，不对她们贪吃这一习惯加以制约。贪吃对女孩的影响很大，如果纵容她们贪吃，是非常危险的。在苏菲还小的时候，她如果独自一人走进妈妈的房间，没有哪次是空手而归的，她对糖果和点心没有抵抗力，总是很馋，想拿几个尝尝。她的妈妈几次三番在现场捉住她，对她进行惩罚，她也为此挨过饿。最终，她的妈妈让她知道糖果对牙齿不好，并且吃太多糖会长胖。就这样，苏菲的缺点得到改正，等到她渐渐长大，有了其他的兴趣爱好，也因此改掉了贪吃的习惯。女人和男人一样，一旦她们的思想活跃了，贪图口腹之欲便不会再是支配她们行为的坏习惯了。

苏菲天资聪颖，但不是很机灵；她思维健全，但是不够深刻；人们不曾讨论过她是否有优异的才气，因为他们知道，她虽没有别人聪明，但也不会比人家傻。她与生俱来的才气能让和她说话的人感到乐趣横生，虽然根据我们理解的女性文化程度，她的用词并不是十分优美。苏菲生性活泼，在童年的时候还有点儿顽皮。但是，她的母亲有意识地逐渐制止她轻浮的表现，免得到了不得不改掉这种表现的时候才忽然让她改，那就为时已晚了。所以，当她还没有到不得不改的时候，她就已经变得非常稳重了。现在，她已经是个大姑娘了，认为保有这种稳重的姿态，比起不明其意的情况下去学习这种姿态要更容易。有时，她因为原本的习惯没有彻底改掉，还保留着童年时期的活泼，但又得中规中矩地紧闭双唇，所以她只好低垂着头，小脸通红。看见她这样，真是让人无比喜悦。她处在成年和童年交汇的时期，所以兼具两种人的样子。

苏菲很敏感，因此她很难控制自己的脾气，但是因为她性格温柔，即便在发脾气的时候也不会让别人感到难堪，所以她只会让自己难过一段时间而已。如果你说了什么伤害她的话，她也不生气，但是会内心非常激动，会跑到别的地方哭。当她哭得非常伤心时，只要听到父母叫她，她会很快把眼泪擦干，忍住抽泣，一边笑一边跑到他们身边。

她并非完全不任性。因为她的脾气太过急躁，总是爱反抗别人说的话，因而无法自己约束自己。但是，如果你短时间内不管她，她的心情会慢慢平复。她为了弥补自己的过失而采取的方法，绝对体现了美德。如果你惩罚她，她会乖乖接受。你会看到，让她感到羞愧的不是因为受到了惩罚，而是因为做错了事。就算你一句话不说，她也会主动弥补自己的过失，并且在做的过程中，态度诚恳而开朗，你也因此无法对她怀有恶意。即便你在仆人面前责备她，她也会虚心接受，没有任何难堪的样子。当你宽恕她时，你能从她高兴的脸上看出她的心中如释重负。总而言之，对于别人的错误，她可以耐心接受，但是对于自己的错误，她会虚心改正。在不被我们破坏的情况下，女人的天性就是这么可爱。

苏菲爱好美德，这种爱已经成为支配她所有行为的动力。她热爱美德，因为她认为没有什么事物和美德一样美；她热爱美德，因为美德可以给妇女带来荣耀，并觉得拥有良好美德的妇女像天使；她热爱美德，因为她认为美德是真正获得幸福的途径，因为她意识到一个不正直的妇女必定会在人生中经历贫穷，必定会被人们抛弃，必定要遭遇很多痛苦，必定要做出可耻的和不光彩的行为；她热爱美德，因为她那让人尊敬的父亲与温和又严肃的母亲热爱美德，他们不仅仅满足于用自己的美德去收获幸福，他们还为了苏菲的幸福去热爱美德。她最大的快乐就是为父母创造幸福的目标。正是由于她抱着这样的想法，她的内心被一股热情激励着，她的一切不好的倾向都被这个崇高的目标所制约。苏菲一生都将是个忠贞而诚实的妇女，她已经在心中发誓要做到这一点，并且她是在已经明白这个誓言的价值时才立下的这个誓。这个时候，如果她贪图感官的愉悦，她本可以毁掉这个誓言，但是她没有，而是发誓一定要做到这一点。

还好，苏菲并不是一个卖弄风情的法国女人。这样的法国女人生性冷漠，因为爱慕虚荣而经常打扮得无比妖艳。她只想着自己如何出风头，而不在乎别人的感受，她追求的是享乐，而不是娱乐。苏菲考虑更多的是如何去爱别人，这种思索在许多娱乐场合也让她分心，甚至令她苦恼。她不再像小时候那么活泼了，也不会如从前那般天真地玩耍；她不但不害怕独处的枯燥乏味，反而很享受孤独的生活。在这种独处中，她想起一个人来，那个人会让她觉得独处也是甜蜜的事。所有不相关的人，她都厌恶。她不需要献殷勤的人，而需要一个情人。她愿意让老实人开心和幸福，但不愿意得到所有人的赞扬。说她很时髦，这种赞誉只会让她高兴一天，第二天就会变成笑料，被她嘲笑。

相比男人，女人的判断力发展得早。这是由于从小时候开始，她们就处于防守的状态，有一个难以维持的宝物，所以她们很早就明辨是非。苏菲也是个早熟的女孩，天生的特质让她早早成熟，所以她的判断力也比其他女孩发展得早。这也不足为奇，因为每个人成熟的时间和程度都不一样。

人们曾经对苏菲说过男人和女人的权利与义务。她知道男人的毛病，也知道女人的毛病。同时，她也知道两者应该具有哪些对应的品性，并把这些牢记于心。她想象中的老实女人，比所有想象中的都要崇高。女人的形象要崇高，这也不让她觉得惊奇。令人欣慰的是，她幻想着有一个正直无私、诚实善良的男人。她深信自己就是为了这个男人而生的，她配得上他，并且能够让他获得幸福，她也能获得同样的幸福。她只要看到这个男人，就会把他认出来，所以问题是该如何去寻找这个男人。

就像男人可以审判女人的品性一样，女人也可以审判男人的品性，这是他们双方的权利，而且双方都已经知道彼此的这种权利。苏菲知道她拥有这种权利，也知道如何使用，然而由于她知道自己很年轻，没有什么经验和地位，所以在使用这种权利时非常克制，在自己熟悉的领域内才加以评论，并且只有能说出有意义的论点时，才做出评价。当她提及不在场的某个人时，言谈十分谨慎，要是那个人再是个女人，她就更加严谨了。在她看来，正是因为女人谈论女人的事，所以讲话才难听，甚至互相嘲笑。一旦她们说起男人，就会公正客观很多。这也是苏菲只谈论男人的原因。她只有在表扬某个女人做了好事时，才会谈论女人。她认为，只有这样做，才能表示对女性的尊重。当她没有赞扬的话可说时，她就避免谈论她们——她虽闭口不谈，但也表达了她的想法。

苏菲虽然不老练圆滑，但对人和蔼可亲，无论做什么都彬彬有礼。在待人接物上，她那乐观的天性比很多巧妙的手段都用处大。她对待所有人都有礼貌，她的礼貌不拘于时尚，更不随着时尚的变化而变化，更重要的是不墨守成规；她的礼貌，源于真心希望别人能开心快乐。她不说奉承话，也不会过度恭维别人；她从来不说自己如何感动，她也不说感谢被人抬举的话，希望别人不要为她忙碌，等等。她特别不喜欢闪烁其词。对于别人的关心，以及别人的尊敬，她也以礼相待，或者只是简单地说句“谢谢你”。然而，这句话出自她口，就显得特别真诚。对于别人真心的帮助，她在心里十分感动，但她从不流露出来。她从来不受别人影响，不会装腔作势，比如穿梭在房间中时，让一个六十多岁的老人搀扶着自己，相反，她会去搀扶那个老人。要是一个浪荡的男人突然伸手扶她，她会让那个人落空，转而去扶楼梯的扶手；而且，她会快速地跑回房间，并向那人解释她腿没病。虽然她个子不太高，但也不愿意穿高跟鞋。

在已婚的女人面前，她表现得默不作声，以示尊敬；在已婚的男子或老人面前，她也如此。她从来不坐在这些人上方的位置，除非他们让她坐下，她才不得不坐，一旦情况许可，她就会回到下方的位置；这是由于她清楚地知道，女人应该受到尊敬，老人更应该受到尊敬，因为老人都是很有智慧的，应该得到所有人的尊敬。

对于年龄相仿者，她会采取另外一种方式让他们不得不尊敬她；她知道如何在保持谦逊态度的同时，又能树立威信。如果那些人也行为保守，她愿意用亲热一点儿的态度去对他们。她与这些人之间天真烂漫的谈话或许很可笑，但却很公正。要是他们郑重地谈话，她会认为非常有意义；但他们要是一派胡言，她就会立即制止他们，因为她厌恶胡言乱语，这样是不尊重女性。她知道，自己心中的那个人是不会这么无聊的，那个人的品性已经镌刻在她心里，所以那个人不可能说的话，她也不允许别人说。因为她非常尊重女性的权利，因为她纯洁的感情让她自豪，因为她身上的美德给她力量，让她认为自己值得别人的尊重，所以如果别人花言巧语地想去奉承她，她就会非常气愤。但是，她却不会表现出来，只会回一句表面称赞而实际嘲讽的话，或者突然冷场，堵住那个人的嘴。假如有一个身材健美的男人，温柔地称赞她的品性和美丽，并且说如果她觉得快乐，他才会快乐，这个时候，她会打断那个人，礼貌地回一句："先生，这些事我比你清楚，如果没什么事了，我们就谈到这里吧。"她说完之后就会赶紧离开。在这种情况下，她经常这么做。你可以去问问那些自视风流的男人，对这样厌恶口若悬河的人，他们是否可以讲个没完没了。

这并不意味着她不喜欢别人表扬她，只要是真心的表扬，只要话语适宜，她也是很喜欢听的。为了表明你真心想要表扬她，首先应该指出她的优点。她喜欢听发自内心的表扬；谄媚的话语，她一听就反感；苏菲生来就是这样的性格，怎么也学不会小丑的本事。

由于苏菲有成熟的判断力，而且在各个方面都像个大姑娘，所以当她年满十五岁的时候，她父母就不再把她当孩子对待了。在她身上，他们第一次发现了年轻人特有的心潮澎湃，并快速为这种趋势做好准备。他们在跟她说话的时候，语气轻柔，内容发人深省。谈话中充满了感情和内容，适合对同样年龄、同样性格的人说。假如她的性格如我的想象，她父亲一定会说：

"苏菲，你已经长大了，很快就是大人了。我们希望你以后能得到幸福，我们这样希望也是为了自己，因为只有你幸福了，我们才能幸福。一个好女人的幸福是建立在一个好男人的幸福基础上的，所以我们得考虑你的婚姻大事了。应该尽早地考虑好，因为一个人的婚姻可以决定她的命运，必须好好地思考一下。

"选择一个好男人十分不容易，选择做个好女人更是难上加难。苏菲，以后你要当一个有情有义的好女人，你会让我们自豪一辈子的，并给我们带来幸福。无论你有多少优点，在这个世界上总有比你优秀的人。所有人都想娶你，而跟你结婚后让你自豪的人也有很多。现在的重点是如何在这些人中选择适合你的人，怎么去认识他，怎么让他能认识你。

“婚姻要想获得最大的幸福，多数都取决于男女双方是否合适，然而要想在各方面都契合，那是非常愚蠢的。因此，我们只要留意在主要方面是否契合即可，如果其他方面也合得来，那当然最好，如果合不来，也无所谓。这个世界上没有完美无瑕的幸福；最大的痛苦，莫过于本来可以避免却未能避免的痛苦，这是由于我们的过错而产生的痛苦。

“从自然条件来看，双方需要契合，从社会制度来看，双方也需要契合，最后，从社会舆论来看，双方还需要契合。为人父母者可以判断出后两种情况的契合度，而第一种情况，只能由双方去判断。父母决定的婚姻，多数都是从社会制度和社会舆论来考虑的，他们考虑的并不是这个人如何，而是他的社会地位和财富。然而，社会地位和财富是可以变化的，只有人才是始终不渝的，不会有太多的变化，在任何情况下都会表现一样。虽然一方富可敌国，但婚姻能否幸福，完全取决于双方的关系如何。

“你的母亲有些社会地位，而我有很多财富；我们的父母促成这段婚姻，主要是从这两点来考虑的。我的财富没有了，她的地位也没有了，她被家族遗忘，再高的社会地位对现在的她来说有什么用呢？在艰难的日子里，我们唯一的慰藉便是两个人的心紧紧地靠在一起；我们的爱好相同，所以才选择了这种简单纯朴的生活；虽然我们贫困潦倒，但我们过得很开心，我们把对方当成自己的所有。你是我们共同的财产，感谢老天爷，让我们失去了别的财产而获得了这个最宝贵的财产。你看，我的宝贝，上帝就是这么安排我们的；一开始，我们门当户对，所以结了婚，到现在地位和财富都消失了；而我们过得这么幸福，完全有赖于双方自然条件的契合，普通人往往不考虑这一点。

“夫妻双方应该互相选择。必须以相同的爱好作为第一考虑点。应该顺从自己的眼睛和内心，因为结婚之后，第一个义务就是双方相爱，而相爱与否，并不取决于我们的社会地位和财富，要履行这个义务，就需要满足另外一个条件，即在结婚之前双方就相爱。这是大自然的法则，不以任何力量为转移。有些人想用法律来限制它，这是因为他们只考虑社会秩序，而不考虑个人的幸福和道德。亲爱的孩子，我们对你说的这些话，并不是难以做到。我们只希望你能为自己考虑，并要求我们把选择丈夫的权利交给你。

“以上的说教都是为了让你享受完全的自由，下面就必须对你说一说如何理智地使用你的自由。我的女儿，你是个善良聪明的人，内心正直虔诚，具有真诚的女人应该有的优点，你天生丽质，但是你捉襟见肘，你有最宝贵的财富，却没有人们最重视的财富。所以，你只能希望得到可能得到的人，而且在确定自己的崇高愿望时，不要根据自己或者我们的想法，而要根据社会的舆论。假如问题只在于双方有同样的道德，那我们就没有理由约束你的想法；不要让你的想法超出了你的财富可及的范畴，不要忘记你的财富并没有多少。虽然一个与你相配的男人可能不会把财富当成婚姻的一个要素，但你也要考虑得周全，他考虑不到的问题，你都要想到。孩子，要向你的母亲学习，只和一个以娶你为荣的男人结婚。你没有见过我们有钱时的情景，你出生时，我们已经一贫如洗了，你的诞生，让我们觉得贫穷的日子也很甜蜜，你跟我们度过了艰难困苦的日子，从来没叫过苦。亲爱的苏菲，请相信我说的话，不要去追求老天爷从我们手里夺走的那笔财富，在失去那些财富后，我们才真正地体会到幸福的滋味。

“你是如此的可爱，所有人都喜欢你；虽然你没什么钱，但也没有穷到让一个真正的男人觉得你是累赘。也许，有些人会向你求婚，但他们配不上你。假如他们以本来面目出现在你面前，你可以看出他们真正的人品，虚假的隐瞒并不能维持长久。然而，虽然你判断力不错，能够看出他们的人品，但你缺乏经验，不知道别人伪装得惟妙惟肖。一个狡诈的男人会研究你的爱好，想方设法来诱惑你，对你吹嘘自己的美德，等到你发现错误已为时过晚。感官给我们设置的陷阱最危险，就连我们的理智都很难判断。如果你不幸落入陷阱，你看到的都是幻象，眼睛会受到迷惑，判断力也失去作用，意志会瓦解，甚至你会觉得这个错误让世人羡慕。到了这个时候，即便你知道这是不对的，也无从改过了。我的女儿，我希望你能运用理智，不要跟随内心的倾向。要保持冷静的头脑，这样就能判断自己的行为。等你有了情人，必须得到你母亲的认可。

“现在有一个条件，既能体现我们对你的尊重，又能证明我们之间的自然秩序。通常的做法是：父母为女儿选择结婚对象时，只在形式上询问她是否同意。我们不按惯常的做法，让你自己去选择，只要在形式上征求我们的意见即可。孩子，要利用你的权利，并且要自由和理智地去用。你自己去选择适合的结婚对象，而不是把选择权交给我们；但是，你判断双方适合的条件，则需要我们来把关，我们会考虑你是否是按照自己的想法去选择的。我们无须考虑这个人的出身、财富、社会地位和社会舆论。你要选一个真诚的男人，人品好，你也喜欢，性格也要和你适合；无论他是什么人，我们都愿意让他来做我们的女婿。只要他能干活儿，人品好，能爱家顾家，这些就算是他的财产了。如果他能凭借自己的美德，获得别人的尊重，那么他也会有很高的社会地位。就算全世界的人都来指责我们，那又有什么关系呢？我们考虑的并不是别人的理解，而是你的幸福。”

亲爱的读者们，不知道我的这番话对你们的女儿有什么影响，她们是按照你们的方法培养的。至于苏菲，她听完这番话后，陷入了沉默中，她腼腆温柔的心使得她很难表达自己的想法。不过，我深信，她会终生记得这番话。假如我们可以相信一个人的决心，那么就可以相信苏菲的决心，即成为值得父母尊重的人。

假设事情再糟糕一点：她的脾气急躁，等了这么长时间，觉得很痛苦。在我看来，她的理智、常识、爱好和谨慎，尤其是年少时培养的情感，足以抵消她那急躁的情绪，战胜她的感官，就算没法战胜，也至少能够抵抗一阵子。她宁愿做一个烈女而死，也不愿意和一个人品不好的男人结婚，因为选错了对象会让她的父母伤心难过。由于她的父母给了她完全的自由，所以她才更加着重对心灵的滋养，才更加谨慎地选择结婚对象。虽然她和意大利女人一样热情，和英国女人一样敏感，然而在控制心情和感官上却和西班牙女人一样自立，因此在寻找结婚对象时，苏菲不太容易找到合适的人。

并非所有人都能认识到，只要真心真意地热爱某个东西，就可以让人的心灵产生惊人的能量；只要为人正直、待人真诚，就可以从自己身上获得无穷的力量。一些人认为，所有伟大崇高的东西都是虚幻的，这些人心灵阴暗压抑，永远也意识不到，只有对美德的热爱，才能控制自己的贪欲。面对这些人，只能用实际的例子去说服他们；要是他们拒不承认例子的正确性，那结果只会更加糟糕。要是我告诉他们，苏菲并不是幻化出来的人，我只是为她取了这个名字；她的人品和脾气、她的外表，以及她所受的教育，都是确实存在的，有据可查，到现在还有一个老实巴交的人一想起她，就难过得流泪。也许，我这样跟你们说，你们都不大相信，但要是我在这里原原本本地讲一个如苏菲一般的女孩的故事，大家就不会觉得奇怪了，反而把这个故事看成苏菲的故事。可这对我有何影响呢？无论大家相信与否都没关系。假如大家愿意，可以把我的故事当成虚构小说，不过我只想讲述使用的方法，从而最终达到我的目的。

这个女孩身上有我希望苏菲具备的品质，在很多方面，也很像苏菲，我们就用苏菲来称呼她好了，她也名副其实。苏菲父母在跟她说过上述话之后，觉得不可能有人会跑到他们居住的小村庄里求婚，于是在某个冬天把苏菲送到城里的姑母家中，并把进城的目的告诉了她的姑母。因为在内心里，苏菲还是很骄傲的，能够克制自己的感情，无论她多么需要结婚，她宁愿不嫁人，也不想主动去找对象。

为了让她父母早日达到目的，姑母带着她去拜访别人，去社交场合以及热闹的场合让她多认识人，或者准确地说，让别人有机会认识她，因为苏菲对这些享乐的事情丝毫不感兴趣。她姑母发现，见到那些英俊潇洒、为人稳重的年轻男人，她并没有躲避。她那种娴静的模样很是吸引年轻男人，然而她在跟那些人谈过几次话后，就不理睬他们了。没过多久，她就改变了硬要人家崇拜的态度，变成谦虚和疏离的神态。她经常留意自己的行为，决不让他们找到一点儿献殷勤的机会，这完全说明了她不想嫁给他们。

聪明伶俐的人大都不喜欢喧嚣的娱乐活动，只有那些肤浅的人才会认为稀里糊涂地混日子是幸福的。苏菲没有找到理想的结婚对象，失望地发现大城市里的人不过如此，很快就厌倦了城里的生活。她深爱着自己的父母，任何事情都不能消除她见不到父母的忧伤，任何东西都不能让她忘了他们；所以预定回家的日子还没到，她就提前回去了。

当她回到家里，又开始忙碌家务事时，大家发现，虽然她和以前的做法一样，但她的心情已经改变了。她总是无精打采，焦躁不安，伤心沮丧，还经常躲起来偷偷哭泣。开始时，大家还以为她有了情人才精神不太好，但是问她，她又拒不承认。她说，根本就找不到一个让她动心的人。苏菲不是个撒谎的人，从来只讲真话。

她越来越颓废，身体慢慢出现问题。母亲对她的变化忐忑不安，想要弄清楚真正的原因。她把苏菲叫到旁边，用母亲温柔和怜爱的神态对她说："亲爱的女儿，你曾经在我肚子里一段时间，我总是牵挂着你，你的秘密都可以告诉妈妈。有什么事情不能让妈妈知道呢？除了你爸爸和我以外，谁还能分担你的痛苦、理解你的痛苦、缓解你的痛苦？啊！我的宝贝，你宁愿让我整天操心你的痛苦，也不愿意告诉我你究竟怎么了吗？"

苏菲没有隐瞒自己的痛苦和伤心，反而认为母亲的安慰非常重要。但是，她感到羞愧，不知道该怎么说那种不应该发生在她身上的情况。虽然她努力控制自己，结果还是激动万分，心烦意乱。最后，还是她羞愧的神情提醒了母亲，让她吐露了伤心的原因。她的母亲不仅没有指责她，反而给以同情和安慰，抱着她痛哭。她的母亲知书达理，绝对不会把她的痛苦看作犯罪，正是因为苏菲重视自己的美德，才会这样的伤心。要解除这种痛苦，非常容易，而且也是合法的，那么我们就得问问，为什么她要忍受这样的痛苦呢？为什么不使用父母给予的自由？为什么不接受别人的求婚呢？她究竟喜欢什么样的人？难道她不了解自己的命运掌握在自己手中，无论她选择什么样的人，她的父母都赞同，而且她选的人一定是个老实人吗？她父母把她送到城里去，但她自己不愿意留在那里。有好几个人都曾向她求婚，但都遭到了她的拒绝。她还在等待什么？还有什么要求？这种矛盾真是无法解释！

其实，这里面的道理非常简单。要是问题只在于寻找一个年轻的同伴，那苏菲马上就能找到人；然而，要选择一个终生的伴侣，就不是那么容易了；更何况，双方需要互相选择，因此要学会等待，在找到一个终身伴侣之前，我们会浪费许多时光。苏菲的情况就是这样，她需要一个情人，这个人必须配得上她；如果要让她满意，找个情人和丈夫都同样困难。那些英俊的青年，年纪与苏菲相仿，其他方面就差太多了；他们总是浮躁肤浅、爱慕虚荣、胡言乱语，而且没有礼貌，互相攀比，还总是装腔作势，所以她不喜欢他们。她想找一个真正的人，结果遇到的都是猴子；她想找一颗金子般的心，却怎么也没找到。

她对母亲说："我真是悲惨！我想找个寄托，却总也找不到喜欢的人。那些人虽然引起了我的注意，但我打心眼里讨厌他们。我还没遇上一个让我充满希望的人。相爱而不互相尊敬，这样是不能长久的。唉！这样的人，你的女儿就是遇不上！她喜欢的模样早就镌刻在她心里了。她只爱这样的人，只愿让他幸福，只有和他在一起才能过上快乐的日子。她宁愿虚度光阴，都不愿向自己妥协；她宁愿痛苦而自由地死去，也不愿选择一个不喜欢的人，让自己伤心难过、痛苦万分；她宁愿去死，都不愿意苟且偷生。"

苏菲的母亲听了这番话，大吃一惊。在她看来，苏菲的这些想法有些奇怪，所以她很自然地怀疑其中也许有什么秘密。苏菲从来不是一个装模作样、荒诞可笑的人。从小对她进行的各种教育，就是为了让她将来能找到适合共同生活的人。既然她能把必须做的事当作好事，为什么会这么吹毛求疵？她对理想中的对象如此着迷，谈话中一再谈到他，这不由地让她母亲猜测：她如此任性，肯定还有不知道的原因，她的心里话还没说完。这个可怜的女孩仍旧沉浸在她的痛苦之中，期盼能早日找到意中人，向他吐露心声。她的母亲让她继续讲下去，她有点儿优柔寡断，最后竟不发一言，走了出去。过了一会儿，她才走回来，手里拿着一本书说："就可怜可怜你这不幸的女儿吧，她的痛苦大概无药可救了，她的眼泪也永远流不完。你真想弄清楚原因？唉！原因就在这本书里。"她说完就把那本书扔到桌子上，她的母亲拿过那书，打开一看，原来是《忒勒马科斯历险记》[1]。一开始她母亲还弄不清楚究竟怎么回事，仔细盘问一番，才从她女儿模棱两可的答案中发现，她女儿一心想做欧夏丽的情敌。

苏菲爱上了忒勒马科斯，而且爱得如痴如狂。当她父母知道她的这种狂热后，笑了起来，并深信他们可以讲些道理，让她头脑清醒过来。但是，他们的这种想法大错特错，因为他们讲的那些大道理，苏菲也都明白，并且能够反过来说服他们。好几次，她都把他们说得理屈词穷，用他们讲的道理来驳斥他们，明确告诉他们这些痛苦都是他们带来的，并说他们教育她本就是为了嫁给这样的一个伟人。她要么顺从丈夫的思想，要么丈夫顺从她的想法，依照她所受的教育，要她顺从丈夫是不太可能的，只能要求她丈夫顺从她。她说："如果能够找到相同想法的人，或者找到一个我可以顺从他的人，我就结婚；在没找到这样的人之前，你们为什么要指责我？你们应该同情我。我心里难过，但没有发疯。人的心能以意志为转移吗？这不是爸爸说的话吗？要是没有找到这样的人能怪我吗？我不是一个空想家，并不想嫁给

1　由法国17世纪著名散文作家费朗索瓦·费讷龙著。书中故事取材自荷马史诗《奥德赛》。忒勒马科斯是奥德赛之子，十分勇敢、聪慧，下文中提到的欧夏丽是忒勒马科斯的情人。

一个王子，我也不是在寻找忒勒马科斯，我知道他是虚构出来的，我只想找一个像他的人。世界上既然有了我，我感觉我和他又如此相像，那么他怎么会不存在呢？不，不要瞧不起人类，不要认为一个完美而有道德的人不存在。他肯定存在于这个世界的某个角落里，也许他也在找我，他也想找一个爱的人。然而，他到底是谁呢？他在哪里？我一无所知。在我遇到的人中，没有这样一个人；毋庸置疑，在我未来遇到的人中，也可能没有他。啊，我的母亲！为什么你们让我如此热爱美德？假如我只爱美德，不爱其他东西，那不能怪我，只能怪你们。”

是否要把这个悲伤的故事讲到最后，弄个惨淡的结局呢？我是否能说，在大结局之前，有一系列的斗争呢？我能不能把那个母亲说成毫无耐心的人，一改之前疼爱女儿的样子，变得很严厉？我能不能把那个父亲说成忘记了最初的约定，把一个品行良好的女儿逼疯了？最终，我能不能说这个女孩子由于爱上一个不存在的人，而被父母逼疯，慢慢走向死亡，就在举行婚礼快走到圣坛的时候，她会突然死亡？当然不，这些可怕的结局，我都要抛弃。我不会那样去说，也不会用如此感动的事例来加以证明。虽然如今的社会风气让人们产生了许多偏见，但在真善美上，女人并不比男人差，依靠大自然的培养，她们也能像男人一样做事。

话说至此，或许有人会打断我，问：是否大自然强制我们花力气去克制我们无边的欲望。我这么回答：不，我们之所以有这么多欲望，并不是大自然的恩赐。只要不是自然赐予的，都是与之相悖的，关于这一点，我已经做过千百次的证明了。

现在，让我们把苏菲还给爱弥儿，我们要让这个可爱的女孩活下去，让她的想象不再奔放，从而使她的生活更加幸福。我要描述一个普通的女孩，因为要培养她的灵魂，所以干扰了她的理性，就连我自己都误入歧途。让我们回到最初的开始。苏菲平凡的心灵中，有一种善良的天性，与其他女人相比，她受过良好的教育。

>>>第六章

爱弥儿与苏菲

Émile

婚姻

我打算在本书中把所有可能做到的事情都描述一遍，好让每个人按自己的理解从这些事情中做出选择。开始时，我曾经想过，尽早对爱弥儿的伴侣进行培养，要为了爱弥儿去教育她，同时也要为了她来教育爱弥儿，我还打算把两人弄到一起。不过，考虑过后，我认为这样过早地安排不太好，而且还不知道他们两人的结合是否符合自然的秩序。在没弄清楚两个人是否适合结婚之前，就草草把两个人放到一起是荒谬可笑的。野蛮状态下顺其自然的事，和文明状态下自然的事可不一样。对于前者而言，任何一个女人和任何一个男人都是合适的，因为男人和女人都有原始和共通的个性；而对于后者而言，每个人的性格受到社会制度的影响而各有不同，每个人的想法并不仅由于他所受的教育，还由于天性和教育之间或对或错的配合，让每个人都有自己的个性，所以男女双方要选择的话，只要把他们介绍给对方，让他们自己去了解彼此是否合适，或者至少让他们自己做出最合适的选择。

悲惨的是，社会生活造就了人们不同的性格，同时也把人们分成三六九等；由于性格的形成和等级的划分不一致，因此等级划分得越细致，不同等级的人越容易混居。正是由于这一点，才产生了许多不合适的婚姻和道德败坏的事情。显然人们越不平等，自然的感情就越容易被破坏；等级差距越大，婚姻的牵绊越疏松；贫富差距过大，岳父和女婿之间越没有恩情。无论主人还是仆人，都不再爱自己家了，他们重视的只是自己的社会地位。

假如你想越过这些障碍，获得幸福的婚姻，就得放弃偏见，忘记人类社会的制度，只按照大自然的规律去做。假如一个男人和一个女人只在某种条件下合适，那么他们也不能结婚，因为未来环境变化，彼此就不再合适了。然而，假如两个人无论环境、住址、社会地位都非常合适，那么就可以结婚了。我并不是说婚姻大事与社会关系无关，而是说自然关系要比社会关系更能影响我们，它甚至能决定我们人类的命运，并且在爱好、性格、感情和人品方面都要求双方合适。因此，一个开明的父亲无论是国王或者君主，都不应该犹豫，必须为自己的儿子找一个合适的女人，即便那个女人出身低微，甚或有个当刽子手的父亲。是的，我深信，这样合适的夫妻是经得起一切磨难的，当他们过着贫困的日子时，他们比拥有了全世界财富却同床异梦的夫妻要幸福得多。

所以，我没有在爱弥儿小的时候就给他选一个妻子，而是一直在等待，最终为他找一个匹配的人。事实上，这不是我的主张，而是大自然的主张。我的任务只是去寻找大自然帮他安排的伴侣。假如我不能遵守大自然的安排，按照自己的选择为他安排婚事，我也许会拒绝养育他。让我感到快乐的是，我给了他幸福，这种幸福感能够补偿我多年以来花费在他身上的心血。

然而，在替爱弥儿物色结婚对象这件事上，不要觉得我很拖沓，也不要以为我让他自己去寻找。我之所以让他去寻找，只是想借此机会让他多多了解女人，让他了解与他合适的女人需要有哪些优点。或许，爱弥儿已经见过苏菲，只是时机还不成熟，他还未与她结识。

虽然在婚姻大事上，双方的社会地位不一定非要相同，但如果相同，而且在其他方面也很合适，那么平等的社会地位就能使其他匹配因素更加有价值。平等的社会地位不能与其他因素相抵消，不过要是双方在各个方面都差不多的话，他们是否适合结婚，就要看他们的社会地位是否平等了。

就算是一个国王，也不能想要什么阶级的女人，就要什么阶级的女人。他也许没有偏见，但别人有，所以虽然一个女人很适合他，他也会碍于社会的偏见而不娶她。一个开明的父亲在为儿子物色妻子时，要小心翼翼，不能为所欲为。他不想为儿子找一个社会地位高于儿子的妻子，他也做不了主。就算有这个可能性，也最好不要高攀，因为对于现在的年轻人，特别是我培养的这个年轻人，门第过高能带来什么好处呢？要是这个年轻人真高攀了一门亲事，他会经历各种困苦，也许一生都深受其害。特别需要说明的是，妻子高贵的社会地位和财富并不能补偿他的损失，因为这些东西带来的好处远远不如带来的害处多。而且，好处和害处也不可能抵消，每个人都得为自己考虑，最后两个家族会给这对夫妻埋下不和的种子。

一个男人同门户不同的女人结婚，对婚姻能否幸福有很大的影响：跟地位比自己高的女人结婚，完全不合理；跟地位比自己低的女人结婚，才比较合理。一个家庭只能通过男主人与社会发生关系，所以男主人的地位决定了全家人的地位。当他与地位卑微的女人结婚时，他没有降低自己的身份，反而提高了妻子的地位；相反，假如他跟地位比自己高的女人结婚，他降低了妻子的身份，并没有提高自己的地位。因此，同地位低于自己的女人结婚，有百利而无一害，同地位高于自己的女人结婚，有百害而无一利。

也许很多读者想起来，我曾经说过女人天性就会驾驭男性，他们会指责我在此处自相矛盾。他们误解了我的意思。拥有控制的权利和控制别人，这是两件截然不同的事。女人控制男人的办法是温柔的性格，巧妙的手段和殷勤的态度；她们通过关心男人而去命令男人做事，通过哭泣来胁迫男人。她们就像大臣一样统治家庭，这样才能随心所欲地命令男人。从这方面来看，我可以保证，凡是井然有序的家庭，都是女人主事的家庭。然而，要是女人不能理解男人的想法，要是她们想行使男人的权利，对男人发号施令，就会把好好的家庭弄得支离破碎，带来许多祸患，以及令人羞辱的事情。

因此，如果要选择的话，只能选择地位与自己相当或者比自己低的人。在我看来，选择后者的时候，可能会受到某种限制，因为在地位低的阶层很难找到一个能使男人获得幸福的女人。之所以这样，并不是因为那个阶层的女人比较坏，而是因为她们缺少真善美的概念，更是因为地位高的阶层做了许多龌龊的事，使得她们认为自己的恶习合理合法。

人类多半不用脑思考，正如学习其他的才能一样，用脑思考也是后天才学的，并且费尽心思才学会。无论男人或者女人，在我看来，只有两类人：有头脑的人，没头脑的人。之所以有这样的分别，是由于教育的关系。有头脑的男人不应该和没头脑的女人结婚，因为他娶了那样的女人，一起生活的共同乐趣是不存在的。终日忙忙碌碌的人，脑子里想的只是自己的工作和利益，所有的心思也都用在了这个上面。这种无知的状态不影响他们的诚心和美德，反而有助于他们的诚心和美德。我们对天性经常思考过多，结果就是只说空话，落不到实处。要想做一个忠厚老实的人，并不一定要先看懂西塞罗[1]的《论至善和至恶》；世界上最忠诚的女人也许根本不知道什么叫忠诚。现实的情况是这样的，只有与有教养的人交往才能获得乐趣。一个父亲就算很喜欢自己的家庭，但在家时只有他自己才了解自己，别人都不理解自己，这确实会让他兴趣索然。

除此之外，一个女人要是没有头脑，怎么能培养自己的孩子呢？怎么能判断什么事情适合孩子去做呢？她自己都不懂美德，又怎么能教给孩子去爱美德呢？她只会宠爱或者吓唬孩子，或者把孩子培养成飞扬跋扈的人，或者把孩子培养成胆小懦弱的人，或者把孩子培养成仿效大人的猴子，或者把孩子培养成调皮捣蛋的人，总之不会培养出聪明伶俐的孩子。

所以，一个受过教育的男人不应该娶一个没有教养的女人，不应该在得不到教育机会的阶层中寻找妻子。我喜欢淳朴、受过教育的女人，但不喜欢“满腹学识”“才华横溢”的女人，因为后者会把家庭变成自己的文学沙龙。对于丈夫、孩子、朋友、仆人以及其他人来说，自视有才华的女人都是祸患。这类女人看不起女人的天职，而且喜欢把自己变成男人。一旦走上社

1　西塞罗（前106～前43），古罗马政治家、演说家、哲学家。《论至善和至恶》一书中主张人类追求自我，遵循自然原则。

会，她会闹出许多笑话，会得到别人的批评，所以当她不守本分时，就会受人嘲笑和斥责，她就算学男人的模样，也是学不会的。一个“有才”的女人只能糊弄笨蛋。据我了解，当她们绘画或者写作时，会有另一个画家或者男朋友帮自己执笔，还有一个文学家偷偷地指点她们。一个老实忠厚的女人才不搞这些花招呢。即便有一些真正的才能，要是自命不凡的话，也会损害自己的才能。她的自尊源于默默无闻，她的荣耀来源于丈夫对自己的尊敬，她的快乐来源于幸福的家庭。亲爱的读者们，请你们自行判断并告诉我，当你们走进一个女人的房间时，会通过什么东西来给予评价，会看到什么而满怀敬意地靠近她。是看到她忙着做针线活，忙着整理家务，周围摆满孩子的衣服，还是看到她在桌子上作诗，周围是各种颜色的书和纸条，哪种让你们更有敬意？假如世界上的男人都头脑清醒，这样“才华横溢”的女人也许永远都嫁不出去：

“嘉拉，你知道我为什么不愿意娶你吗？因为你太温文尔雅了。”

谈完以上几点，我们应该再谈谈女人的容貌。一个人首先引起关注的就是容貌，然而我们最后考虑的也是容貌。不过，不能因此就说容貌无足轻重。我认为，应该避免找一个貌美如花的女人当妻子。当你占有了那个女人的时候，过不了多久你就会觉得她不如之前美了；六星期之后，你会觉得她姿色一般；但只要她一直存在，就会给你带来许多危险。除非这个漂亮的女人是个天使，否则她的丈夫就是最痛苦的人；就算她是天使，她怎么能让丈夫不断地摆脱情敌的困扰呢？假如容貌不那么让人讨厌，我宁愿选择丑一点儿的女人，而不选漂亮的女人。因为过不了多久，丈夫就会觉得妻子的美丑无所谓，美人会招惹麻烦，而丑女人会带来很多好处。然而，丑得令人恶心的话，就糟糕了；恶心的感觉不但不会消失，还与日俱增，到最后会变成怨恨，这样的婚姻就如地狱。

对所有的东西都要求中庸，对一个人的容貌也不例外。秀气可爱的容貌，虽然不能引发你的爱情，却能讨得你的欢心，所以我们应该选择这样的容貌。这样的女人不会伤害自己的丈夫，反而对双方都有好处。温柔的性情不像美丽的容貌一样消失过快，它是有活力的，不断得到充实。一个温柔的女人在结婚30年后，仍然让丈夫感觉就像新婚一样幸福。

考虑到这些方面，我才选择了苏菲。像爱弥儿一样，她也是大自然培养的孩子，比任何女人都能配得上他，她就是爱弥儿以后的妻子。他们俩出身和性格相近，不过苏菲财产稍逊一筹。第一眼看过去，她不是很漂亮，但越看越让人喜欢。她的人格魅力需要慢慢去挖掘，必须亲密相处才能体会得到，也许只有她的丈夫最了解这一点。她所受的教育中庸，她有一些散漫的爱好，一些不太出众的才艺，还有一定的判断力，不过她的知识不是很渊博。她学识一般，但有学习的能力，就像是一块耕耘过的土地，只要撒下种子，就能有所收获。她只读过算术书和偶然获得的《忒勒马科斯历险记》，没有读过别的书。然而，一个能钟情于忒勒马科斯的女孩，难道会有一颗冷酷的心、一个糊涂的脑袋吗？啊，多么天真无邪的姑娘！以后当她老师的人该多么幸福！她不是自己丈夫的老师，而是他的学生，她不会让他依照自己的兴趣做事，反而愿意依照他的兴趣做事。假如她是一个女学士，对她丈夫来说，反而不如现在的样子有用，以后他会愿意教导她的。现在，是时候让他们见面了，我们要想方设法让他们结识。

爱弥儿与苏菲的结识

有一天，我与爱弥儿步入幽深的群山和溪流之中，迷失了前进的方向。放宽心，走哪一条路都可以，只要能到达终点。可是，我们有些饿了，需要找个地方吃东西。幸运的是，我们找到了一个农民，他带我们去他的茅屋，我们有滋有味地吃完了他随便做的晚饭。他发现我们疲倦和饥饿，就对我们说："要是老天爷把你们引到山那边，你们会受到更好的招待。你们会找到一户忠厚老实的人家，他们乐于助人，还很善良！这当然不是说他们的心比我好，他们只是比我富裕，听说他们以前更有钱。感谢上帝，他们现在也算不上有多穷，这一带的人都受过他们的恩惠。"

听到有善良之人，爱弥儿兴高采烈。他盯着我说："我的朋友，我们去那里吧。这里的人因为这家人而得到了幸福，我想去拜访这家人，也许他们看到我们，也会很高兴。我相信，他们会好好款待我们，要是他们把我们当成家人，我们也会把他们当作亲人。"

那个农民给我们指明方向后，我们就上路了，在森林中曲折前进，半路上还遇到了一场大雨，耽误了一阵子，但最终我们还是走出了森林，于傍晚时分抵达那里。其周围是个小小的村子，房舍简单，样式别致。我们走进去，希望主人能让我们留宿一晚。仆人领着我们去见了男主人，他诚恳地问了我们一些问题。我们并没有告诉他此行的目的，只是向他讲明了绕道的原因。他以前大约是富贵之人，一眼就能看出我们的底细——见识过大场面的人，不会搞错的，看到我们的身份证明，就让我们留下来了。

他安排我们住在一个很小的房间里。房间虽小，但整洁舒适，还生了火。男主人又给我们准备了一些换洗衣物和必需品。爱弥儿吃惊地说：“啊！他们真是太体贴了，那个农民果然没说错！真是细致！真是诚心诚意！对陌生人都能如此周到，感觉像是生活在荷马[1]的时代。”我接着说：“你也感觉到了，不过用不着惊奇。外乡人不多见的地方，一般都很欢迎外乡人到来。正是因为客人少，主人才会这么热情好客。要是客人多了，主人就不会这么热情了。也许咱们是他们今年招待的唯一客人。”爱弥儿回复说：“没关系，虽然很少看到客人，可是客人来了又招待得这么好，就值得赞扬。”

我们擦干身体，换了身衣服，然后去找这家的主人。他把我们介绍给他的妻子，他的妻子也很客气，十分关心我们。她双眼注视着爱弥儿。作为一个生活在这种环境里的母亲，看到年轻男人来到家里，总会控制不住地激动，或者至少感觉新奇。

他们很快就做好了晚饭。在走进餐厅时，我们看到了五份餐具；等我们坐下后，还有一个空位置。一个年轻的姑娘走进来，向我们行了个礼，然后默默地端坐在椅子上。爱弥儿一边吃饭，一边和主人交谈，所以在向她还了一个礼后，继续聊天吃东西。他以为距离此行的终点还很遥远，所以也没有想起此行的目的。当聊到我们迷路时，主人对他说：“先生，你真是个聪明伶俐的年轻人，你和你的老师，在大雨天拖着疲惫的身体来到这里，就像忒勒马科斯和门特抵达卡利普索岛上一样。”爱弥儿回复说：“是啊，在这里我们也受到了像卡利普索一样的款待。”我紧接着补上一句：“还见识了欧夏丽动人的风采。”可是，爱弥儿只读过《奥德赛》，还没看过《忒勒马科斯历险记》，所以他不知道欧夏丽是谁。那个迟到的女孩满脸通红，埋头吃饭，不敢抬头。她的母亲看出了她的窘态，便给她父亲使了个眼色，于是

---

1 荷马（约前9世纪～前8世纪），古希腊诗人，代表作《荷马史诗》。

她父亲换了一个话题。当他谈到目前这种隐居生活时，不知不觉就谈到了过隐居生活的原因，以及生活中的痛苦和妻子的忠贞不渝，还谈到了夫妻共同生活的慰藉，以及悠然自在的农间生活，却完全没有提及那个年轻的姑娘。这听起来就像是个动人的故事，所有人听了都会产生兴趣。爱弥儿全神贯注地听着，甚至忘记了吃饭。最后，当这位老实忠厚的男主人高兴地说起最端庄的女人的爱情时，这位年轻的旅行家竟然忘情地一手抓着男主人的手，另一手抓着女主人的手，激动地吻了一下，热泪盈眶。大家感动于这个年轻人的天真无邪。那个女孩也敏感地发现他有一颗善良的心，因此她觉着这个人就是为菲洛克提提斯的痛苦而伤心的忒勒马科斯。她私下里观察他的面部表情，发现他真的很像忒勒马科斯。他潇洒而不傲慢，灵活而不笨拙，容光焕发，目光温柔，长相英俊。当看到他流泪的时候，她也忍不住要一起哭泣。虽然可以为哭泣找个理由，但她害羞的心制止住了自己，她责怪自己居然为了家里的事而流眼泪。

晚饭一开始，女孩的母亲就盯着她，看到她不安的样子，便以让她去做某件事为借口，帮她摆脱这种难堪的状况。过了一会儿，她又回来了，但仍然没有恢复平静，大家都看到她惊慌失措的样子。她母亲温柔地说："苏菲，快坐下来，为什么要为你父母的不幸遭遇哭泣呢？你的出生安慰了我们，所以不要为这些伤心往事而难过。"

听到"苏菲"这个名字，爱弥儿惊诧万分。这个亲切的名字让他愣了一下，然后马上清醒过来，急切地看着眼前的这个女孩。苏菲，哦，苏菲！我一直寻找的人就是你吗？你就是我心中所爱的人吗？他仔细地观察她，用一种既羞怯又匪夷所思的神情端详着她。他看到的面孔不是自己想象中的模样，他也不知道这个女孩比想象中的更美还是差些。他全神贯注地盯着她的一举一动，窥视她的一言一行，然后找成百上千种理由来解释她的行为。只要她愿意开口，让他付出半条命也无所谓。他忐忑不安地看着我，好像是在质问我，又好像在指责我。他的眼神仿佛在说："在这种关键时刻，你一定要指导我，要是我走火入魔，误入歧途，这辈子就完了。”

在所有人中，爱弥儿是最不虚伪的人。他身边的四个人都在打量他，而且有一个人表面上无所谓，实际上十分介意他。这种尴尬的状况，他怎么能掩饰自己的情绪呢？苏菲敏感的眼睛把他不安的样子瞧得一清二楚；他也目不转睛地看着她。在她看来，他的不安并不意味着他爱她，但是这有什么关系呢？只要他一直看着她就行了。要是他在看她的时候，觉得无所谓，那才悲惨呢。

母亲和女儿的眼光类似，不过母亲的经验要比女儿多一些。感觉到我们的计划成功后，苏菲的母亲露出了笑容。她看出了两个人的心思，她认为眼前这位“忒勒马科斯”应该下定决心了，所以她努力让自己的女儿开口说话。她的女儿流露出一副温柔的样子，用一种动人的羞怯的声音回答她。听到苏菲说话，爱弥儿便投降了；他心里的女孩就是苏菲，到了这会儿他丝毫不怀疑了——就算不是苏菲，也来不及了。

在这样的时候，那位迷人的姑娘如洪水般冲进爱弥儿的心里，他也开始急切地吞下这让人沉醉的毒液。他一句话也不说，对于别人的问话，也不理会；他只盯着苏菲看，也只听得到苏菲说话。见她开口说话，他也跟着说话；见她低头，他也低头；见她叹息，他也叹息。你瞧，苏菲已经控制了他。这短短的瞬间他的心灵发生了多么大的变化！现在，不是苏菲，而是爱弥儿在颤抖了。他的自由、率真和无邪，全都消失了。他惊慌失措，坐立不安，不敢跟身边的人对视，唯恐别人看出他的心思。他害怕被别人看穿，希望别人都看不到他，这样他就能好好地瞧一瞧苏菲了，同时又不让苏菲看见。而苏菲正相反，刚开始害怕爱弥儿的情绪已经消失，她发现了自己的胜利，正享受着胜利的果实。

虽然她心生欢喜，但并不喜形于色。

从外表看，她不为所动；然而，虽然她看上去腼腆羞怯，但心里已经乐开了花，并跟自己说她已经找到了忒勒马科斯。

在这里，我把他们两个人纯真爱情产生的经过做一描述。过程简单而淳朴，不过要是把这些情节当作茶余饭后的笑料，那就大错特错了。大家还没意识到，男女初次见面的情景对他们人生的影响。大家也没认识到，两个人初次见面的印象和爱情的印象、渴望谈恋爱的心情一样深刻。它产生的远大影响，将随着年龄的增加而加深，直到死亡才能消除。某些论述教育的著作端着一副呆板的姿态，啰里啰唆地讲着所谓孩子的本能，满腹空话，却完全忽视了对教育工作中最关键和最艰难的部分——从童年到成年这一阶段。我的这部小作之所以还有些用处，就是因为我不惧怕别人的吹毛求疵，以及文字表达上的不足，决心对其他著作家忽视的重点进行全面的论述。假如我能把应该采取的方法写出来，那么我已经把心里想要讲的话都说出来了。就算我把这本书写成了小说，也没有问题。描写人类天性的小说也非常有意义。假如只能在本书中看到这样的小说，那就不能怪我了，它可谓是人类的历史。只有让人类堕落的人，才会认为这是一本小说。

此外，还有一个令初次印象特别深刻的因素，那就是这个年轻人从小就不怯懦、贪心、嫉妒和自大，也没有各种欲望。这些欲望是普通的老师想要学生自我控制的。这个年轻人，在这里第一次产生爱情的感觉，然后才产生各种欲望中的第一个欲望。这也许是他人生中感觉最为强烈的欲望，他最后会变成什么样，也取决于这种欲望。这种恒久的欲望也会影响他的思维方式、感情和爱好，在想法成熟之后，不会再改变。

可以猜到，爱弥儿和我在吃过这么一顿晚饭后，怎么会马上安睡。如何能睡得着？只是因为她的名字和我们假想中的名字一样，就让一个聪明人这么吃惊？这个世界上难道只有一个苏菲吗？难道她们的灵魂也一模一样吗？难道取名为苏菲的女孩都属于他吗？爱上一个连话都没说过的陌生人，难道不是神经错乱？

“少安毋躁，年轻人，你要再好好观察一下，再仔细研究研究。你连我们的主人人品如何都不知道呢，一听到你的话，人家还以为你在自己家中呢。”

现在可不是教训他的时候，他肯定听不进去。要是你说该怎样怎样，反而会让他对苏菲产生更多的兴趣，因为他迫不及待地想证明自己的想法是对的。由于名字和想象中的一样，他认为这是一种缘分，对此我抱着谨慎的态度，因此他的心情越发激动，越看苏菲越可爱，深信我也一定会喜欢她。

第二天清晨，爱弥儿虽然还穿着昨天的装束，但我猜会整理得平整一些。果然如此，不过好笑的是，他把主人为我们准备的衣服也穿在身上了。我欣喜地发现了他的心意，他是想借衣服作为桥梁，可以在换衣服时，再见苏菲一面。

我原来想着苏菲也会打扮得更加娇俏，结果猜错了。那种俗不可耐的卖弄风情，只适合想讨人家欢心的女人。真正的爱情魔法，与矫揉造作的打扮完全是两码事。苏菲比昨天穿得更加简单，可以称得上漫不经心。当然，衣服还是非常整洁的。通过她这种漫不经心的穿着，我也看出了她那羞羞答答的小心思。苏菲明白，浓妆艳抹是追求爱情的一种方式，但她不懂过分随便也是一种方式。这意味着她不愿意用装扮来获得对方的欢心。唉！只要她知道对方在想她，她装扮成什么样又有什么关系？苏菲认为自己已经赢得了他的心，所以她不但要用娇柔去刺激爱弥儿的眼睛，还要刺激他的心，让他想象自己多么美丽动人。她希望，他能喜欢她的外表，也希望他能喜欢她的内心。难道他昨天没看清楚，猜不出她其他的美德？

据我所知，昨晚我和爱弥儿谈话时，苏菲也和她母亲谈话了。她的母亲看出了她的心事，还给了一些建议。第二天，在我们见面时，彼此都有所准备。这两个年轻人在见了12小时之后，没说过一句话，因为他们已经了解对方了。他们羞怯地打了招呼，他们有点儿害羞，不好意思。他们默默无语，两个人都低着头，害怕对方盯着自己。这种情形本身就是一种说明。他们互相逃避，但步调一致。他们已经感觉到，在没说清楚之前，还是需要保密的。当我们离开时，要求主人允许我们亲自送还带走的衣物。爱弥儿是对着她父母说的，不过他迫切地看着苏菲，非要她答应不可。苏菲什么也没说，什么表情也没有，好像看不见听不到一样。不过，她的面孔变得通红，这比她父母的回答更能说明问题。虽然他们没有挽留我们，但请我们以后再次拜访，这么做就合情合理了。你可以留宿无处可去的旅人，但不能让一个人住在自己情人家里，那就不合适了。

亲密关系的确立

我们才走出苏菲家，爱弥儿就打算在附近找个住所，但即使是相距最近的茅草屋，他都觉得距离过远，宁愿睡在苏菲家外面的水沟里。我同情地对他说："你真是太傻了，哎！被爱情冲昏了头！完全失去了理智和规矩！真是可怜的人！你以为这样做是在爱她，实际上是在害她！要是别人知道从她家离开的那个年轻人就睡在附近，别人会怎么说她？你居然还敢说爱她！你这样做只会败坏她的声誉！她的父母在热情地款待你之后，就落得这样的下场？难道你想毁了能带给你幸福的那个女人的名声吗？"他激动地回答道："啊！别人胡说八道又有什么关系？你不是教导我不要理会别人的议论吗？谁能比我清楚我热爱苏菲的心，我多么尊重她？我对她的爱不会让她遭遇羞辱，反而会让她感觉光荣，我配得上她。既然我的心意和行为都让她得到了应有的尊敬，又怎么会败坏她的名声呢？"我抱了抱他，然后说："亲爱的爱弥儿，你为自己着想的时候，也要为她着想。男性与女性的声誉不能比较而言，因为根据不同。这些根据都是真实而合理的，因为它们都源于大自然；你不理会别人的议论纷纷，但她的名声却依赖于别人的评价。要是你完全不顾忌，自己的名声也会受到伤害；假如因为你，别人没有尊重她，他们也不会尊重你的。"

我在跟他解释这些道理时，让他意识到，完全不理会别人的评论也是不对的。他不知道她有哪些优点，也不清楚她是否心有所属，父母是否已经给她定了亲，或许他们根本就不具备结婚的条件，因此谁能跟他保证，以后一定和苏菲结婚呢？难道他不知道丑事会毁了一个女孩的一生？一个人要是想让他爱的人声名狼藉，他怎么会是个聪明人？要是这个不幸的女孩因为讨得他的欢心，而招致了终生的痛苦，因此而哭泣，他怎么会是个真诚的人呢？

这个年轻人一听到我说得如此严重，十分震惊。他喜欢走极端，现在巴不得离苏菲家越远越好，于是他加快脚步，赶紧走开。他望了望四周，确保没有人偷听，他愿意为了所爱之人的名声而牺牲自己的幸福。他宁愿一生都不与苏菲见面，也不想给她带来麻烦。从他小时候开始，我就培养他懂得爱情之心，现在所有的心血结成了最初的果实。

现在的问题便是找一个距离合适又能打听到她消息的住处。我们四处打听，终于打听到离这里不远的地方有一个小城，我们可以去那里住，因为住在附近的村子里会引发别人的猜疑。这个初尝爱情滋味的年轻人来到小城，内心充满着爱意、希望和幸福，特别是各种真诚的感情。我这么做可以把他日益加深的欲望引向善良和诚实，我要在他没有察觉时把他所有的倾向引导到这个方面。

我的任务就要完成了，我也看出到了功成身退的时候。克服了所有的困难，跨过了所有的阻碍，到了现在千万不要急于求成，导致功亏一篑。在变化莫测的人生中，我们不要为了将来而放弃现在，也不要过分保守、犹豫不决，这样会因为将来得不到的东西而牺牲现在唾手可得的东西。在什么年龄就该享受什么样的人生，不要倾尽心血后，还没享受到快乐就死去。假如每个人都有自己享受生命的时期，那么这个时期就是在少年时期结束之后，因为这时候人的身心发育得最健全，而且这个时期正是人生的中途，与起点和终点都相距甚远。要是混沌的年轻人做了错误的选择，那也不是因为他们贪玩，而是因为他们追求的是遥远而不明的未来。

请你仔细地看一下我的爱弥儿：现在，他年满二十岁，有一个健美的身材和善良的内心，肌肉结实，干活麻利；他同时拥有感性和理性，心地善良；人品很好，审美也很棒，既爱美又喜欢帮助别人；他摆脱了各种欲望和偏见的束缚，做事理智谨慎，交了许多良师益友；他有很多有用的本事，还有一些才艺；他视金钱为粪土，用一双手就能养活自己，无论去哪里都不愁吃喝。然而现在，他被逐渐加深的欲望冲昏了头，他的心燃起熊熊烈火。他幻想着一个极乐世界，爱上一个姑娘，而且这个姑娘非常可爱；他满怀热望，期待得到回应。他们一见钟情，彼此情投意合，于是最初的爱情就产生了，这种爱情可以维持很久。凭借他的自信，以及他的理智，他无怨无悔地陷入这场疯狂的爱情中。他无所畏惧，只想着他们甜蜜的未来。在爱情里，他还缺少什么呢？我们好好看看，也好好找找，他还需要什么，除了他手上有的，我们还能给他什么？一个人已经拥有了所有美好的东西，你还想送什么的话，也许他就会在某个方面有所失；一个人能有多快乐，他就有多快乐。在这样的时候，我要剥夺他完美的命运吗？我要抢走他单纯的快乐吗？啊！他能获得幸福，我这辈子的心血就没有白费。要是我让他失去了什么，该用什么来补偿他呢？就算我让他黄袍加身，也不能弥补失去的乐趣。在期望得到极乐之喜时，比实际得到它的时候感觉更甜蜜；在等待幸福的过程中，那滋味比得到它时更美好。啊，可爱的爱弥儿，你们两个人就这样相爱吧！在获得这种幸福之前，好好享受一段时间，既要享受爱情，也要享受天真；在你等待极乐世界的时候，记得修一个实际的天堂。我不会剥夺你生命中的快乐，相反地我会帮你选择销魂的东西，尽可能地延长这种快乐。唉！快乐的日子总会终结，并且不会保持很久；然而，至少我要让你终身铭记这种感觉，让你不会因为没有享受过它而感到悔恨不已。

爱弥儿一直记得我们要去归还主人的衣物。准备好之后，我们就骑马赶到那里，这一次他心急如焚。当一个人产生了欲望之后，他就会厌烦平常的日子。然而，我们没有虚度光阴，所以他也没有觉得多么无聊。

不幸的是，道路曲折，长路漫漫。我们再一次迷路了。爱弥儿第一个发现我们走错了路，但他没有着急，也没有抱怨，一心一意寻找正确的方向，找了很久才找到。从头到尾他都很冷静。也许，在你看来这很正常，但对于我这个了解他的急脾气的人来说，这就是极为罕见了。从他小时候，我就教导他凡事要冷静，现在终于收到了成效。

最后，我们抵达了那里。他们比第一次更加热情地款待了我们，因为我们算是熟人了。爱弥儿羞赧地和苏菲打了招呼，然后就相对无言。在我们面前有什么可说的呢？他们不需要别人的见证。我们去花园散步，那里种了不少蔬菜，还有各种笔直高大的果树，一条小溪潺潺流过，还有一个花坛。爱弥儿感叹道："这里多美呀！这就是阿耳西诺乌斯的花园。"他的心中洋溢着荷马的诗意，燃起热情之火。苏菲不知道阿耳西诺乌斯是谁，于是她的母亲便问我。我解释说："他是科西尔的国王，根据荷马的记载，别人批评他的花园过于单一，种植的花草过少。他有一个漂亮的女儿，在他留宿一个陌生人的前一天晚上，梦到了自己很快就会结婚。"苏菲听了非常震惊，满脸通红，低头说不出话来。你可以想象，当时她多么尴尬。她的父亲看到她的样子，反而高兴起来，故意戏弄她，说那位公主还亲自去河里洗餐巾。他还继续说道："你们不知道，她平时摸都不摸脏的餐巾，她说上面有一股油味。"苏菲知道这话是说给她听的，于是暂时忘却了羞怯，激动地为自己辩解。她父亲当然明白，假如他们让她去洗餐巾，她肯定会洗得干净整洁，并且就算餐巾多一点儿，她也乐意去洗。她边说边偷偷地盯着我，一副不安的样子，我忍不住大笑起来，因为我看出她单纯的心灵充满了不安，所以想为自己解释。她父亲看到她傻里傻气的样子，还故意逗她，嘲笑地问她为什么要为自己辩解，还问她跟那位公主有哪些共同的地方。她又羞又气，不敢呼吸，也不敢抬头看人。可爱的女孩，现在可不是冷静的时候，即使你什么也没说，也已经表达得淋漓尽致了。

很快，大家就忘了这个小插曲，或者好像忘了。对苏菲来说，幸运的是，只有爱弥儿没听懂我们的意思。我们继续散步，这两个年轻人一开始在我们身边，不过不太适应过慢的节奏，于是不知不觉就走在了我们前面，越走离得越近，最后肩并肩走到一起，并且把我们甩下好长一段距离。爱弥儿在手舞足蹈地说着什么，苏菲一直都在静静地聆听，两个人看上去相谈甚欢。过了一小时，我们往回走，叫他们一起回去，这次他们放慢了脚步，充分地利用了这段时间。当他们走近时，我听到他们的谈话就此终止，然后快步赶上我们。爱弥儿神情自若，让人高兴。他眼睛里闪烁着快乐的光芒，有些不安地看着苏菲的母亲，暗暗猜测她会如何对待他。而苏菲不太自然，可能是因为我们看到她和一个年轻人一起走路而有些羞怯，虽然她也和其他男人交谈过，但从来没有这么不自然，并且今天的表现更加明显。她气喘吁吁地跑到母亲跟前，扯了个不相关的话题，以此证明她一直和母亲在一起。

当看到这两个年轻人脸上露出喜悦的神情时，我们就知道，这次的谈话解除了两人心中的重负。两个人还是一样稳重，不过不再拘谨了；他们稳重的举止，一方面因为爱弥儿尊重苏菲，另一方面因为苏菲还有些羞赧，最重要的是因为两个人都很真诚。爱弥儿已经敢和苏菲说话了，而苏菲也敢接爱弥儿的话，不过每次回答前都要看看母亲。她变化最明显的是对我的态度。她流露出一种发自内心的尊敬。她总是盯着我，跟我说话时极其不自然，暗暗地观察我的喜好。我看得出来，她十分尊重我，也希望得到我的尊重。我知道，这是由于爱弥儿已经跟她说过我了。也许你会认为，两个人不过是在争取我的赞同，实际上可不是这样，想赢得苏菲的尊重可不轻松。没准儿爱弥儿还需要我来帮他讨好苏菲呢，而不是苏菲来讨好我。真是两个可爱的年轻人……想起爱弥儿第一次跟爱人聊天时，就多次谈及我，我感到非常高兴，我在他身上花费的心血已经有了回报，我也得到了他的友谊。

苏菲的苦衷

之后，我们又过去拜访几次。两个年轻人聊天的次数也越来越多。堕入爱河的爱弥儿以为幸福唾手可得。然而，到现在，他还没得到苏菲公开的回应，她只是侧耳倾听，并未表态。爱弥儿知道苏菲很害羞，对她的沉默也很理解。他感觉，她对他的印象不错，他知道孩子的婚姻大事是由父母决定的，所以以为苏菲在等她父母做决定，他提出想向她父母求婚，而她并没有反对。他告诉了我这件事，我于是上门为他求婚，还让他一起出席。让他惊讶的是，苏菲的婚姻大事自己说了算，然后他才知道必须得到她本人的同意，他才能得到幸福！于是，他有点儿搞不懂苏菲的意思。他不再自信满满，他之前以为事情有了巨大的进展，现在才发现不是这么回事。到了这会儿，他应该用甜言蜜语来感动苏菲了。

对于自己要面对的困难，爱弥儿不是很清楚，要是你不告诉他，他也许平生都想不到。而苏菲是个自尊心很强的女孩，不愿意主动告诉他自己的困难。让她畏惧的困难，换了别的女孩，也许会觉得是个应该争取的优点。她记得父母对她的教导。她们家不富裕，而她知道爱弥儿家底殷实。他必须赢得她的尊重！他需要怎样的品质，才能让苏菲不把财产上的悬殊作为考虑他们婚姻的障碍？爱弥儿又是如何看待这一悬殊的？他是否知道他家的家底？他怎么会问父母家里有多少钱？感谢老天爷，他不需要多有钱；就算穷困潦倒，他也能努力做好所有的事。驱使他助人为乐的是他的心，而不是钱包里的钱。他花费很多时间、精力、仁爱在帮助穷人上；当谈及他助人为乐的事情时，他从来没有说过总共花了多少钱。

爱弥儿完全不清楚苏菲畏惧的原因，以为是自己犯了错。他哪里敢说自己所爱之人性格古怪呢？自信遭到了打击，使他痛苦万分。在此之前，他本着积极乐观的心态接近苏菲，认为他们俩是彼此相配的；而如今，他完全没有了自信。在她面前，他显得惶恐不安。他不想再用爱来打动她，只想得到她的怜悯。好几次他几乎失去了信心，流露出满腹的不满。苏菲好像察觉到他的不满，就多加留意他。这样做不仅解除了他的疑虑，也让他感觉羞愧，于是完全折服于她。

他苦恼于苏菲的顽强抵抗和沉默不语，于是向朋友倾诉心事。他想让朋友分担自己的郁闷，请求得到朋友的帮助和指导。他说："这真是千古难题！毫无疑问，她非常关心我；她并不躲着我，还很喜欢跟我在一起；当我去她家时，她显得很开心，我离开时，她表现得很伤心；她由衷地接受我的关心，当我使唤她时，她也很高兴；她会胆大地向我提出意见，有时候还会命令我。不过，对于我的请求，她却一再拒绝。当我勇敢地提起结婚时，她立即严厉地制止我；要是我继续往下说，她就会离开。她希望我属于她，但又不愿意听我这么说，这是为什么呢？她很尊重你，也很喜欢你，她不敢打断你的话，请你去跟她谈谈吧，问问她其中的原因。你要帮帮你的朋友，完成自己的使命，别让你的学生在受了你多年的教导后一事无成。啊！要是你帮不了我，我就会因为你的教导而落得痛苦的下场。"

我去找了苏菲，并且不费吹灰之力就知道了她的苦衷。然而，我费尽力气才让她同意把这个原因告知爱弥儿，于是我告诉爱弥儿了。他听完之后，震惊得说不出话来。他想不通这其中的关系，也不知道财产和人品有什么关系。我跟他解释了一下，人们对金钱的偏见，他竟然笑了起来，欢喜雀跃，想立即回家毁掉他所有的财产，这样就能和苏菲拥有同样多的财产，然后才可以顺利地结婚。

我一面阻止他，一面嘲笑地说道："啊，什么！你太幼稚了，还没长大吗？你研究了一辈子的这些，难道还不会推理吗？要是实行了你这个乱七八糟的计划，事情恐怕会更糟，苏菲可能更加坚定决心，你难道看不出来吗？你财产多一些，这是你胜过她的地方，要是你再把所有的财产给毁了，那你就胜她更多了。稍微比她强时，她的自尊心都那么强，不愿意向你妥协，假如你再比她强很多，她又怎么会妥协呢？假如她不能容忍一个富有的丈夫，又怎么会容忍那个人为自己变穷呢？唉，可怜的孩子，你可别让她察觉你有这样的想法。相反，你要因为爱着她而节俭，以及三思而后行，不要让她说你想用巧妙的手段赢得她的欢心，也不要让她说正是你平时就不在乎所以财产才没了。

“你真的以为，她是害怕你的财产，才表示反对的吗？不，亲爱的爱弥儿，她之所以反对，有一个至关重要的原因，即考虑到财产对人们产生的影响。她深知，有钱人重视财产，胜于其他所有东西。他们宁愿要黄金，也不要美德。当他们衡量别人所做的工作及获得的财产时，总认为前者不如后者多，就算别人付出十分努力，既然吃了他们给的面包，就欠了他们的债。啊，爱弥儿，怎么才能消除她的这种疑虑呢？只需要让她完全了解你，这不是短期内就能达成的。因此，你让她看看你的所有优点，哪些可以弥补财产方面的问题。只要你始终如一地坚持下去，就能战胜她的反抗；只要你保持高风亮节，就能让她忘了你有钱人的身份。你要爱她，为她效劳，为她的父母效劳。同时，你还得表明自己献殷勤，并不是出于一时的狂热，而是由于你始终秉持的行为准则。你得做出与所有财产无关紧要的姿态，只有这样才能和她的美德相匹配。”

你能想象出，爱弥儿听了我的这番话多么高兴，自信和希望又回来了，他多么庆幸自己能够做些让苏菲高兴的事。不过，即便没有苏菲这个人或者他不爱她，他也会做这些事的。就算你不了解他的脾气，也应该想象得出他将会采取的方法。

如此一来，我就成了这两个年轻人沟通的桥梁，成了他们能推心置腹的朋友。对于老师来说，这真是绝佳的工作！这样的工作让我人生走上了崇高的地位，也给了我前所未有的满足感。此外，它也给我带来了乐趣，因为我很受这家人的欢迎，他们让我观察这两个年轻人是否发乎情止乎礼。爱弥儿也怕冒犯我，言行都十分小心。苏菲给了我真诚的友谊，我只能享受我应得的那份。她通过我，间接地向爱弥儿表示尊敬。正是为了爱弥儿，她对我千依百顺，只要可以向他表示爱意，就算让她去死，她也愿意；而爱弥儿，了解我不会做对他有害的事，因此看到我这样对待她，简直高兴坏了。散步时，要是她拒绝挽着他的胳膊，他也不当回事，因为她为了他而挽着我的胳膊。他握了握我的手就走了，向我施以眼色，小声地说："朋友，你可要为我说点儿好话。"他盯着我们看，想从我们脸上解读出内心的情感，想通过我们的身势语猜出谈话的内容。他知道，我们交谈的内容都是关于他。可爱的苏菲啊，当忒勒马科斯不知道我们说了什么时，你尽管放心地跟他的门特聊聊吧！你如此坦荡，让他轻松就猜出了你的柔情蜜意！你兴高采烈地向他表示了你对他学生的尊重！你让他看出你内心汹涌澎湃的情感！当那个着急的人贸然打断你的时候，你假装生气的表情多么生动！当他走到我们身边，打断了我们的谈话，彼时我正在评价他，也打断了你从我的言语中找到爱他的理由，你那种生气的模样是多么可爱！

于是，爱弥儿被公认为苏菲的情人，之后他充分地利用了这一身份。他不停地表白、督促、恳求，三番五次地纠缠。就算苏菲对他板起脸来，他也不在乎，只求自己的话被她听到。他费了一番心思之后，终于让苏菲点头同意他行使情人的权利。她立下规定，向他发号施令，接受他的帮助而不表示谢意，就连他去看望她的时间和频率都得由她说了算，他只能在特定的一天才能去，最多只能待多长时间。这些都不是开玩笑的，必须认真执行。她仔细考虑后，才接受了这些权利，所以在执行这些权利时就很严格，到了后来爱弥儿后悔不该把这些权利交给她。然而，无论她说什么，他都照做，而且在苏菲让他离开时，他还会开心地看我一眼，仿佛在说："看吧，她已经拥有我了。”这个时候，苏菲就在一边悄悄地观察他，偷偷地取笑他做了奴隶还这么自负。

只有在这样的时候，他着急取悦苏菲，才感觉自己学的才艺没有白费。苏菲喜欢唱歌，他便跟她一起唱，而且他还教她乐理知识。她手脚灵活，热爱跳舞，他便陪着她一起跳；他还教会了她正确的舞步，使她跳得又快又好。教她唱歌跳舞是特别有意思的事，这种开心的氛围让他们激动不已，他们的爱情和羞怯的模样相互交融。作为一个情人，可以肆无忌惮地教她唱歌跳舞，他完全能够胜任老师一职。

苏菲家里有一台旧风琴，爱弥儿把它修好了，还调好了音。他是一个木匠，也是一个乐器制作师和修理师。他始终认为，凡是自己能够做的事，都要自己学着做，尽量不要求助别人。她们家周围环境优美，他以此为背景，画了几幅画。有时候，苏菲也画上几笔。画完后，她就挂在她父亲的房间里当成装饰品。画框没有全部涂成金色，因为它们不需要过于金光闪闪。她在看着爱弥儿画画的时候，也在模仿着他的画风，很快她也能画得不错了。她开始培养各种才艺，慢慢地她的才艺有了很大的进步。她的父母亲看到家里摆了那么多艺术作品，想起当时的盛况，只有艺术品才能让他们感觉到以前生活的趣味。爱情装饰了这个家，只有爱情，才能在不出钱出力的情况下，获得需要许多金钱和心血才能换来的幸福。

有些人会用金银珠宝来装饰自己喜欢的偶像，有些人会把自己敬奉的神像装扮得花枝招展。同理，在男人的眼里，虽然他的情人已经相当完美了，他也不满足，还要用新东西来装饰她。这并不是出于她需要这些东西，他才会高兴，而是出于他认为需要装扮她，只有这样做，才能表达出他的尊敬，才能在看她时产生新的乐趣。在他看来，要是不用东西来装饰她，他的那些东西就一无是处。爱弥儿恨不得一下子把毕生所学都教给苏菲，也不去问她愿意不愿意学习，更不考虑她适合不适合。看到他着急的模样，真是让人既可气又可笑。他怀着孩童般单纯的心思，向她灌输自己知道的所有东西。他以为自己讲出来，她就能明白。他胸中的那点儿墨水，只要她没听过，就算没有任何用处他也会告诉她；要是他知道的东西不告诉她，那他自己就会觉得羞愧。

于是，他向苏菲灌输哲学、物理、数学和历史，总而言之，知无不言，言无不尽。苏菲看到他这么热情，也很高兴，并且想趁此机会好好学习。她允许他坐在身边，他是多么高兴！在他看来，天堂已经向他打开了大门。不过，在这种情况下，老师教起来容易，可女学生学起来就有点儿难了，很不利于学习。因为她怎样才能躲过那双直勾勾的眼睛，当他们眼神交汇时，这课就没法上了。

苏菲习惯于思考所有的事，不过总也弄不清楚大的道理。在伦理学和艺术学上，她表现得最好；对于物理学，她只对一般的法则和宇宙体系有了些许的认识。有几次散步时，他们看到了大自然的奇观，也敢于运用纯洁的心来思考一番。对于大自然，他们毫不畏惧，反而坦荡地倾诉心事。

和谐的关系

虽然爱弥儿与苏菲都很有理智，但有时也会闹些意见，甚至争吵起来。苏菲并非没有脾气，爱弥儿也是一点就着。然而，暴风雨很快就会过去，他们比从前更加紧密。爱弥儿通过经验得知，这种暴风雨并不可怕，他清楚这样的争吵会对他不利，但争吵后的和好，又能给他带来好处。第一次争吵就让他获得了某些好处，所以他希望再次争吵时，可以有更多的好处，当然这种想法是错误的；可是，虽然他不是在每次争吵中都能得到好处，但能发现苏菲是真心爱他的。或许，你想知道他到底得了什么好处，我愿意告诉你，并顺便借此机会向你说明一个重要的原理，也要批评一个有害的说法。

爱弥儿堕入爱河，但他不是一个冒失的人。可以想象得到，端庄的苏菲也不会允许他做出什么出格的事。在所有的事情上，应该有个庄重的分寸，因此要是说她有做得不好的地方，那也是因为她的做法过于生硬，而不是生活放荡。她的父亲也担心她的极度自尊会转化为清高。就算在与爱人幽会时，爱弥儿都不敢请求她稍显爱意，甚至也不敢乞求她做出爱他的模样。两人一起散步时，只有她愿意挽着他时，才会挽着他，不允许他用权利相要挟，因此在她挽着他的时候，他才敢叹一口气，偷偷地让她的胳膊靠近自己的胸膛。在自我克制许久之后，他才敢大胆地偷吻她的衣服，好几次撞了大运，因为她假装没看到。有一天，在他偷吻她衣服的时候，动作幅度大了一点，就遭到了苏菲的批评。他没有停下动作，于是苏菲就生气了，而且说了几句不中听的话；爱弥儿也受不了了，也回了几句逆耳的话。两个人不欢而散，开始闹起了别扭。

苏菲惴惴不安。她的母亲是她的知心人，她又怎么能隐瞒自己这件伤心事？这是她和爱弥儿的第一次吵架，持续了一个钟头，这确实非常严重！她检讨了自己的过错。她的母亲让她去弥补错误，她的父亲也发出同样的命令。

到了第二天，忐忑不安的爱弥儿比平时来得更早。苏菲正在帮母亲梳妆，她的父亲也在那里。爱弥儿很有风度地走了进去，但脸上布满了忧愁。苏菲的父母跟他打了招呼，苏菲回过头来，把手伸向他，用一种安慰的语气跟他问好。很明显，苏菲伸出漂亮的手，是让爱弥儿亲吻的；但爱弥儿只是握着它，并没有亲。苏菲顿时羞愧，假装冷静地把手抽了回去。爱弥儿不理解女人们的做法，不知道女人们闹脾气的用处，他仍然记得昨天苏菲任性的表现，也还在生闷气。苏菲的父亲目睹了她困窘的处境，于是大笑起来，这把苏菲弄得更加尴尬。这个可怜的女孩，本来就心慌意乱，还遭到了爱人的羞辱，她惊慌失措，忍不住要大哭一场。她克制住了自己，心里非常难过。最后，虽然她不想哭，眼泪还是流了下来。爱弥儿一看见她流泪了，就跪下来握着她的手，用力地亲了几下。苏菲的父亲边乐边说："说实话，你真是太善良了，换了是我，我才不会容忍这种发火的方式，我一定会严惩自己的那张嘴。"这句话让爱弥儿充满了勇气，用祈求的目光去看苏菲的母亲，在以为获得许可之后，小心翼翼地靠近苏菲的脸。苏菲为了保护自己的嘴，便转过头去，爱弥儿于是亲到了她玫瑰色的脸蛋上。鲁莽的爱弥儿还不满足，苏菲小小地挣扎了一番，假如不是她母亲在旁边看着，真不知道他要亲到什么时候！端庄的苏菲啊，必须小心啦，你要是再拒绝，他会经常吻你的衣服的。

爱弥儿如此惩罚苏菲之后，她的父亲走出房间，然后她的母亲也找了个借口，支开了苏菲。苏菲离开后，她便严肃地对爱弥儿说："先生，你这样一个出身良好且有教养的年轻人，品德和感情都无法挑剔，怎么能够羞辱一个向你表示友好的姑娘。我不是个吹毛求疵的人，能够原谅年轻人疯狂的行为，你当着我的面做出这种行为，我能够容忍你。请你问一下自己的朋友，让他告诉你应该遵守的规矩；他会告诉你，在父母面前的嬉闹和背地里的胡闹的区别。背地里胡闹，不但辜负了他的信任，还把深情厚谊变成了会伤害人的陷阱；不过，你要当面表示这种深情厚谊，那就没关系了。你的朋友会告诉你，我的女儿错在你第一次失态时没有制止你。他们会告诉你，只有在她认为你很友好时，你的行为才是合适的行为。一个有荣辱心的人不应该利用女孩的纯真，私底下对她如此放肆。虽然当着大家的面，她可以同意那么做。我们都知道，哪些行为体面，可以当着大家的面做，但我们不能判断，在背地里，他会放肆到什么程度。”

这位母亲在理直气壮地批评完爱弥儿之后，就离开了房间，这话明显是说给我听的，而不是说给爱弥儿听的。确实，她考虑问题很周到，让我大为敬佩。她认为，当着大家的面，爱弥儿亲吻苏菲的嘴，都没有关系，但她畏惧爱弥儿背地里偷偷去亲她女儿的衣服。普通人墨守的规矩真是可笑，因为这会让我们为了装出一本正经的模样，失去一颗真诚的心。当我想到这一点时，便豁然开朗：为什么话说得越动听，心地就越龌龊；行为越严谨，做出行为的人越道德沦丧。

趁此机会，我向爱弥儿普及了早就应该告诉他的规矩。在这个过程中，我产生了一种新的想法，如果苏菲知道的话，会更加自卑的，所以我可不能让她的情人也知道。这个想法即她这种看似清高的做法，虽然得到了人们的指责，但不失为一种明智的自我防御。她知道自己性情刚烈，所以连最小的火花都尽量避免。她之所以如此自制，并不是她高不可攀，而是她为人谦恭。她能够控制爱弥儿，却不敢保证能控制自己；她要通过控制爱弥儿，来控制自我。假如她自信心再多一点儿，也许就不会这么做了。除此之外，在这世上哪个女孩比她更温柔呢？哪个女孩比她更能忍耐那种鲁莽的行为呢？哪个女孩比她更不愿意冒犯别人呢？除了合乎道德的行为，在所有事情上，哪个女孩是像她那样毫无矫揉造作的表现呢？而且，她也没有因为自己的优点而自负，她的高傲只不过是美德的保护色——要是她能随心所欲，她早就想拥抱自己的爱人了。这些想法，她那谨小慎微的母亲都没跟她父亲说过，因为男人不该对女人所有的情感了解得如此清楚。

苏菲并没有因为征服了爱弥儿而感到自豪，反而除了那个造成变化的人之外，对其他人更加宽容，更加平易近人。她意识到，自己是独立的个体，但她高洁的心并没有因此而目空一切。她谦虚地庆祝了自己的胜利，这是牺牲自由而取得的。她听到别人说“情人”时，也不再羞涩；不过此后，她的举止越发谨慎，言谈越发羞怯。然而，虽然她表现得不好意思，但心里充满了喜悦，本来她羞怯的样子就不是出于尴尬的心情。尤其对来她家的那个年轻人，她的态度有明显的变化。因为她已经选定了爱人，所以对其他人都表现得毫不在意，她不在乎别人身上有多少优点，也不像从前那般指责别人，她觉得他们都很可爱。

忌妒

假如真正的爱情允许卖弄风骚，在我看来，苏菲在她的爱人面前，就有一些卖弄风骚的痕迹。或许你会认为，她已经通过羞答答的方式点燃了爱弥儿心中的欲火，却不满足，还想让他着急上火，从而激起他的情欲；或许你会认为，她如此表现是因为她不敢和爱弥儿痛快地玩耍，才故意这样来折磨他；然而，苏菲为人谨慎、善良、理智，绝对不会故意折磨爱弥儿。为了缓解这种刺激，她抛弃了瞻前顾后的做法，代之以爱情和真心。她明白什么时候要让他震惊，什么时候要让他宽心。虽然有几次她令他不安，但从来没有故意伤害过他。她担心爱人还没有燃起充分的爱火，因此故意让他担忧，这样的做法完全可以理解。

对爱弥儿来说，这种小手腕产生了什么影响呢？会激起他的忌妒之心吗？他或许永远也不会忌妒？在这一点上，我们必须考虑清楚。这些细枝末节也在这本书探讨的范畴内，因此谈论这些问题，并没有偏离主题。

正如我在前面所论述的，在所有夹杂了个人偏见的事情上，人们的心是如何产生的忌妒情感。在爱情上，这又是另外一码事：从表面上看，忌妒好像是天生的，所以大家也不相信它是后天形成的；在动物界里，有几种动物的忌妒心特别强，简直可以让它们癫狂，就以它们为例，就可以证明我与之相反的观点。公鸡斗个你死我活，公牛也斗得头破血流，这些难道是人类教育的结果？

对于所有妨碍我们快乐的事，我们都抱有反感。毋庸置疑，这是天生的冲动。要独占我们喜欢的东西，这也是天生的冲动。然而，当这种冲动变成欲望，变成疯狂，或者变成难过和忧伤的梦想时，所谓的忌妒就是另外一回事了。这种忌妒可能是自然产生的，也可能不是自然产生的，我们应当区别对待。

要是按照原始的状况来观察人类，很容易看出，由于男人的性能力和他的欲望都有个限度，所以他只想让一个女人得到满足。在这方面，至少在我们国家就可以用男女人数等类似的事实加以证明。某些人种的男性，性能力很强，所以可以拥有几个女人，因此他们的男女人数不等。小孩在很长时期内都是软弱的，所以失去父亲的疼爱就不行，他们需要父亲的关心，他们的母亲也同样需要。

综上所述，我们不能用某些雄性动物的忌妒表现来描述人类的情况。在某些热带地区，实行一夫多妻制，这种例外更能证明我所说的原理：由于妻子过多，丈夫需要实行专制，而且他意识到体力上的不足，就会依靠专制来逃避大自然的法则。

在我们这个国家，虽然无法像热带的人一样逃避这个法则，但从另一角度来说，大家都在努力逃避它。我们产生忌妒心理的根本原因并非原始的本能，而是出于社会的欲望。在多数的男女关系里，男人对情敌的憎恨，远多于对情人的爱意。他害怕情人爱上别人，这是源于他的自私和他的虚荣心，而不是爱情。而且，愚昧的社会制度已经让女人变得矫情，燃起了男人如此强烈的情欲，以至于我们在面对她们真正的爱意时，也不敢相信。就算她们表白了自己的情感，那也是不能让你信赖的；就算她们情意绵绵，也不能宽慰你惧怕情敌的心。

真正的爱情则是另外一回事。前面已经说过，这种爱情并不像人们想得那么自然，温柔的爱意和激烈的情欲完全是两回事：前者让一个男人热爱自己的伴侣，而后者则让一个男人被女人的表象迷惑，从而觉得她比真实的样子还要美。爱情是专一而排他的，希望对方爱自己。它跟虚荣不一样：虚荣是不断地向对方提要求，而自己什么也不给对方，这是不公平的；而爱情是向对方提出要求，而自己也给予对方，这是一种公平的感情。而且，越要求对方的爱，就越信赖对方。当一个人产生了爱情的冲动时，很容易相信对方。假如爱情让人欢喜让人忧，则尊敬是让人信任的；一个真诚的人不会只爱不敬的，所以我们爱一个人是因为我们认为对方具有让我们尊敬的所有美德。

在阐述完这几点之后，我们就能判断出爱弥儿的忌妒心是哪种类型的了。既然忌妒只是一种情感，以后发展到什么程度，完全由个人所受的教育决定。产生爱意和忌妒心的爱弥儿并不是一个脾气暴躁、喜欢猜忌的人，相反他温柔敏感、害羞腼腆。对于苏菲的做法，他感到惊讶，而不会愤怒。他在努力感动他的情人，而不是加以威胁，他把情敌看作障碍而不是敌人，极力避免情敌，而不是憎恨他。即便憎恨他，也不是由于想同他争夺苏菲的心，而是由于他可能会失去苏菲的心。他不会愚蠢地认为，别人的竞争会伤害自己的尊严。他明白，能否得到对方的爱情，完全在于他具有的美德，他能否获得荣誉，得看他能否取得成功，因此他会付出百倍的努力，让自己讨人喜欢。只有这样，他才能成功。爽朗的苏菲虽然好几次使用了让他惊诧的方法来刺激他的爱情，但她也缓解了他的震惊，做了一些补偿。她只是为了考验他，才利用了一些年轻人，一旦考验结束，她就把他们支走了。

这样下去怎么了得？爱弥儿会变成什么样的人，我还能认出他是我的学生吗？我发现他变得极其消极！那个身体健壮、不怕辛苦、全凭理智的年轻人，那个不理会所有偏见和欲望的年轻人，那个拥护真理、视身外之物为粪土的年轻人，去了哪里？如今，闲适的生活消磨了他的意志，竟让自己被女人控制。他整天都在思考如何讨得她的欢心，把她的意志当作法律。他把自己的人生交给一个年轻女孩，他拜倒在那个女孩的石榴裙下。稳重的爱弥儿竟然变成一个女孩的玩具！

人生就是这么变化莫测的。虽然一个人在不同的年龄会有不同的行动动机，但还是原本的自己。十岁的时候，他受蛋糕的控制，二十岁的时候，听情人的指挥，三十岁的时候，追求享乐。那什么时候才能回归理智呢？当一个人得到指引，不自觉地奔向理智时，这个人该多么快乐！只要那个人能够指引他走向理智，又何必在意那个人是谁呢？就算英雄和圣贤也欣赏人类的这个弊病。任何男人，即便为自己的女人纺过纱，也不能说他就称不上伟大的人。

要想让一种优质的教育对于一个人发挥终身的效果，就要让他在童年养成好习惯，并且青年时期能够维持这个习惯。当你的学生成为你想象中的人，就要让他始终保持这个样子。只有做到这一点，你的任务才算完成。正是基于此，老师和学生必须经常待在一起，年轻人需要老师的指导，然后才能懂得如何追求爱情。普通的老师，特别是一般的父亲，会做错一点：他们以为孩子养成这种生活方式后，就会抛弃从前的生活方式，认为孩子长大成人后，会抛弃童年时养成的好习惯。假如童年时养成的习惯，无论好坏，都随着一个人长大成人而消失，假如成人的生活方式与童年时的完全不同，那么思维方式势必完全不同，这样我们又为什么在孩子童年时花尽心思去教育他呢？

就如所有的重大疾病会干扰我们的记忆力一样，所有激烈的欲望也会阻碍我们的美德。虽然我们的爱好和倾向都发生了改变，而且这种改变是突如其来的，但这种改变会被我们的习惯稀释。当我们的倾向发展时，也像渐变的色彩一样，手段高明的艺术家应该让这种渐变的过程不为人所察觉，他应该把各种颜色混在一起，为了不让某种颜色突然消失，应该把几种颜色涂满整个画面。这种做法是正确的，我们的经验可以证明这一点。无所节制的人每天都在改变嗜好、兴趣和自己的情感，但就是不改他们这种变来变去的缺点；循规蹈矩的人只会守着旧的习惯，就算老了，也只喜欢做童年时爱好的事情。

假如你可以让一个年轻人在进入新的人生阶段后，仍然记住以前的阶段；让他培养新习惯后，也不抛弃旧习惯；让他对行善保持同样的热情；那么无论什么时候开始，只要能做到这几点，你就能维持教育的成果，而且直到他失望，都不用担心他会做坏事，因为最可怕的变化，莫过于你正在仔细观察的年龄的变化。有些人由于不能改掉童年时养成的习惯，觉得很不安，可是改掉了这些习惯，他们便再也无法培养出那些习惯了。

要是你认为，自己已经使儿童和青年养成了许多习惯，但其中有些并不是真正的习惯，是出于你的强迫，等到他们能够摆脱你的强迫时，他们就不再那么做。一个人无论在监狱里住了多久，都不会喜欢待在那里面；在那里待得越久，不但不能减少他对监狱的厌恶，反而会使他越发讨厌那个地方。爱弥儿绝对不会抛弃童年时养成的习惯，这是因为那时他只做自己愿意和喜欢的事，等到长大了，他也如此。因此，习惯会使得他更加体会到自由的滋味。对他来说，动态生活、体力劳动和体育锻炼缺一不可，要是不让他从事这些运动，他会郁郁寡欢。假如突然让他去过清闲自得的静态生活，就相当于把他关进了监狱，并且用铁链拴起来，让他缩手缩脚、不得自由。毋庸置疑，他的灵魂和身体都会受到伤害。在一间封闭的房间里，他都觉得难以呼吸，需要新鲜的空气，需要不断地运动，需要身体疲劳。当他坐在苏菲身边时，他也经常观察乡间的景色，希望和她一起在田间散步。可是，当他必须待在家里时，他也没有问题，不过心里却感觉不安，要不断地和自己斗争。他之所以待在家里，是由于受到了约束。也许你认为，是我让他有此感觉的，是我束缚了他。你的想法正确，正是我给了他成年后的束缚。

然而，爱弥儿是怎样爱上苏菲的呢？他是出于感情、美德和对真诚事物的爱。他的情人喜爱真诚的东西，这让他心生欢喜，他自己会不会丧失了这种爱呢？从苏菲的角度来说，她提出了哪些要求呢？除了爱弥儿天生的情感外，她还要求他尊重所有的善行，要求他生活俭朴、为人天真正直，要求他不在意财富和地位。事实上，在苏菲没有这么要求之前，爱弥儿就已经具有了这些美德。那么，爱弥儿的变化体现在哪些方面呢？许多新的理由让他保持原有的模样，他跟从前的不同只在于他爱上了苏菲。

爱情的磨炼

凡是稍微留意过这本书的读者，都不会认为爱弥儿身边的环境是偶尔遇到的。在每个大城市里，都有许多可爱的女孩，但是他喜欢的女孩却居住在乡间，这难道是随机的吗？他们的相遇也是出于偶然吗？他们彼此相配也出于偶然？他们分居两地也是偶然吗？他要在相距甚远的地方找到一个住所也是偶然吗？他们见面的机会不多，他必须创造很多机会才能见她一面，这也是偶然吗？或许你认为他会逐渐地变得衰弱。相反，他越来越强大，他必须保持以前的强健体格，这样才能为了爱情忍受各种疲劳。

他住在离苏菲八公里远的地方，这样的距离好像炉子的风箱，可以用它来磨炼爱情。假如他们住在面对面的两个房子里，或者他可以优哉地坐着漂亮的马车去看她，那么他就可以随心所欲地亲近她，然后按照巴黎人的方式去追求她。假如不是大海隔开了赫罗和林德尔，林德尔怎么会心甘情愿地为赫罗而死？亲爱的读者们，我的话止于此。要是你们明白了我的意思，就可以从这些章节中找到我遵守的法则。

最初的几次，我们骑马去看苏菲，因为这样可以快一点儿。我们认为这种方式很好，因此第五次也骑马过去。他们在等着我们——在离他们家半英里的地方，他们站着等我们。爱弥儿看到这种情况，心里高兴极了。越来越靠近的时候，他一眼就看到了苏菲，于是马上跳下马，飞奔到她面前。爱弥儿很喜欢马，他骑的那匹马也很活泼，一旦得到了自由，它就跑到田野里撒欢去了。我费了很多力气，才把它追回来。然而，苏菲害怕马，不敢靠近我。爱弥儿没有看到我驯马的过程，苏菲于是偷偷地告诉他，他给我带来了很多的麻烦。然后，他羞愧地走过来，牵着马走在我们后面。大家轮流牵马，这样非常公平。为了把马带开，他只好走在前面。如此一来，就把苏菲留在了后面，所以他不再觉得骑马是件舒服的事了。他气喘吁吁地又跑回来迎接我们。

第六次去时，爱弥儿不愿意骑马了。我问他："为什么呢？我们可以带一个马夫，让他来照料马匹。"他说："啊！我们骑马过去的话，岂不是给人家增加了很多负担？你想想，他们不但得喂饱我们，还得喂饱马。"我点点头说："确实如此，虽然他们不富裕，但也热情款待了我们。有钱人表面上大方，但也只招待自己的朋友，然而穷人还得管朋友的马。"他说："我们走路过去吧，像你这样喜欢和学生一起在疲倦中寻找快乐的人，怎么会没有走路的勇气？"我立刻回答道："走路过去，太棒了！而且，依我之见，谈恋爱的时候最好不要弄得人仰马翻。"

在即将抵达的时候，苏菲和她的母亲来接我们，比上一次走得更远。我们也如离弦之箭，很快走到她们身边。爱弥儿大汗淋漓，苏菲马上用手绢给他擦汗。从此之后，就算世上有再多的马，我们也不愿意骑了。

然而，两个人不能在傍晚的时候见面，这令他们非常沮丧。夏天逐渐逝去，白天越来越短。无论我们怎么说，主人就是不同意我们待到晚上再走。因此，要是不一大早就过去，只能在那里待一下就走。苏菲的母亲非常关心和体谅我们，她觉得我们偶尔可以在村里别的地方过夜。听到她这样说，爱弥儿马上拍手称赞，欣喜若狂，而苏菲也没有仔细琢磨这其中的原因，只是在母亲提出想法的时候，用力地亲了母亲一下。

慢慢地，我们之间建立起真挚的友情。到了苏菲和她母亲规定的日子，我多半都陪着我的朋友一起过去，偶尔我也让他自己过去。我信任他，一直培养着他，而且他现在也不是小孩了；我尊重他，所以为什么要跟他一起去呢？偶尔，我也不带他，自己过去；这个时候，虽然他很伤心，但也不抱怨，抱怨又有什么用呢？再说了，他知道我不会做伤害他的事。除此之外，无论我们一起去，还是各自去，无论刮风下雨，都不能阻止我们，要是下了雨，走到她们那里，浑身湿漉漉的，更能引起她们的同情，我们反而会更加高兴。但是，苏菲不愿意我们冒雨过去，也不许我们天气恶劣时过去。据我观察，我传授给她的秘诀，只有这一条，她没按照我说的话去做。

有一天，爱弥儿自己去找苏菲。我以为他得第二天才回来呢，结果当晚他就回来了。我拥抱着他说："啊！爱弥儿，你回来看你的朋友啦！"然而，他不但没有回答我，反而气呼呼地说："请不要以为我是愿意这么早回来的，我是迫不得已才回来的。苏菲让我回来，所以我是为她回来的，而不是为你。"听到他这种天真的说法，我又抱了抱他，然后说："真是坦诚啊，我的朋友，关于我的事，你是瞒不了我的。假如说你是为了她才回来的，那么你肯定是为了我才这么说的。她让你回来，我让你坦白说这话。你要永远保持这种坦诚的心。不相干的人愿意怎么说就怎么说，可是让朋友觉得我们具有实际没有的美德，那就是犯罪了。"

我尽可能地让他明白这其中的意义，因为我发现，他坦白说苏菲让他回来的，多半是出于对苏菲的爱，而不是出于他本来就豁达淡定。因此，我跟他说，他不愿意说这次回来是自己决定的，这是因为他想这事归功于苏菲。他没想到，正是这句话透露出他的内心。要是爱弥儿从容不迫地慢慢回来，边走边幻想着美好的未来，那么他也只能算是苏菲的情人；然而，要是他急着回来，走得满身是汗，那么虽然他还在生气，他也算得上是我的朋友。

由此，大家可以看出，由于我的这些安排，使得这个年轻人不可能整天跟苏菲待在一起，也不可能随心所欲地去见苏菲。他每个星期至多去一两次，而且去的时候，只能在那里待半天，很难待到第二天。他希望能经常见到她，每次见面后，又要回味甜蜜的时光，他用在想象上的时间居然比实际相处的时间还多。正是这种真心真意、甜蜜纯洁、想象比实际多的快乐，刺激了他对苏菲的爱慕，又不让他变得唯唯诺诺。

在没有去探望苏菲的日子里，爱弥儿也不会懒懒地待在家里。他还是原来的爱弥儿，毫无变化。他经常跑到临近的乡野里，去研究他的博物学；他研究附近的土壤、作物和耕作的情况；他把看到的耕作方法与他知道的方法相比较，探究它们不同的原因；他认为他的方法比当地农民的方法好，就把那个方法告诉农民；他设计了一个更好用的犁头，让人按照他画的图样制作出来；他发现了泥灰岩，就把泥灰岩的用途告诉别人，因为这里的人对此一无所知；他常常下地干活，大家都很惊讶，因为他们看到他用起工具来如此娴熟，看到他翻起土来比他们都深，砌起垄来比他们都直，播起种来比他们还匀，管理苗床比他们都在行。所以，每当他谈起干农活时，没有人嘲笑他，因为他们知道他确实干得不错。总而言之，对普通的公益事情，他都乐意为之。除此之外，他还去农民的家里拜访，探察他们的社会地位和家庭状况，有几个孩子和多少土地，产品和销量如何，以及他们有哪些权利、重担和债务，等等。他只分给他们少量的金钱，因为他知道他们不善于管理财务；给过钱之后，他还要指导他们如何花出去。他会找工人来帮他们干活，经常自己支付这些工人的工资。他帮助某个人修葺坍塌的茅屋；他帮助另一个人整理荒废的土地，还给这个人一头母牛、一匹马或其他牲畜，以此来补偿他的损失；当身边的两个邻居要打官司时，他还努力劝诫，让他们冰释前嫌；要是一个农民生病了，他请人去照顾，有时也亲自照顾；要是一个农民被豪绅欺负，他也会保护他；当年轻男女心心相印时，他会促成他们的婚事；当善良的女人失去孩子后，他会去探望和安慰她。他并不是看一眼就离开，他也没有看不起穷人，反而愿意和困苦的人一起努力。当他去帮助某个农民时，经常会和他一起吃饭。有些人虽然无须他伸出援手，但他也接受他们的邀请，去他们家里做客。虽然他帮助了很多人，交到了很多朋友，但自始至终都一视同仁。总之，除了乐于用钱来帮助别人，他也乐于用体力帮助别人。

有时候，他走到苏菲家旁边，希望能在苏菲散步时偷偷地看她一眼，而不被她撞见。爱弥儿的言行举止都很坦然，他不愿意做些出格的行为。他可爱的天性激励着自己的尊严，同时也约束着自己的行为。禁止他做的事，他就恪守不违。他绝对不会和苏菲走得太近，除非得到苏菲的同意，否则不会抓住任何机会。他喜欢在苏菲家附近徘徊，寻找情人路过的足迹，开心地想象着苏菲为了讨自己欢心，在这条路上花费了很多心思。在他去看望苏菲的前一天，他会去临近的村子预定第二天的食物。我们假装偶然走到那里，买了一些水果、点心和奶油。饮食考究的苏菲当然能看出来我们的心思，夸奖我们准备得细致周到。虽然在这方面，我没贡献多少想法，但她也夸奖了我一番；这个女孩之所以如此，是因为她不好意思直接表扬自己的情人。她的父亲和我边吃点心边喝酒，而爱弥儿则和她们坐在一起，仔细地盯着苏菲吃过的点心，匆忙拿过来尝一口。

提到点心时，我说起爱弥儿之前说过的赛跑故事。大家都想听听，于是我详细地描述了一番，大家都乐开了花，并且问爱弥儿现在还能不能跑步。爱弥儿说："现在比以前跑得更快了，如果把赛跑的秘诀给忘了，未免有些可惜。"我们中的某个人很想看看他是怎么跑的，但没敢说出来；另一个人提出让爱弥儿再跑一下，爱弥儿同意了，并从附近找来三个年轻小伙子。我们决定颁发一个奖品，并且按照之前赛跑的规则，在终点处放了一块蛋糕。所有人准备就绪，苏菲的父亲双手一拍，以此来当发令的信号。爱弥儿像离弦之箭，一下子跑到了终点，而其他三个年轻人才跑出去几步。爱弥儿从苏菲手中接过奖品后大方地分给那三个人。

大家在兴高采烈地欢庆胜利时，苏菲居然向爱弥儿提出挑战，说她跑得不比爱弥儿慢。他欣然同意两个人比赛一下。苏菲在跑道上准备着，把衣服两边卷了起来，她急切地想赢过爱弥儿，所以露出了美丽的腿。她看了看自己的裙子，怕它太短，就在母亲耳边悄悄地说了一句话，母亲微笑着做了一个同意的手势，接着她来到爱弥儿身边。起跑的命令刚一发出，她就像鸟儿一样飞奔出去。

爱弥儿没有料到，苏菲比别人的女人善跑，所以待在起点没有出发，还用瞧不起的眼神看着她跑。然而，苏菲脚步轻盈，穿了一双平底鞋——她不想要高跟鞋来衬得自己脚小。她神速地领先一大段，爱弥儿一看差距过大，于是赶紧跑起来，要不然不等他追上去，他的心上人就跑到了终点。他立即大步地奔跑，追到了苏菲的身后，最终赶上了她，并用左手轻柔地扶着她的腰，把她搂在胸前，带着她跑，让她先到达终点，然后大喊一句：“苏菲赢啦！”接着跪下去承认自己输了。

苏菲的爱情观

除了上述事情外，我们还去了另一个地方，去做以前学过的手工活。每个星期，我和爱弥儿都要去一个工匠家，至少干上一天。天气不好，不能去田间劳作时，我们就去他家里干活。不像其他高高在上的人，我们过去并不是装装样子，而是真心真意地干活，就像工人一样。有一次，苏菲的父亲过来看望我们，恰逢我们在干活，等他回家后，就一五一十地把看到的情形告诉妻子和女儿。他说："你们可以去看看那个在干木工活的年轻人，看他是不是看不起穷人！"可以想象，苏菲听到这番话后多么高兴。她们一再讨论这件事，还想去看看他干活的样子。她们假装漫不经心地问我干活的日期，弄清楚后，母女两人坐了一辆马车，就来看我们了。

走进木匠家，苏菲就看到一个身穿背心、头发乱糟糟的年轻人。他正在专心致志地干活，所以苏菲进去时，他并没有看见她。她停下脚步，向她的母亲做了一个手势。爱弥儿一手拿着凿子，另一手拿着锤子，马上就凿好一个榫眼。完成之后，他又去锯木头，并用一个夹子夹住木头，以便刨平它。苏菲看到他干活的样子，完全没有取笑他，反而很感动，加深了对他的敬意。

当她们母女二人在观察爱弥儿时，我就看到了她们，拉了拉爱弥儿的袖子。他转过身来，看见了她们，然后扔下工具，开心地喊了起来，接着飞奔过去。他高兴一阵子之后，找个地方请她们坐下来，然后继续干活去了。苏菲安静不下来，兴奋地跑来跑去，看看工具，摸摸刨光的木头，捡捡地上的刨花，瞧瞧我们的手，而且说她喜欢这个木工活，因为它很干净。这个聪明伶俐的女孩还模仿了爱弥儿干活的样子，用自己白嫩的小手拿着刨子去刨木头，刨子前后移动，但是没有刨下木花。

这个时候，苏菲的母亲去问那个木匠："师傅，他们两个人一天能拿多少工钱？"那个师傅回答："夫人，他们一天二十个铜子，包伙食。不过，要是这个年轻人愿意，他还能挣更多的钱，因为他算得上是我们这里最好的工人。"苏菲的母亲一边温柔地看着我们，一边说："一天二十个铜子，还包伙食！"师傅接着说："没错，夫人。"听完这话，苏菲的母亲过去拥抱爱弥儿，泪流满面地把他抱在怀里，叫了几声："我的儿子！我的儿子！"

她在不耽误我们工作的情况下，跟我们聊了一会儿，然后对自己的女儿说："时间不早了，我们得回去了，不能让家里人等咱们。"说完后，她走到爱弥儿身边，温柔地抚摸着他的脸说："啊！最好的工人是否愿意跟我们一起回家？"他为难地回答："我跟这个师傅达成了协议，你得去问问他。"于是她去问那个师傅，那个师傅不同意，他说："我们的任务太重，后天就得完成。我相信这两位先生，所以拒绝了其他过来工作的人。要是他们俩都走了，我找不到替换的人，不能如期完工。"苏菲的母亲不言不语，她想听听爱弥儿的说法。爱弥儿低下头也一言不发。他那沉默的样子让苏菲的母亲惊讶，问道："先生，你怎么不说话呢？"爱弥儿温柔地看着苏菲，简洁地回答："没办法，我得留下来干活。"听到这话，她们两个人转身离开了。爱弥儿把她们送到门口，目送至她们的身影消失，长叹一口气，默默地干活去了。

在回家的途中，对于爱弥儿的回答，苏菲的母亲有点儿不高兴，便和她女儿说起这事。她说："为何如此！那个木工师傅就那么难对付，直接走不行吗？而且，爱弥儿本来很慷慨大方，平常时不吝惜钱财，该花钱的时候怎么不舍得花了？"苏菲回答道："妈妈！感谢老天爷，爱弥儿不爱财，所以不愿意用钱来破坏自己的承诺，也不愿意用钱来让自己和别人违背约定！我知道，是可以花点儿钱弥补那个师傅的损失。可是，他要是这样做了，就会变成钱财的奴隶，就会用金钱来代替应该背负的责任，他会认为只要有钱，什么都可以办到。爱弥儿绝对不会有这样的想法。我也希望他不要因为我产生这样的想法。在你看来，他留在那里没有意义吗？妈妈，请你好好想想，他是为了我才留在那里干活的，我已经从他的眼睛里看到了这一点。”

当然，这并不意味着苏菲对于别人的爱，抱着无所谓的态度。相反，在爱情上，她有着极其严格的要求；她宁愿得不到别人的爱，也不愿得到三心二意的爱。她为自己的美德而自豪，希望别人能尊重她的品德。如果一个人看不到她的美德，如果他不像爱她的外表一样爱她的美德，甚至爱得更多一些，如果他不明白首先应该完成自己的责任，然后才去爱她，如果他不明白爱她应该超过所有的东西，那么她是瞧不上这样的人的，也不希望自己的情人对自己百依百顺，不过她希望自己的情人不因为她而毁掉自己的优点。

除了这一不可侵犯的权利之外，苏菲也重视其他的权利。她偷偷地观察爱弥儿是不是由衷地尊重她的权利，是否热情积极地按照她的心意去做，是否能敏感地察觉到自己的心，是否准时准点地到她家。她不希望他迟到，也不希望他早到，只希望他按点到达。早到说明爱弥儿是为自己去的，而不是为她；迟到则表明他不在意。对苏菲不在意！这种态度只要出现一次，就没有第二次机会。就算她的怀疑毫无根据，也会把整个希望都毁掉；但是，苏菲是个讲求公平的人，一旦发现自己的错误，就会想方设法地去弥补。

一天傍晚，爱弥儿接到了命令，他们在等待我们过去。他们在路上迎接我们，可是我们没有出现。发生了什么事情？遇到了意外吗？怎么没有人给他们送信？他们一直等到天黑。可怜的苏菲以为我们遭遇不测，十分难过，哭了整个晚上。当晚他们派了一个人过来询问消息，并且让他第二天早上就回去复命。我们也派了一个人同去，帮我们表达歉意，并且说我们一切安好。很快，我们也过去了。这个时候，他们才放心，苏菲擦干眼泪，假如她还在哭的话，那就是生气的泪水。我们没事，这让她安下心来。然而，在她的心里，不愉快的感觉并没有消失，因为爱弥儿虽然没事，却让她白等了一个晚上。

我们到她家时，她想马上回自己的房间。她的父母挽留她，她只好留了下来；不过，她下了决心，假装冷静和满意，以骗过大家的眼睛。她的父亲出来迎接我们，对我们说："你们让我们等得好苦，在这个家里，有一两个人肯定不会那么容易就原谅你们。"苏菲问道："是谁啊，爸爸？"她若无其事地笑了笑。她父亲说道："我说的也不是你，跟你有什么关系？"苏菲没有争辩，低头干着活。她的母亲冷漠而不失礼貌地接待了我们。爱弥儿感觉十分羞愧，不敢接近苏菲。苏菲先跟他说话，问他身体如何，并且请他坐下。她假装得那么自然，以至于这个天真单纯的年轻人完全被她蒙骗过去，越发责怪自己了。

为了让他清醒过来，我走过去抓着苏菲的手，想像过去那样亲一下，她忽然把手缩回去，发出了一声特别奇怪的叫声："先生。"然后，她自然流露出的态度，才让爱弥儿看出她真正的情绪。

苏菲也发现自己的心情已经暴露无遗了，便不再假装下去。之前冷静的态度也变成了嘲讽的样子。不管你说什么，她都用慢悠悠、质疑的口气简洁明了地回答你，唯恐你看不出她在生气。爱弥儿非常害怕，难过地看着她，想跟苏菲对视一下，查出她真正的想法。对于他这种粗鲁的做法，苏菲更加生气，就瞥了他一眼，直接打消了爱弥儿想看第二眼的想法。幸好爱弥儿吓得发抖，才没有胆大地正眼看苏菲，也没有和她说话；如果他没有做错事，如果看到她生气他也无所谓，继续谈笑风生，那么她永远也不会原谅他。

到了我站出来说话的时候，应该好好解释一下。所以，我走到苏菲身边，拉着她的手，这一次她没有缩回去，因为她快要昏倒了。我温柔地对她说："亲爱的苏菲，我们非常难过。然而，你是个知书达理的人，在没听到这件事的经过之前，不要妄下结论，以为我们做错了。现在，请听听我们昨天的遭遇。"

她沉默不语，我继续说：

“昨天我们下午四点出发，虽然应该七点到达，但我们总想提前动身，这样可以在路上休息一下。当我们走了三分之二的路途时，突然听到附近山谷里传来的惨叫声，我们于是跑过去，发现一个可怜的农民从城里回来时喝多了，从马上跌下来，摔断了大腿。我们高声叫喊，想找人来帮忙，但是没有人经过。我们想把他扶上马，也没有成功，因为稍微动一下，他就疼得不得了。我们只能把马拴在树林里，用胳膊当成担架，把他抬回家。路途遥远，我们中间休息了几次，最后终于找到他家，但已经筋疲力尽。我们惊诧地发现，之前我们来过这一家，我们花费气力抬回去的这个人，正是我们第一次来这里时，曾经热情款待过我们的那个农民。然而，一路上惊慌失措，直到走到他家，我们才发现。

“在他家，只有两个小孩，还有即将生第三个孩子的妻子。他妻子在看到我们把他抬回家时，大吃一惊，于是没过一会儿就喊要生了。在一个孤零零的茅草屋发生这样的事情，也没人帮助他们，该如何是好呢？爱弥儿想了一个主意，他去把我们拴在树林的马牵出来，骑着去城里找医生，然后让医生骑马回来。因为他找不到一个看护，所以在派人给你送信之后，就和一个仆人回到了那个农民家里。你可以想象，我自己无法既照顾一个摔断腿的男人，又照顾一个临盆的女人。我实在忙不过来，而且还得准备一些东西，他们需要的，我都得备好。

“其他小细节暂时就不说了，它们也没多大的关系。我们马不停蹄地忙到凌晨两点。终于，在天亮之前来到这附近的屋子，等你们睡醒之后，这才过来跟你们解释一下。”

说到这里，我就不再说下去了。此时，谁也没有说话；爱弥儿走到情人身边，提高嗓门，用一种坚定的语气说：“苏菲，你是我命中注定的爱人，这一点你很清楚。你可以让我伤心而死，但不能让我忘记爱的权利。在我看来，这种权利比你的权利更加神圣，我绝不会因为你就抛弃这种权利。”

听到这些话，苏菲站了起来，一言不发地用一只胳膊搂着爱弥儿的脖子，在他脸上吻了一下，然后用一种不可思议的温柔姿态，向他伸出一只手，对他说：“亲爱的爱弥儿，请握着我的手，它属于你。你要是愿意，随时可以当我的丈夫，我要尽量让你享受这个荣誉。”

在她亲爱弥儿的时候，她那兴高采烈的父亲拍手说：“再来一次，再来一次！”苏菲也坦然自若地又亲了爱弥儿的脸两下。不过，在亲吻后，她突然羞赧地扑到母亲的怀里，把羞红的脸蛋藏了起来。

大家当时都欢天喜地，这我就不说了，因为这也是可以理解的。用过餐后，苏菲想去看看那家人，于是问我们去那里有多远。苏菲想去探望他们，这当然是件好事。我们到了那个农民的家，发现他们分别躺在两张床上（爱弥儿派人送了一张床），看到爱弥儿请的人在照顾他们。此外，他们的床铺凌乱，会睡得不舒服，也可能会让他们生病。苏菲围上女仆的围裙，便开始整理那个产妇的床铺，之后整理那个农民的床铺。她能摸出哪些东西会刺痛他们的身体，所以把床铺整理得非常舒服，适合他们生病、生产的身体。她的到来，让那两个人得到了很大的安慰，而且她还能猜测出哪些东西让这两个人不舒服。她本来是个娇滴滴的女孩，现在不嫌脏也不嫌累，既不要别人的帮忙，也不打扰那两个病号，很快就把屋子收拾得干净整洁，没有一点儿臭味。平时大家都认为她很害羞，有时还很高傲；她从来没有碰过男人的床，现在居然毫不犹豫地扶起那个摔断腿的农民，替他更换伤口的裹布，以便让他睡得更好一些，能多睡一会儿。仁慈的心战胜了害羞的心。她无论在干什么，动作都极其温柔和敏捷，这减轻了病人的痛苦。对于这个乐于助人、富有同情心的可爱女孩，这个农民和他的妻子送上了他们的嘱咐。她是上帝派来的天使，有着天使的长相和仪态，也有天使的温柔和善心。爱弥儿偷偷地看着她，内心深受感动。男人啊，要深爱自己的伴侣，因为上帝之所以把她赐给你，是为了让你在痛苦的时候，她能抚慰你，在你生病的时候，她能照顾你，这样的女人才配当你的妻子。

情欲

大家给初生的婴儿施洗礼。这两个情人把婴儿放到洗礼盆里，内心盼望着不久的将来自己也能有个孩子。他们期盼这一时刻早日来临，而且认为时机已到。苏菲心中的担忧完全消散，不过在这个时候，我反而担心起来。他们还没有自己想象得那么好，每个人都有各自的担忧。

他们已经两天没有见面了，第三天早上，我拿着一封信走进爱弥儿的房间，双眼盯着他问："要是有人过来报信，说苏菲死了，你会怎么办？"他大吼一声，使劲拍一下手，站了起来，默默地看着我，一副茫然的样子。我仍然冷静地问他："快回答，你会怎么办？"看着我冷静的样子，他十分生气，摆出一副吓人的姿态，说道："能怎么办？……我完全不知道。但是，我想说，谁告诉我这个消息，我这辈子都不想再见那个人。"我微笑着说："放心吧，她没有死，她很好，她很想你，在等我们今晚去她家。这会儿，让我们出去散散步，聊聊天。"

他的心中满是情欲，所以不再像从前，只谈理性的问题。我必须利用情欲，让他留意我给他的教训。之所以在谈话时，我向他提出这么一个让人害怕的问题，原因就在于此。我深信，现在他终于听懂我说的话了。

"我们应该获得幸福的生活，亲爱的爱弥儿，这是一切心有所感的人的最终目的，也是大自然让我们产生的第一个欲望，且是唯一我们永远不会放弃的愿望。然而，幸福在哪里？有人知道吗？每个人都在追求它，可没人能找到它。我们穷尽一生去追寻，到死也寻不到。年轻的朋友，在你出生时，我抱着你，老天爷做证，我曾经承诺过，要花费一生的精力让你得到幸福。我对自己的这个使命是否充分了解呢？不，我不了解，只知道我让你得到幸福了，自己也会得到幸福。在让你得到幸福的同时，我们两个人需要共同来承担这个使命。

“在不知道该做什么事的时候，最明智的办法就是什么也不做。在所有的箴言中，这是对人类最有用的，同时也是人类难以做到的一条。要是你不知道幸福在哪里，就盲目地追求幸福，那只会越走越远。路途越远，危险越多。然而，不是所有人都知道这条箴言。当一个人满怀热情地追求幸福时，他宁愿走错路，也不愿原地踏步。不过，一旦我们离开有可能发现幸福的地方，就永远也回不到那个地方。

“由于我对自己的使命不太了解，所以我会努力避免发生错误。在教导你的过程中，我决心不走一点儿弯路，而且也防止你走弯路。我按照自然的法则前进，让它来指引幸福之路。最后发现，自然的道路就是幸福的道路，不知不觉间我们已经走了很远。

“你是我的见证人，我的裁判，我不会反对你的判断。你最初的几年并没有浪费，这对你今后的岁月大有益处。你享受了大自然赐予的一切美好。在大自然让你生病时，我保护你免受疾病的折磨，而你遭受的疾病对你的身体有益，让你能够对抗其他疾病。人之所以要生病，是为了避免更重的疾病。你从来没有经历过憎恨和剥削的事。你一直生活在自由和快乐中，保持了无私善良的美德。由于痛苦和邪恶不可分，而一个人只有在痛苦时才会变得邪恶。希望你能把童年美好的回忆保持到老年！我深信，你那善良纯真的心在追溯童年时，一定会嘱咐童年教育过你的老师。

“当你逐渐明事理时，我保护你不受其他偏见的影响；当你产生爱的情感时，我保护你免受欲望的支配。要是我能让你终身都心如止水，我的使命就可以更好地完成，而你也能获得最大的幸福。然而，亲爱的爱弥儿，就算我把你的心放到冥河里，也不能使它足够坚强，抵抗一切袭击。现在，你遇到了一个新的敌人，你不知道该如何战胜他，而我也不知道，如何才能把你从敌人手里救出来。这个敌人就是你自己。老天爷让你过着自由自在的生活，你可以忍受贫困，可以忍受肉体的折磨，但你从来没遇到过精神上的痛苦。这个时候，一切都取决于你的心。现在，你完全依赖自己迷恋的东西，以它们的意志为转移。在你刚开始产生欲望时，你把自己变成欲望的奴隶。虽然没有东西侵犯你，你的身体也没有发生任何变化，但你的心产生了无尽的哀愁！虽然你没有生病，也感觉痛苦！没有死，却感觉死了千百回！别人的谣言、别人的错误或者别人的迟疑，都让你心灰意冷。

“在剧院里，你看到台上的英雄痛苦地声泪俱下，嘹亮的哭声响彻整个剧院；他们像女人一样悲伤呼号，像小孩一样哇哇大哭，赢得了观众的掌声。你还记得，你本来想看看那些人刚毅顽强的行为，结果看到他们怨天尤人、泣不成声的样子，你说他们太可耻了。你不屑地说：‘啊！这就是要我们学习的榜样，要我们模仿的对象！他们在人类的弱点上，加了一件美德的虚假外衣，以此来吹嘘自己，难道他们认为人类还不够渺小、不够悲惨、不够懦弱吗？’年轻的朋友，今后你要多多理解台上的人物，因为你现在也是其中的一个了。

“你不畏惧痛苦和失望。当肉体遭遇痛苦时，你能够忍耐，然而你没有用法则去约束心中的欲念。人生之中有许多的烦恼，这是由于我们有所爱好，而不是由于我们有所需求。欲念越多，力量就越弱。如果依照欲望，一个人必须依赖很多事情；如果依照自己的本心，则不需要依靠任何事，甚至是自己的生命。然而，喜欢的东西越多，痛苦就会越多。世上的一切都有结束的时候，早晚我们会失去喜欢的东西，然而我们却抱着不放手，就好像它们会永远存在一样。想到苏菲的死，你为什么要那么惧怕？难道你以为她永远都不会死吗？一些在她这个年纪的人，不是已经死了吗？她总有一天会死去的，我的孩子，或许死在你前面。谁知道这一刻她还活着吗？大自然让你只死一次，你却让自己再死一次，你现在的表现会让你死两次的。

“你被无尽的欲望支配着，这多么可怕，于是你经常百无聊赖，患得患失，慌里慌张，就连以往的自由也享受不到。你舍不得有所牺牲，自然就一无所得。你专注于追求欲望，却永远也无法满足自己的欲望。你想始终心平气和，然而你的心灵却总跃跃欲试。你会变成一个可怜的人，一个坏人。要是你屈服于自己的欲望，怎么会不变成坏人呢？要是你不能忍受无可奈何的困窘，又怎么能心甘情愿地抛弃已有的东西呢？又怎么会为了行使天性而牺牲自己的爱好，为了服从理智而跟自己的欲望抗衡？你说，谁告诉你苏菲死亡的消息，你这辈子都不想再见那个人。既然如此，假如有人从你手中夺走了她，假如他敢对你说：‘你最好当作已经失去她，美德需要你们分开。’你会如何对待这个人？假如抛开后果不去想，无论苏菲是否结婚，无论你是否结婚，无论她爱不爱你，无论她父母是否让你们结婚，无论如何你都想跟她一起生活，那么这是你的理想，你可以不顾后果地占有她。然而，请你告诉我，假如一个人随心所欲地做事，假如他完全不约束自己的欲望，那么他还有什么罪恶的事干不出来呢？

“我的孩子，没有非凡的勇气，就不会得到幸福，没有激烈的斗争，就不能有好的品德。‘品德’这个词就是从‘力量’中产生的，力量是所有品德的基础。没有力量的人能够有好的品德，虽然天性很重要，但后天的意志尤其关键，这样他才能拥有美德。正直的人之所以能赢得我们的赞赏，原因就在于此。虽然我们说上帝是仁慈的，但我们不能说他具有美德，因为他行善不需要多么努力。这句话也许会亵渎上帝，等到你有理解力的时候，我再跟你说。当我们不费吹灰之力就能拥有美德时，我们不需要多么了解它。只有在心里产生欲望后，才感觉到美德的重要性。对你而言，这种时刻已经到来。

“你从小生活在淳朴的大自然中，那个时候，我还没有向你讲述这些需要执行的天职，同时我一直保护你不沾染恶习，这样你就不会感觉到执行天职是件困难的事。我灌输给你，任何谎言都是有害的，但不是可恨的；我不怎么教你，重视别人的权利就跟重视自己的一样；我把你教成善良的人，但还没把你教成有美德的人。然而，一个善良的人只有在自己愿意时，才能够保持善行，这是因为在人类的欲望冲击下，善心会遭到破坏，并将消失。对他自己来说，一个人善良的人只是个好人罢了。

“怎么样才能算得上一个有美德的人呢？这样的人必须能够克制自己的感情。只有这样，人才能听从自己的理智和善心，并执行自己的天职，做个本分的人，并不为任何理由而违反自己的本分。到目前为止，你只是表面上自由自在，就像一个仆人一样，在主人没有发出命令的时候，获得了暂时的自由。现在，你的内心也应该自由自在，学会做自己的主人，约束自己的心。啊，爱弥儿，只有这样，你才能成为一个有美德的人。

“因此，你需要继续努力学习一段时间，这次的学习内容比以往要难多了，因为大自然可以解除加在我们身上的痛苦，或者教我们如何摆脱痛苦。可是，在帮我们解除痛苦之后，它会抛弃我们，让我们做欲望的牺牲品，遭受不必要的折磨，并用本是可耻的眼泪来夸奖自己。

“现在，你的第一个欲望已经产生了，这也许是你唯一应得的欲望。要是你能用男子气概加以约束的话，它可能会是你最后的欲望，然后你就能遏制其他的欲望，也就可以不受其他欲望的控制，只受美德的控制了。

“不要认为欲望产生了就是犯罪，它和心灵同样纯洁。它源自纯洁的心灵，被天真无邪的心灵滋养。幸福的情人啊，对你们而言，美德会增加你们爱情的美；你们期待的幸福的结合是心地善良的奖赏，也是忠于爱情的馈赠。然而，忠诚的人啊，请你告诉我，如此纯洁的欲望，怎么不能支配你所有的行动？你仍然是受它控制？要是明天它不再纯洁了，你是否能够克制得住？现在正是测试力量的时候，要是等到需要的时候再去测试，那就为时过晚。令人害怕的测试应该早早进行，要在危险来临之前。我们不能临阵磨枪，要在打仗前就准备就绪，然后才能去作战。

“如果把欲望分为能够产生的欲望和不能产生的欲望，让自己能够追求前者，而约束后者，这样就不对了。一切的欲望，只要你能够控制住，它就是好的；控制不住的话，就变成了坏的欲望。大自然不允许我们的爱好超出我们可以达到的限度，理智不允许我们期待得到不可能得到的东西，良心并不能让我们避免被诱惑，却能让我们最终战胜诱惑。欲望产生与否，并不取决于我们，然而欲望能否得到控制，就由我们决定了。能够约束的情感都是合法的，而我们不能够控制的欲望都是犯罪的。一个人去爱别人的妻子，这并不是犯罪，只要他能让自己的这种欲望得到自然法则的约束；相反，一个爱自己妻子的人，如果不惜一切去取悦她的话，那就是犯罪了。

“我不想给你讲啰唆的道理，只想讲一个格言，一个包括了所有格言的格言。作为一个人，就要把心控制在你能够达到的范畴内。要研究和了解这个范畴，无论它多么小，只要不过界，就没有痛苦；要是过界了，必然会遭遇许多不快；人们之所以有许多痛苦，就是因为不知节制地追求欲望；我们忘记了真实的环境，臆想出虚幻的环境，从幻境走回现实时，就会觉得自己生活不幸福。只有我们明显缺少应得的东西时，我们才应该花费力气去得到那些东西。要是事实表明，我们不可能得到某个东西，那么就应该打消欲望。当我们的欲望无法实现时，不要为此苦恼。一个乞丐也许怀着当国王的梦想，但他绝不会因此而郁闷；一个国王认为自己不只是人，所以才希望自己是神。

“夜郎自大是我们痛苦的来源，因此稍微思索人间的苦难，明智之人就会克己慎行。他能认清自己的地位，从不做与之不符的事情，也不会浪费时间在不可能得到的东西上；他会全副身心去享用自己拥有的东西，不会像我们一样，鱼和熊掌想兼得；所以实际上，他比我们富有强健得多。在这个世界上，一切都是变化的，一切都会成为过去，也许明天我就会消失。作为一个最终会消逝的人，难道不想同这个世界建立一种恒久的联系？啊，爱弥儿，我的儿子！要是我失去了你，我会失去所有。但是，我必须做好准备，有朝一日你也消逝了，因为或许某个时候你就被人家夺走了。

“假如你想过快乐又肃穆的生活，你的心就能感受到永久的美。你应该把自己的欲望约束在一定范围内，先去履行天职，再去满足自己的欲望，把需要的法则用于道德的行为上，学会如何应付可能失去的东西，学会在践行美德时如何抛弃所有，应付各种状况，学会如何控制自己的心灵，坚定不移地履行天职，从而让你永远也不会犯罪。如此一来，虽然命运多舛，你也会过得幸福；虽然欲望很多，也会活得安好。你会发现，就算失去了拥有的东西，你也会得到极大的快乐，而不会惊慌失措。你拥有东西，而不是东西拥有你。你会意识到，对于人们来说，一切身外之物都会有消失的那一天，所以要舍得放弃，才能享受快乐。虽然这样不会有虚假的快乐，也不会从中品尝虚假的痛苦。这样的变化，会令你受益匪浅，因为这些实际的痛苦经常发生，而虚假的快乐则不太常见。你会打破很多人的偏见，也会打破认为生命了不起的看法。你既可以自由自在地享受生命，也可以肆无忌惮地结束生命，就像舍弃所有的东西一样。其他人会因为恐惧而认为生命不在，自己也就不在了；然而，你深知生命的虚幻，所以会认为在结束生命时，才是真正的开始。对坏人来说，死亡是生命的结束；对好人来说，它却是生命的开始。”

爱弥儿听得非常认真，偶尔流露出不安的神态。他很担心，我说完这段话后，会得出一个令人害怕的结论。他会觉得，当我讲完要锻炼心灵力量的原因之后，会让他接受这种考验。就像一个受伤的人，一看见医生过来，就浑身哆嗦，他害怕那种严格、治愈之手，已经摸到了他的伤口。

他疑虑重重，诚惶诚恐，急于知道我的结论，所以不仅没有回答我的问题，反而心惊胆战地问我：“怎么办呢？”他都不敢与我对视。我坚定地回答他：“怎么办？那就离开苏菲吧。”他气得大叫起来：“什么？离开苏菲！离开她、欺骗她，我就成了一个言而无信的人，一个坏蛋，一个说假话的人！……”我打断他说：“爱弥儿，我是让你去做这种人吗？”他仍然气呼呼地说：“不是，你不会这样的，别人也不会这样。就算你要我这样做，我也能秉持你一贯的教育精神，坚决不这么做。”

果然不出我的意料，他会突然火冒三丈，所以我装出毫不在意的态度，让他生气。假如不是之前教导他三思而后行，我又如何一再强调冷静应对！爱弥儿深深地了解我，所以他深信我不会让他去做坏事。然而，根据他的理解，离开苏菲就是一件坏事，所以他等着我的解释。我继续说道：

“亲爱的爱弥儿，你是否相信有人比你这三个月过得更快乐，无论这个人是谁？相信的话，就应该抛弃这种错误的想法。还没有领略生命的美好，你就耗尽了生命的快乐，这三个月以来，你除了经历的乐趣，就再没有什么可以享受了。感官的享受转眼即逝，内心的习惯终将忘记它们。你在希望中得到的乐趣，比未来真正享受到的乐趣要多。想象给你的希望披上了美丽的外套，然而等你真正得到的时候，外套就会消失不见。除了高高在上的老天爷，只有不存在的东西才是真正的美。假如这种状况能够持久，你也许会找到极致的快乐。然而，我们所有拥有的东西都会衰老；在人生当中，一切都会结束，一切都是暂时的。要是在我们看来，快乐能够永存的话，我们便会因为习惯了它，反而体会不到它的乐趣。假如外界的东西不会改变，我们的心就会改变；不是快乐离开我们，而是我们离开快乐。

“在你醉心于爱情时，时间悄悄逝去。夏日已过，冬日即来。就算我们的体力允许，我们在寒冷的天气里去看望他们，他们也不会同意。无论我们愿意与否，我们都必须改变这种生活方式，现在的生活方式不能永久存在下去。从你急切的眼神中，我可以看出这不困难，因为凭借苏菲的誓言，以及你的欲望，很容易想出一个方法，让我们避开大雪天，不去探望她。临时的措施就行，不过春天来了，大雪化了，你们可以结婚。我们应该考虑一个四季都适用的方法。

“你认识苏菲还不到五个月就想和她结婚！你想娶她，不是因为她适合你，而是因为她能让你快乐。难道说你爱她就能保证她适合你？难道说开始时相爱最后就不会彼此厌恶？我知道，她是一个有美德的人。可一个人只有美德就可以了吗？两个真诚的人就彼此合适吗？我担心的不是她的美德，而是她的脾气。一个女人的脾气怎么会一天就能看出来？你知道要观察多少种情况才能把她看清楚吗？四个月的爱情就能保证你一辈子爱她吗？或许，离开两个月，你就会忘了她；或许，你离开以后，马上就遇到另一个人，让你忘记苏菲；或许，等你回来时，你会发现她也变得冷淡了，与之前亲密的样子形成鲜明对比。感情与美德没什么关系，她也许仍然真挚，但就是不爱你了。我相信，将来她也会同样的忠贞不渝，但没有经过考验，谁敢保证她会一直爱你？同样，谁又能保证你一直爱她？难道要等到无须考验时才去考验吗？难道要等到两个人分不开的时候才去了解对方真正的品性吗？

“现在，苏菲不满十八，你也刚满二十，正是恋爱的年纪，但还不到结婚的时候。在这样的年纪里，你们就想做父母啦！啊！要想抚养好孩子，首先自己就不能是个孩子。你是否知道多少年轻女孩因为没到年龄就生孩子，从而伤害了身体，缩短了寿命？你是否知道多少孩子因为母亲身体不好而长得不好？要是母亲和孩子同时发育，把身体发育需要的养分一分为二，结果两个人都得不到完整的养分，这样两个人都长不好！要是我对你的看法没错的话，你宁愿晚一点儿结婚，娶个结实的妻子，生个壮实的孩子，也不愿意为了满足自己的欲望，就牺牲他们的身体健康。

“现在，来谈谈你自己。你急于想做丈夫和父亲，但是你考虑过丈夫和父亲的责任吗？当你结婚后，就成为国家的一员了。怎么才是国家的一员呢？你了解吗？你知道做人的责任，但是知道做公民的责任吗？你知道什么是政府、法律和国家？你知道花多少心血才能维持生活？你知道该为谁而死吗？你以为你什么都知道了，但实际上一窍不通。在拥有社会地位之前，你应该想想自己适合什么样的地位。

“爱弥儿，你应该离开苏菲，这不是让你抛弃她的意思。假如你能够离开她，不和她结婚，对她来说，那就再好不过了。现在离开她，以后回来时就会更加适合她。不要以为你现在已经很合适她了。啊！你还有许多未完成的事！你要去完成自己的使命，要学会忍受离别的痛苦，要去得到坚贞的回报，这样等回来的时候，你就可以名正言顺地带她一起离开，能够不需要她的恩赐，而直接让她回报你，答应你的求婚。”

由于这个年轻人从来没有自我斗争过，也不习惯靠意志去克制欲望，所以对此表示很不理解。他坚决反对，和我争辩起来。随之而来的幸福为什么不要？她愿意和他结婚，而他现在不结婚，是不是表示他看不上她？为了要学习其他东西，为什么一定要远离她？就算非离开不可，为什么不让他们先结婚，有了保证之后才分开？总而言之，他是想先结婚，然后再离开这里；等他们结婚后，他才能放心离开……“正是为了离开她，才想要跟她结婚。亲爱的孩子，这种想法多么矛盾！如果一个男人，妻子不在身边，照样能够生活，这个人确实值得我们表扬。然而，有了妻子的男人除非必要，最好不要离开他的妻子。我看出来，你还是有些犹豫的，这样做并不是发自内心，你应该大胆地去跟苏菲说，你必须离开她。好了！拿出勇气，如果你不听从理智，就应该听你的老师的话。你没有忘记我们之间的约定吧。爱弥儿，现在必须离开苏菲，我希望你这么做。”

在听完我的话之后，他低头不语，思考了一会儿，抬起头来，用坚定的语气问我：“我们什么时候离开？”我回答：“一个星期以后，要让苏菲对我们的离开做好准备。女人都很脆弱，我们应该安排好一切。对你来说，这次非走不可，然而对她来说就不这样了，所以如果她没有同你一样的勇气来看待这件事，我们也要原谅她。”

结合

我想把这个爱情故事一直讲下去，讲到他们生离死别的那一天。但是，亲爱的读者们，我已经耗费了你们太多的时间，所以让我们长话短说，让他们的故事在此终结。爱弥儿能否勇敢地向情人表达离去的决心呢？我认为，他是可以的。他之所以可以如此决绝，是因为他真的很爱苏菲。假如能够轻松地离开她，他反而不好意思去跟她说了。对于一个诚实善良的人来说，充满负疚感地离开自己的情人，总会令自己难过，所以他的内疚越大，在被牺牲的人看来，就会越尊敬他。他并不害怕苏菲误解他离开的动机。他的每个眼神都好像在说："亲爱的苏菲，请了解我的心，忠于自己的爱情，你的情人并不是一个没有美德的人。"

高傲的苏菲努力冷静地看待这个突然的打击，她努力表现出不在乎的样子。然而，她跟爱弥儿一样，缺乏斗争和胜利的经验，所以很快就装不下去了。她忍不住哭泣和颤抖，她害怕爱弥儿会忘了自己，所以面对这次分离，她感到特别难过。她不会当着情人的面哭泣，也不会表达自己的忧虑；她尽可能地克制自己，连气都不叹一下。面对我，她就流下了眼泪，向我哭诉抱怨，把我当作知心人。女人聪明伶俐，善于伪装。她在暗地里越发抱怨我的专制行为，就对我越发殷勤，她明白自己的命运掌握在我的手里。

我拼命安慰她，让她安心，为她的情人做担保，或者确切地说，保证她的丈夫会忠贞不渝。只要她也一样的忠贞，我向她保证两年后，他们会结婚。她非常尊重我，自然相信我是不会骗她的。我成了他们之间的担保人。

他们的心意和美德、我的公证，以及苏菲父母的信心，让她安下心来。然而，假如一个人的心十分脆弱，即便有了理智，又有何用？他们觉得这一次的分离好像是永别。

这个时候，苏菲想起了欧夏丽也曾经有过这样的担忧，她觉得自己好像欧夏丽。我们不可能让她在分离的时刻产生那种如痴如狂的爱情。有一天我对她说："苏菲，你和爱弥儿互相送对方一本书吧！你送他那本《忒勒马科斯历险记》，让他好好学学忒勒马科斯；他会送你一本你喜欢的《旁观集》。你可以看看书中真诚女人的天职有哪些，而且好好想想两年以后如何履行天职。"送对方一本书，这个想法让两个人都很喜欢，而且让他们对彼此产生了信心。终于，分别的时刻到来了，他们要说再见了。

分别的时候，那位令人尊敬的父亲（我和他商量了这一切）拥抱了我，把我拉到旁边，用沉重而郑重的口气对我说："我已经极力让你高兴了，我知道自己在跟一个崇高的人打交道。现在，我想跟你说，请你记住你的学生吻了我女儿的嘴唇，已经定下了婚约。"

这两个年轻人的表现完全不同！爱弥儿激动万分，忍不住痛哭流涕，眼泪流到了苏菲父母的手上，流到了苏菲的手上，哽咽着拥抱了所有的人，不断地说着那几句话。假如换个场合，像他这样颠三倒四地重复来重复去，肯定会遭到大家的嘲笑。苏菲则脸色苍白，眼神黯淡，无精打采地站在那里，不言不语，没有哭泣，也不抬头看人，就连爱弥儿也不看一眼。虽然爱弥儿拉着她的手，把她拥在怀里，她也没有任何变化。她只是站在那里，对他的哭泣、拥抱和他的一言一行，好像都没有感觉。她认为，他早就和她分开了。这种表现，比她情人依依不舍的样子更加动人！看到苏菲这个样子，爱弥儿的心都碎了！我花了很大力气才把他拉走。要是再让他多待一会儿，他肯定不愿意走了。让我高兴的是，在分别的时候，他看到的是苏菲的惨状。要是有一天他受到了诱惑，让他忘记苏菲，那么我就会提醒他，离别时的境况，如此一来，要是他还有良心，就一定会再次回到苏菲身边。

我想再多说几句爱弥儿回到苏菲身边时的样子，为他们的爱情画上一个句号。准确地说，阐述一下他们夫妻之爱的开端！这种爱情建立在相互尊重的基础上，建立在不以美丽外表消逝的美德上，建立在情投意合的基础上，而情投意合让他们相处得更好，让他们到老还享有初恋时的甜蜜。然而，这些细节说起来有趣，实际上没什么用处。到目前为止，我一直努力记下那些有趣而实用的细节，也只有这样的细节，我才记载下来。在马上要完成使命时，我是否违背了这一初衷？不，我也像手中的这支笔，疲惫不堪。对于这样一种耗费时间和力气的工作，我的力量不足，本来无法承担，如果不是已经进行到这般程度，我也许就放弃不做了。为了不让它半途而废，现在到了最后完成的时候了。

终于到了爱弥儿最幸福的日子和我最开心的时刻，我也终于能看到自己的心血得到了回报。现在，开始享受这种成功的乐趣吧。这一对小夫妻紧密地结合了，他们说的誓言，用自己的行为证明了，他们结婚了。从教堂走回家的时候，他们需要让人们领着回去。他们不知道身在何处，不知道要去哪里，不知道身边的人在做什么。他们听不见，只能稀里糊涂地回答别人的问题，他们目眩神迷，看不见别的东西。啊！幸福到了极致！唉，这就是人类的缺点！理性的头脑被幸福冲昏了，他还不太坚强，不足以抵挡这种醉人的爱情。

结婚那天，应该用怎样的语气对新婚夫妻说话才合适，很少有人能知道。有些人无精打采地板着脸说话，有些人则漫不经心地讲着肤浅的话。我认为，这两者都不合适。我宁愿让这对新人自己去体会乐趣、激动和沉醉，也不愿意别人来打扰他们，说些空洞无物的好话，让他们困扰，再或者讲些粗俗不堪的笑话，让他们尴尬。虽然换个场合讲这些笑话，会让人觉得有趣，然而在婚礼场合，就会让人厌烦了。

我发现，爱弥儿和苏菲虽然疲倦，但很快乐，对于人家的话毫不在意。

我希望他们每天都能享受生活。这样会让他们虚度光阴吗？不，我希望他们能领略一天之味，领会一天之趣，享受一天之美。我把他们从嬉闹的人群中带走，领他们去附近散步，跟他们聊聊他们的事情，让他们头脑恢复清醒。我希望他们不仅用耳朵去听，也要用心去听。当然，我知道在这样的一天，最吸引他们的话题是什么。

我拉着他们的手，对他们说："亲爱的孩子们，三年之前就看到你们熊熊的爱火，终于铸成了今天的幸福。这股爱火激烈地燃烧，如今，我从你们的眼神中看出来了它已达顶峰，今后可能会越来越弱。"亲爱的读者，你们可以想象得出，爱弥儿先是欣喜若狂，然后激动万分，最后竟然郑重地发起了誓！然而，苏菲却不太高兴，把手缩了回去。他们对视了一下，流露出小小抗拒的表情，向我表明他们会相爱到老！不管他们反应如何，我继续讲下去：

"我经常思考，如果结婚之后仍然维持甜蜜的爱情，感觉就会如同上了天堂一般。然而，迄今为止，还没有一个人能够做到。这并不是说绝对做不到，你们俩可以努力成为这样的榜样，能够向你们学习的人也不多。孩子们，愿不愿意听我一言，了解如何能够做到这一点的唯一方法？"

他们微笑着看了彼此一眼，很明显没把我的话当真。爱弥儿只是简单地说，感谢我的方法，但他相信苏菲有更好的方法。他认为，只要听苏菲的就行了。苏菲立刻表示赞同，并表示出胸有成竹的样子。然而，从她那嘲笑的表情中，我看出了她的好奇之心。我细致地观察爱弥儿，他炽烈地盯着自己的妻子，这是他唯一感兴趣的东西，所以毫不在乎我的话语。我微笑了一下，心里暗暗地说，马上你们就会留意我的话了。

从表面上看，两性之间内心冲动的分别无法分辨，但正是这种分别，表明男女个性不同，对普通人所持的想法南辕北辙。总的来说，男人不像女人那样持之以恒，比女人更容易失去对甜蜜爱情的兴趣。女人知道男人容易变心，所以会忐忑不安，这导致她们容易产生忌妒的情感。当男人变得冷淡后，她会反过来表示关心，就像最初男人做的那样，所以她经常哭泣，对他温顺服从，但不太容易做到。对别人表示爱和关心，本来可以赢得人心，然而她给予的爱和关心，却很难夺回他的心。我得说说如何避免结婚后爱情变冷。

我继续说下去："这个方法轻松简单，即在结婚后，像情人那样生活。"爱弥儿偷偷地乐了起来，然后说："其实，对我们来说，做到这点非常容易。"

"你所谓的轻松，也许比你想的要困难许多。现在，请允许我做进一步的陈述。

"要是打一个结，打得过紧就会断掉。婚姻也是如此，结合得越紧密，越容易物极必反。它要求双方都始终不渝，忠诚是所有权利中最神圣的；然而，一旦要求忠诚，势必会约束对方。专制和爱情是无法相融的，命令一方给予快乐是不行的。苏菲！请不要害羞，不要逃跑。我以上帝的名义发誓，绝不会伤害你的自尊心！然而，这件事关系到你终生的幸福。为了它，你必须站在丈夫和长辈面前听完这番话，因为换了其他场合，你可能会受不了。

"使用占有或者控制的方法，并不能束缚人的心。一个男人也许对情人的爱比对妻子的爱更加深厚。如何才能让温柔的关心变成一种义务，让甜蜜的爱情变成一种权利？要变成一种权利，需要夫妻双方有共同的想法，除此之外，别无他法。法律可以限制这种权利，但不能延伸它。肉体的快乐自然是甜蜜的！可能否用强迫的方式令肉体的快乐产生美好的感觉呢？当然不行，我的孩子们，结婚之后两个人的心会连在一起，但身体不受约束。你们应该彼此忠诚，而不是取悦对方。你们不能再委身于其他人，不过这是自愿自发的，不能受到强迫。

"亲爱的爱弥儿，希望你能做你妻子一辈子的情人，希望她也能做你一辈子的情人以及自己的主人。你必须做一个尊敬她的快乐情人。所有快乐的事都要出自爱情，不能够强迫对方让自己快乐，并把它当作义务。即便她做了微小的事，你也不能把它看作应得的权利，而要看作她的恩赐。我理解，她会由于害羞，不愿意公开表达爱意，所以你要帮她克服这种害羞的心。要是一个男人能温柔体贴地爱一个女人，他怎么会看不出来她心里真正的感情呢？哪里会不知道她的表情已经表明了她的态度，只是心口不一？希望你们能够支配自己的身体和爱情，只有在心甘情愿时，才把一切献给对方。你们要坚信，就算结了婚，也只能在两情相悦时，做快乐的事。孩子们，不要担心这条法则会让你们疏远彼此，相反会让你们情谊更深，并且可以防止过度地做享乐之事。只要你们忠于彼此，仅靠天性和爱情，就能够让你们彼此亲近。”

听完这番话，爱弥儿面露不悦，表示反对；苏菲害羞地用扇子遮住眼睛，一言不发。或许，在这两个人中间，最不高兴的并不是那位表示反对的人。不过，我还是继续说下去，指出爱弥儿不够温柔，这让他羞愧不已。我相信苏菲是乐于承担自己的义务的，所以故意对她说话。众所周知，她不会对我撒谎的。爱弥儿局促不安，注视着自己的妻子，并从她慌张的神态中看出她的羞怯，深信自己可以信赖她。他跪在她的脚边，满面春风地吻着她伸出的手，并且许下诺言，除了忠实于她，还愿意放弃自己所有的权利。他对苏菲说：“我亲爱的妻子，你现在已经是我的生命和主宰，请你支配我所有的快乐。就算你不让我快乐，我因此而死亡，我也愿意把我最宝贵的权利交给你。我不需要你处处取悦我，我只想要你的真心真意。”

真诚的爱弥儿，请放心吧！苏菲是个豪爽的人，断不会让你为她牺牲的。

晚上，当我打算离开时，我郑重地对他们说：“请你们牢记，你们彼此都是自由的，你们之间不存在什么夫妻的权利问题。只要听我的话，不要表面上服从彼此。爱弥儿，现在你愿意和我一起回去吗？苏菲是允许你和我一起离开的。”爱弥儿生气地表示反对。“苏菲，你怎么想呢？我能把他带走吗？”她羞红了脸，撒谎说：“可以呀。”多么让人快乐的甜蜜谎言，比真话更加动听！

几个月以后的一个早晨，爱弥儿到我的房间找我。他抱了抱我，然后说：“亲爱的老师，我不久就要做父亲了。啊，我们未来的任务将多么艰巨，我们十分需要你的帮助。但你已经培养孩子的父亲，我不再需要你培养他的孩子了。我不希望将这神圣的任务交给他人来完成，即便我能选择一个同你一样优秀的人来当孩子的老师，我也不想这么做。可我依旧希望你能陪在我们身边，继续指导我们，当我们的老师。我们也愿意接受你的指导。我活着便需要你的指导，而且我现在比以往更需要你的指导，因为我已经开始承担一个成年人的职责了。你已经做完了所有你应该做的事情，现在是时候看着我们继续你的事业了。你可以休息了，你也应该休息了。”